U0947651

组合折腹桥梁设计模式指南

Model Guideline of Design for Composite Bridges with Corrugated Steel Webs

刘玉擎　陈艾荣　编著

人民交通出版社股份有限公司
China Communications Press Co.,Ltd.

内 容 提 要

本书是作者对组合折腹桥梁研究和实践成果的总结。为了能够更具有条理性、系统性地论述组合折腹桥梁的设计方法，基于现行行业标准的编制原则和基本要求，以指南正文和条文说明相结合的方式构建了设计模式指南，并以附录的形式给出了设计算例和国内外几座桥梁设计与施工的实例。

本书可供从事桥梁工程设计、施工和科研等工作的人员参考，也可供相关专业的研究生查用。

图书在版编目(CIP)数据

组合折腹桥梁设计模式指南 / 刘玉擎，陈艾荣编著.
— 北京：人民交通出版社股份有限公司，2015.8
ISBN 978-7-114-12480-8

Ⅰ.①组… Ⅱ.①刘… ②陈… Ⅲ.①桥梁设计—模式 Ⅳ.①U442.5

中国版本图书馆 CIP 数据核字(2015)第 206803 号

书　　名：组合折腹桥梁设计模式指南
著 作 者：刘玉擎　陈艾荣
责任编辑：卢俊丽　潘艳霞
出版发行：人民交通出版社股份有限公司
地　　址：(100011)北京市朝阳区安定门外外馆斜街 3 号
网　　址：http://www.ccpress.com.cn
销售电话：(010)59757973
总 经 销：人民交通出版社股份有限公司发行部
经　　销：各地新华书店
印　　刷：北京鑫正大印刷有限公司
开　　本：787×1092　1/16
印　　张：15.5
字　　数：246 千
版　　次：2015 年 8 月　第 1 版
印　　次：2015 年 8 月　第 1 次印刷
书　　号：ISBN 978-7-114-12480-8
定　　价：50.00 元
(有印刷、装订质量问题的图书由本公司负责调换)

前　言

组合结构桥梁以其能够发挥两种建筑材料各自优势的合理性、整体受力的经济性以及便于施工等突出优点，近年来得到了较大发展。钢板经冷弯成为梯形、正弦、三角等多种折形截面形式，与平钢板相比可大幅度提高抗剪强度、面外刚度等，作为腹板与翼缘板焊接成型的工形构件具有较好的结构性能。将钢板作为腹板与混凝土顶底板结合而成的构件，因钢腹板截面形式不同，可称为加劲钢腹板、波折钢腹板、波浪钢腹板等各种腹板形式的组合梁桥。本书将采用折形钢腹板与混凝土顶底板结合的结构形式称为组合折腹梁桥，与传统的采用工形钢梁与混凝土桥面板结合的组合钢板梁桥相对应。

首座组合折腹桥梁 1986 年在法国建成，距今已近三十年，国内近十多年时间也开展了诸多研究和工程实践，特别是近几年得到了工程界的高度重视，迎来了积极推广的新局面。在相关设计标准建设方面，日本预应力混凝土技术协会于 2005 年编制了《复合桥设计施工规准》，河南省交通规划勘察设计院有限责任公司于 2010 年编制了《公路波形钢腹板预应力混凝土箱梁桥设计规范》、深圳市市政设计研究院有限公司于 2014 年编制了《波形钢腹板预应力混凝土组合箱梁桥设计与施工规程》等地方标准，对其推广应用发挥了较大作用。作者近年来一直致力于组合折腹桥梁的研究，为了能够更具有条理性、系统性地论述其设计方法，认为有必要基于现行行业标准的编制原则和基本要求给出设计指南。然而，设计指南在内容上不可能面面俱到、问题不可能全面解决，更重要的是要搭建一个设计架构、提供一个思考平台，达到逐步完善的目的。为此参照国外在模式标准上的做法，构建了组合折腹桥梁设计的模式指南。

本模式指南以现行国家和行业标准为基础，基于作者多年来对组合折腹桥梁抗弯、抗剪以及连接件的力学性能等基础研究和工程实践，并参考国内外的相关成果编写而成。在标准编制体例方面，采用了指南正文和条文说明相结合的架构，并以附录的形式给出了组合折腹桥梁的设计算例和国内外五座桥梁的设计施工实例。本指南以采用波折钢腹板的组合折腹梁桥为主要论述对象，除常规的梁桥、刚构桥外，对于其他采用组合折腹梁的桥型，可参考该指南相关内容进行设计。

作者曾配合辽宁省交通规划设计院、江苏省交通规划设计院股份有限公司、广东省交通规划设计研究院股份有限公司、邢台路桥建设总公司等单位，承担了所在省交通运输厅的相关课题研究，分别建成了国内首座采用耐候钢的公路组合折腹梁桥、钢翼缘外包型结合部的组合折腹梁桥、钢腹板先行架设的组合折腹梁桥以及装配型的组合折腹梁桥，多年来得到了合作单位及课题组成员的大力支持，特此致谢！贺君副教授在博士研究生期间对该型桥梁进行了比较系统的研究，为本指南的编写投入很大精力，另外参加编写的还有郑双杰、蔺钊飞、吕展、糜径超、陈洪伟等研究生，借此机会向他们表示衷心的感谢！

由于作者水平的局限性，书中难免有不妥之处，诚请读者批评指正。

刘玉擎　陈艾荣

二零一五年九月

目　　录

1 总 则

1.0.1 为使组合折腹桥梁的设计符合安全、适用、耐久、经济、美观的要求，编制本模式指南。

条文说明

本模式指南以国家和行业标准为基础，基于课题组多年来对组合折腹梁抗弯、抗剪、连接件的力学性能等的系统研究，并参考国内外近年来的相关研究成果和工程实例进行编制。

1.0.2 本模式指南适用于主梁用折形钢腹板的组合折腹梁桥的设计，采用折形钢腹板的斜拉桥等桥型可参照本模式指南进行主梁设计。

条文说明

组合折腹桥梁，是指主梁采用混凝土顶底板、钢腹板、横隔板、体内预应力筋或体外预应力筋组成的桥梁结构形式。

本模式指南的钢腹板主要是指用平钢板弯折成型的折形钢腹板，对于采用加劲平钢腹板、波浪形钢腹板等各种腹板形式的组合桥梁，除腹板设计之外均可参照使用。

本模式指南以组合折腹梁桥为主要对象，除常规梁桥、刚构桥外，对于其他采用组合折腹梁的桥型，可参照本模式指南相关条文进行设计。

1.0.3 本模式指南采用以概率理论为基础的极限状态设计方法，设计寿命及设计基准期均为100年。

条文说明

组合折腹桥梁应进行承载能力极限状态和正常使用极限状态设计。

对应于桥梁及其构件达到最大承载能力或出现不适于继续承载的变形或

变位的状态，包括构件和连接件的强度破坏、疲劳破坏，折形钢腹板丧失稳定及结构整体倾覆等，进行承载能力极限状态设计。

对应于桥梁及其构件达到正常使用或耐久性的某项限值的状态，包括影响结构、构件正常使用的变形、局部振动及影响结构耐久性的局部损伤等，进行正常使用极限状态设计。

1.0.4 组合折腹桥梁应考虑以下设计状况及其相应的极限状态：

1 持久状况。组合桥梁建成后承受结构自重、车辆荷载等持续时间长的状况，应进行承载能力极限状态和正常使用极限状态设计。

2 短暂状况。折形钢腹板及梁体在制作、运送和架设过程中承受临时性作用（或荷载）的状况，应进行承载能力极限状态设计，必要时进行正常使用极限状态设计。

3 偶然状况。组合桥梁在使用过程中偶然出现的状况，需要进行承载能力极限状态设计。

1.0.5 组合折腹桥梁设计除参照本模式指南给出的相关要求外，应符合国家和行业现行标准的相关规定。

条文说明

组合折腹桥梁与预应力混凝土桥梁在结构整体行为上基本相同，可按照现行《公路钢筋混凝土及预应力混凝土桥涵设计规范》（JTG D62）[1]进行总体设计。本模式指南仅就其与预应力混凝土桥梁设计不同点，基于相关的研究成果、工程经验进行总结，给出组合折腹桥梁的设计要点及方法。

有关作用（或荷载）及其组合，应符合现行《公路桥涵设计通用规范》（JTG D60）[2]的规定；材料和工程质量应符合现行《公路工程质量检验评定标准 第一册 土建工程》（JTG F80/1）[3]、《公路桥涵施工技术规范》（JTG/T F50）[4]的要求。

2　术语和符号

2.1　术语

2.1.1　组合折腹桥梁　composit bridge with corrugated steel web

由混凝土顶底板、折形钢腹板、横隔板以及体内或体外预应力筋组成的一种组合结构桥梁。

2.1.2　折形钢腹板　corrugated steel web

用平钢板加工成弯折形状的腹板。

2.1.3　折形钢腹板折形长度　wave length of corrugated steel web

折形钢腹板在纵桥向一个周期折形的长度。

2.1.4　组合腹板　composite web with encased concrete

折形钢腹板与侧面浇筑混凝土结合的腹板。

2.1.5　焊钉连接件　stud connector

用于钢与混凝土连接的电弧螺栓焊用圆柱头焊钉。

2.1.6　开孔板连接件　perfobond connector

用于钢与混凝土连接的设有孔的钢板。

2.1.7　型钢连接件　profiled steel connector

用于钢与混凝土连接的焊接在钢板上的槽钢、角钢等短小节段型钢。

2.1.8　翼缘型结合部　flanged connection

折形钢腹板上端或下端与混凝土板通过翼缘板连接的结合构造。

2.1.9 嵌入型结合部 embedded connection

折形钢腹板上端或下端与混凝土板通过腹板嵌入的结合构造。

2.1.10 外包型结合部 wrapped connection

折形钢腹板下翼缘板与其上侧混凝土板连接的结合构造。

2.2 符号

2.2.1 材料性能有关符号

E——钢板的弹性模量；

E_s——钢筋的弹性模量；

E_c——混凝土的弹性模量；

G——钢板的剪切模量；

G_s——钢筋的剪切模量；

G_c——混凝土的剪切模量；

ν——钢板的泊松比；

ν_s——钢筋的泊松比；

ν_c——混凝土的泊松比；

f_k——钢板的抗拉、抗压和抗弯强度标准值；

f_d——钢板的抗拉、抗压和抗弯强度设计值；

f_{vd}——钢板抗剪强度设计值；

f_{sk}——钢筋抗拉强度标准值；

f_{sd}——钢筋抗拉强度设计值；

f_{pk}——预应力筋抗拉强度标准值；

f_{pd}——预应力筋抗拉强度设计值；

f_{ck}——混凝土轴心抗压强度标准值；

f_{cd}——混凝土轴心抗压强度设计值；

f_{tk}——混凝土轴心抗拉强度标准值；

f_{td}——混凝土轴心抗拉强度设计值；

G_w——折形钢腹板等效剪切模量；

f_{vy}——钢材的剪切屈服强度；

f_f^w——角焊缝强度设计值；

k_{ss}——焊钉连接件抗剪刚度；

k_{ps}——开孔板连接件抗剪刚度。

2.2.2 作用和作用效应有关符号

S_d——作用（或荷载）效应的组合设计值；

R_d——构件承载力设计值；

M_d——截面弯矩设计值；

M_{ud}——截面抗弯极限承载力设计值；

M_{td}——截面扭矩设计值；

M_{tud}——截面抗扭极限承载力设计值；

V_d——截面剪力设计值；

V_{ud}——截面抗剪极限承载力设计值；

V_{wd}——钢腹板抗剪承载力设计值；

V_{cd}——内衬混凝土抗剪承载力设计值；

V_p——预应力筋分担剪力；

V_{sd}——焊钉连接件剪力设计值；

V_{sud}——焊钉连接件抗剪承载力设计值；

V_{pd}——开孔板连接件剪力设计值；

V_{pud}——开孔板连接件抗剪承载力设计值；

s_d——正常使用极限状态下连接件的相对滑移；

s_a——连接件的相对滑移限值；

q_{vd}——结合面作用单位长度的剪力设计值；

$\tau_{cr,L}$——折形钢腹板局部屈曲强度；

$\tau_{cr,G}$——折形钢腹板整体屈曲强度；

$\tau_{cr,I}$——折形钢腹板合成屈曲强度；

P——集中荷载；

q——均布荷载；

$f_{L/2}$——跨中挠度；

σ_{pe}——体外预应力筋的有效预应力；

σ_{pu}——体外预应力筋的极限应力设计值；

τ_{wsd}——折形钢腹板作用剪应力设计值；

τ_{wcd}——组合腹板梁段钢腹板作用剪应力设计值；

τ_{cd}——组合腹板梁段内衬混凝土作用剪应力设计值；

τ_{wtd}——扭矩作用下折形钢腹板的剪应力设计值；

τ_{ftd}——扭矩作用下混凝土顶底板的剪应力设计值；

$\Delta\sigma_{pu}$——体外预应力筋的极限应力增量；

σ_{cc}——正截面混凝土最大压应力计算值；

$\sigma_{p,i}$——体内预应力筋最大拉应力计算值；
$\sigma_{p,e}$——体外预应力筋最大拉应力计算值；
σ_t——由作用（或荷载）短期或长期效应组合引起的截面边缘拉应力；
σ_{pc}——永存预应力在截面边缘产生的压应力；
σ_{ct}——正截面混凝土最大拉应力计算值。

2.2.3 几何参数有关符号

a_w——折形钢腹板直板段长度；
b_w——折形钢腹板斜板段投影长度；
c_w——折形钢腹板斜板段长度；
d_w——折形钢腹板折形高度；
h_w——折形钢腹板高度；
t_w——折形钢腹板厚度；
t_{we}——折形钢腹板等效为工字形截面时腹板的等效厚度；
r_w——折形钢腹板弯折半径；
θ_w——折形钢腹板斜板段倾角；
A_w——折形钢腹板横截面面积；
L_w——折形钢腹板折形长度；
L_m——内衬混凝土组合腹板长度；
n_w——钢腹板个数；
b_m——混凝土板截面有效宽度；
b_e——内衬混凝土受压区有效高度；
d——开孔板连接件圆孔直径；
d_s——孔中贯通钢筋直径；
d_{st}——焊钉连接件的直径；
A_{st}——焊钉连接件截面的面积；
h_{ef}——焊钉连接件有效埋入深度；
e_{st}——焊钉连接件横向间距；
n_{st}——单位长度受拉侧配置焊钉数；
A_s——受拉区钢筋面积；
A'_s——受压区钢筋面积；
A'_p——受压区预应力筋面积；
A_{p1}——受拉区体内预应力筋面积；
A_{p2}——受拉区体外预应力筋面积；

p_x——纵桥向混凝土板配筋率；
p_y——横桥向混凝土板配筋率；
h_s——受拉区普通钢筋形心至梁上缘的距离；
h_s'——受压区普通钢筋形心至梁上缘的距离；
h_{p1}——受拉区体内预应力筋形心至梁上缘的距离；
h_{p2}——受拉区体外预应力筋形心至梁上缘的距离；
h_p'——受压区预应力筋形心至梁上缘的距离；
x——等效矩形应力分布的受压区高度；
x_0——混凝土受压区高度；
ζ_b——相对界限受压区高度；
θ_p——预应力轴向倾角；
n——螺栓数量；
t_{pb}——开孔板的厚度；
c_{pb}——圆孔顶部到开孔板边缘的距离；
n_{pb}——单位长度受拉侧开孔板的孔数；
e_{pb}——开孔板的间距；
t_{c1}——混凝土顶板厚度；
t_{c2}——混凝土底板厚度；
t_{w3}——左侧钢腹板厚度；
t_{w4}——右侧钢腹板厚度；
t_c——内衬混凝土厚度；
t_{ce}——内衬混凝土平均厚度；
b_{c1}——顶板处腹板中心线间距；
b_{c2}——底板处腹板中心线间距；
a_{c1}——混凝土板单位宽度；
h_{w1}——折形钢腹板单位宽度；
h——组合折腹梁截面高度；
h_e——折形钢腹板嵌入深度；
h_f——角焊缝的焊脚尺寸；
l_f——焊缝的计算长度；
y_c——截面形心到梁顶缘的距离；
y_w——组合腹板形心到梁顶缘的距离；
A_c——混凝土顶底板面积；
A_m——扭转抵抗面积；

l——主梁等效跨径；

L——组合折腹梁跨度；

S_c——混凝土顶板或底板对中性轴 n-n 的面积矩；

I_c——混凝土顶底板惯性矩。

2.2.4 计算系数及其他有关符号

γ_0——桥梁结构重要性系数；

n_E——钢材与混凝土的弹性模量比；

α_w——折形钢腹板的形状系数；

β——矩形应力图高度系数；

β_w——组合截面扭转刚度系数；

β_i——折形钢腹板剪力分担率；

β_1——考虑斜压主应力沿厚度方向分布不均匀性系数；

β_p——集中荷载作用下挠度修正系数；

β_q——均布荷载作用下挠度修正系数；

k_t——扭转相关系数；

k_e——腹板有效高度同实际高度的比值；

k_L——折形钢腹板局部剪力屈曲系数；

k_G——折形钢腹板整体剪力屈曲系数；

k_I——折形钢腹板合成剪力屈曲系数；

n_d——开孔板孔中钢筋与混凝土直径比；

n_f——传力摩擦面数；

χ——整体嵌固系数；

μ——摩阻系数。

条文说明

本模式指南的术语、符号参照现行《工程结构设计通用符号标准》(GB/T 50132)[5]和《道路工程术语标准》(GBJ 124)[6]的规定，主要符号与现行公路桥梁规范尽可能保持一致。

3 材　料

3.1 混凝土

3.1.1 组合折腹桥梁的混凝土强度等级不应低于 C40。

条文说明

组合折腹桥梁一般为预应力混凝土结构，宜采用高性能高强混凝土，混凝土强度等级与现行《公路钢筋混凝土及预应力混凝土桥涵设计规范》(JTG D62)规定保持一致。

3.1.2 混凝土轴心抗压强度标准值f_{ck}和轴心抗拉强度标准值f_{tk}应按表3.1.2采用。

表 3.1.2　混凝土强度标准值(MPa)

强度种类 \ 强度等级	C40	C45	C50	C55	C60	C65	C70	C75	C80
f_{ck}	26.8	29.6	32.4	35.5	38.5	41.5	44.5	47.4	50.2
f_{tk}	2.40	2.51	2.65	2.74	2.85	2.93	3.00	3.05	3.10

3.1.3 混凝土轴心抗压强度设计值f_{cd}和轴心抗拉强度设计值f_{td}应按表3.1.3采用。

表 3.1.3　混凝土强度设计值(MPa)

强度种类 \ 强度等级	C40	C45	C50	C55	C60	C65	C70	C75	C80
f_{cd}	18.4	20.5	22.4	24.4	26.5	28.5	30.5	32.4	34.6
f_{td}	1.65	1.74	1.83	1.89	1.96	2.02	2.07	2.10	2.14

3.1.4 混凝土的物理性能指标应按表3.1.4采用。

表 3.1.4　混凝土的物理性能指标

强度等级	C40	C45	C50	C55	C60	C65	C70	C75	C80
弹性模量 E_c（$\times 10^4$MPa）	3.25	3.35	3.45	3.55	3.60	3.65	3.70	3.75	3.80
剪切模量 G_c（$\times 10^4$MPa）	1.30	1.34	1.38	1.42	1.44	1.46	1.48	1.50	1.52

3.2　钢筋

3.2.1　组合折腹桥梁混凝土结构的钢筋与预应力筋的选用，应符合下列规定：

1　普通钢筋宜选用热轧 HPB235、HPB300、HRB335、HRB400 及 RRB400 钢筋，预应力混凝土构件中的箍筋宜选用带肋钢筋。

2　预应力筋应选用钢绞线、钢丝，中、小型构件或竖、横向预应力筋可选用精轧螺纹钢筋。

条文说明

1　普通钢筋：光圆钢筋 HPB235、HPB300 的规格参照现行《钢筋混凝土用钢　第 1 部分：热轧光圆钢筋》（GB 1499.1）[7]，带肋钢筋 HRB335、HRB400 的规格参照现行《钢筋混凝土用钢　第 2 部分：热轧带肋钢筋》（GB 1499.2）[8]。RRB400 为原来的 KL400 钢筋，现行《混凝土结构设计规范》（GB 50010）[9] 用该钢筋代替原规范的 KL400。

现行《钢筋混凝土用钢　第 1 部分：热轧光圆钢筋》（GB 1499.1）规定的钢筋公称横截面面积与理论质量如表 3.2.1-1 所示。

现行《钢筋混凝土用钢　第 2 部分：热轧带肋钢筋》（GB 1499.2）规定的钢筋公称横截面面积与理论质量如表 3.2.1-2 所示。

2　预应力筋：钢丝的规格参照现行《预应力混凝土用钢丝》（GB/T 5223）[10]，钢绞线的规格参照现行《预应力混凝土用钢绞线》（GB/T 5224）[11]，精轧螺纹钢筋的规格参照现行《预应力混凝土螺纹钢筋》（GB/T 20065）[12]。

表 3.2.1-1　热轧光圆钢筋公称横截面面积与理论质量

公称直径（mm）	公称横截面面积（mm^2）	理论质量（kg/m）
6	28.27	0.222
8	50.27	0.395
10	78.54	0.617
12	113.1	0.888

续上表

公称直径(mm)	公称横截面面积(mm^2)	理论质量(kg/m)
14	153.9	1.21
16	201.1	1.58
18	254.5	2.00
20	314.2	2.47
22	380.1	2.98

表 3.2.1-2　热轧带肋钢筋公称横截面面积与理论质量

公称直径(mm)	公称横截面面积(mm^2)	理论质量(kg/m)
6	28.27	0.222
8	50.27	0.395
10	78.54	0.617
12	113.1	0.888
14	153.9	1.21
16	201.1	1.58
18	254.5	2.00
20	314.2	2.47
22	380.1	2.98
25	490.9	3.85
28	615.8	4.83
32	804.2	6.31
36	1 018	7.99
40	1 257	9.87
50	1 964	15.42

3.2.2　钢筋的抗拉强度标准值应具有不小于95%的保证率。普通钢筋的抗拉强度标准值 f_{sk} 和预应力筋的抗拉强度标准值 f_{pk} 应分别按表 3.2.2-1 和表 3.2.2-2 采用。

表 3.2.2-1　普通钢筋抗拉强度标准值

钢 筋 种 类	公称直径 d(mm)	抗拉强度标准值 f_{sk}(MPa)
HPB235	6 ~ 22	235
HPB300	6 ~ 22	300

续上表

钢 筋 种 类	公称直径 d(mm)	抗拉强度标准值 f_{sk}(MPa)
HRB335	6～50	335
HRB400	6～50	400
RRB400	8～40	400

表 3.2.2-2 预应力筋抗拉强度标准值

钢 筋 种 类		公称直径 d(mm)	抗拉强度标准值 f_{pk}(MPa)
钢绞线	1×2 (二股)	d=5、5.8	1 570、1 720、1 860、1 960
		d=8、10.0	1 470、1 570、1 720、1 860、1 960
		d=12.0	1 470、1 570、1 720、1 860
	1×3 (三股)	d=6.2、6.5	1 570、1 720、1 860、1 960
		d=8.6	1 470、1 570、1 720、1 860、1 960
		d=8.74	1 570、1 670
		d=10.8、12.9	1 470、1 570、1 720、1 860、1 960
	1×7 (七股)	d=9.5、11.1、12.7	1 720、1 860、1 960
		d=15.2	1 470、1 570、1 670、1 720、1 860、1 960
		d=15.7	1 770、1 860
		d=17.8	1 720、1 860
消除应力钢丝	光面 螺旋肋	d=4.0、4.8、5.0	1 470、1 570、1 670、1 770、1 860
		d=6.0、6.25、7.0	1 470、1 570、1 670、1 770
		d=8.0、9.0	1 470、1 570
		d=10.0、12.0	1 470
	刻痕	d=5	1 470、1 570、1 670、1 770、1 860
		d=7	1 470、1 570、1 670、1 770
精轧螺纹钢筋		d=18、25、32、40、50	785、830、930、1 080

条文说明

本模式指南钢筋的抗拉极限强度标准值为现行国家标准的钢筋屈服点，钢绞线和钢丝的抗拉强度标准值为现行国家标准规定的抗拉极限强度。

3.2.3 普通钢筋的抗拉强度设计值 f_{sd} 应按表 3.2.3-1 采用，预应力钢筋的抗拉强度设计值f_{pd}应按表3.2.3-2采用。

表3.2.3-1 普通钢筋抗拉强度设计值

钢筋种类	公称直径 d(mm)	抗拉强度设计值f_{sd}(MPa)
HPB235	6~22	195
HPB300	6~22	250
HRB335	6~50	280
HRB400	6~50	330
RRB400	8~40	330

表3.2.3-2 预应力筋抗拉强度

钢筋类型	抗拉强度标准值f_{pk}(MPa)	抗拉强度设计值f_{pd}(MPa)
钢绞线 1×2(二股) 1×3(三股) 1×7(七股)	1 470	1 000
	1 570	1 070
	1 720	1 170
	1 860	1 260
	1 960	1 330
消除应力光面钢丝和螺旋肋钢丝	1 470	1 000
	1 570	1 070
	1 670	1 140
	1 770	1 200
	1 860	1 260
消除应力刻痕钢丝	1 470	1 000
	1 570	1 070
	1 670	1 140
	1 770	1 200
	1 860	1 260
精轧螺纹钢筋	785	650
	830	690
	930	770
	1 080	860

条文说明

钢筋、钢绞线和钢丝的抗拉强度设计值取值原则，与现行《公路钢筋混凝土及预应力混凝土桥涵设计规范》(JTG D62)相应材料强度设计值取值相一致。

3.2.4 普通钢筋的弹性模量 E_s 和预应力筋的弹性模量 E_p 应按表 3.2.4 采用。

表 3.2.4 普通钢筋及预应力筋的弹性模量

钢筋种类		弹性模量	
普通钢筋	HPB235、HPB300	E_s (MPa)	2.1×10^5
	HRB335、HRB400、RRB400		2.0×10^5
预应力筋	消除应力光面钢丝、螺旋肋钢丝、刻痕钢丝	E_p (MPa)	2.05×10^5
	钢绞线		1.95×10^5
	精轧螺纹钢筋		2.0×10^5

3.3 钢板

3.3.1 组合折腹桥梁的钢板宜采用 Q235、Q345、Q390 和 Q420,其材性应符合现行《碳素结构钢》(GB/T 700)[13]和《低合金高强度结构钢》(GB/T 1591)[14]的规定。钢板强度指标如表 3.3.1 所示。

表 3.3.1 钢板强度指标

牌号与厚度		抗拉、抗压和抗弯强度标准值 f_k(MPa)	抗拉、抗压和抗弯强度设计值 f_d(MPa)	抗剪强度设计值 f_{vd}(MPa)
牌号	厚度(mm)			
Q235	≤16	235	190	110
	16~40	225	180	105
	40~100	215	170	100
Q345	≤16	345	275	160
	16~40	335	270	155
	40~63	325	260	150
	63~80	315	250	145
	80~100	305	245	140
Q390	≤16	390	310	180
	16~40	370	295	170
	40~63	350	280	160
	63~100	330	265	150

续上表

牌号与厚度		抗拉、抗压和抗弯强度标准值 f_k(MPa)	抗拉、抗压和抗弯强度设计值 f_d(MPa)	抗剪强度设计值 f_{vd}(MPa)
牌号	厚度(mm)			
Q420	≤16	420	335	195
	16～40	400	320	185
	40～63	380	305	175
	63～100	360	290	165

条文说明

钢板的选用应综合考虑结构的重要性、荷载特征、结构形式、应力状态、连接方法、钢板厚度及环境等因素。

本模式指南钢板抗拉、抗压和抗弯强度标准值分别为现行《碳素结构钢》(GB/T 700)和《低合金高强度结构钢》(GB/T 1591)中规定的钢材屈服点强度。

3.3.2 折形钢腹板的物理性能指标可参照表3.3.2采用。

表3.3.2　折形钢腹板的物理性能指标

弹性模量 E (MPa)	剪切模量 G (MPa)	线性膨胀系数 α (℃$^{-1}$)	密度 ρ (kg/m^3)
2.06×10^5	0.79×10^5	12×10^{-6}	7 850

3.3.3 折形钢腹板当采用耐候结构钢时,其力学性能、工艺性能及冲击性能应符合现行《耐候结构钢》(GB/T 4171)的相关规定。

条文说明

组合折腹桥梁设计时,不仅要考虑初期建设费用,而且还要考虑远期改建、拓宽、养护等费用,甚至还要考虑解体后的废物处理费用,即确保整个使用期的费用最低为设计原则。钢桥相对混凝土桥在材料特性、结构性能、制作方法等诸多方面具有很多优点,在某些发达国家已经占到一半。随着经济建设的发展,我国钢材在桥梁中的应用也将会大幅度增加,而维护费用较低的耐候钢在组合桥梁中的应用前景较好[15]。

在规划与设计采用耐候钢的组合折腹桥梁时,必须充分考虑架桥地点的环境与位置,确保桥梁能够处在通风条件好、干湿交替变化的环境中。促使耐候钢表面剥离锈蚀的最大因素是海面飘来的与撒布的路面防冻剂中的盐分。日本规定架桥地点应位于飘来盐分量测定值不超过容许值，或位于划定的区域。美国规定架桥地点位于海岸附近、多雨潮湿以及工业烟雾排放量较大的地带时，最好要对周边环境实施调查[16]。

现行《耐候结构钢》(GB/T 4171)[17]对其力学性能和工艺性能的规定如表3.3.3-1所示，对其冲击性能的规定如表3.3.3-2所示。

表3.3.3-1 折形钢腹板耐候结构钢的力学性能和工艺性能

牌号	拉伸试验									180°弯曲试验 弯心直径		
	下屈服强度 R_{eL}(N/mm²) 不小于				抗拉强度 R_m (N/mm²)	断后伸长率 A(%) 不小于						
	≤16	>16 ~40	>40 ~60	>60		≤16	>16 ~40	>40 ~60	>60	≤6	>6 ~ 16	>16
Q235NH	235	225	215	215	360 ~ 510	25	25	24	23	a	a	$2a$
Q295NH	295	285	275	255	430 ~ 560	24	24	23	22	a	$2a$	$3a$
Q295GNH	295	285	—	—	430 ~ 560	24	24	—	—	a	$2a$	$3a$
Q355NH	355	345	335	325	490 ~ 630	22	22	21	20	a	$2a$	$3a$
Q355GNH	355	345	—	—	490 ~ 630	22	22	—	—	a	$2a$	$3a$
Q415NH	415	405	395	—	520 ~ 680	22	22	20	—	a	$2a$	$3a$
Q460NH	460	450	440	—	570 ~ 730	20	20	19	—	a	$2a$	$3a$
Q500NH	500	490	480	—	600 ~ 760	18	16	15	—	a	$2a$	$3a$
Q550NH	550	540	530	—	620 ~ 780	16	16	15	—	a	$2a$	$3a$
Q265NH	265	—	—	—	≥410	27	—	—	—	a	—	—
Q310GNH	310	—	—	—	≥450	26	—	—	—	a	—	—

表3.3.3-2 折形钢腹板耐候结构钢的冲击性能

质量等级	V形缺口冲击试验		
	试样方向	温度(℃)	冲击吸收能量 KV_2(J)
A	纵向	—	—
B		20	≥47
C		0	≥34
D		-20	≥34
E		-40	≥27

3.3.4 折形钢腹板的焊接材料选用,应保证焊缝与主体钢板技术条件相适应,并通过焊接工艺评定确定。

条文说明

折形钢腹板与钢翼缘间、折形钢腹板间以及连接件与钢板间采用焊接工艺时,其焊丝、焊条、焊剂等材料以及加工工艺均要满足现行《建筑钢结构焊接技术规程》(JGJ 81)[18]的规定。

3.3.5 高强度螺栓连接副技术条件应符合相关现行标准的规定。

条文说明

高强度螺栓连接主要用于连接折形钢腹板,高强度大六角头螺栓、螺母应符合现行《钢结构用高强度大六角头螺栓》(GB/T 1228)[19]、《钢结构用高强度大六角螺母》(GB/T 1229)[20]相关规定,高强度垫圈应符合现行《钢结构用高强度垫圈》(GB/T 1230)[21]相关规定,高强度连接副应符合现行《钢结构用高强度大六角螺栓、大六角螺母、垫圈技术条件》(GB/T 1231)[22]的相关规定。

3.3.6 焊钉连接件的材料及机械性能,应符合现行《电弧螺柱焊用圆柱头焊钉》(GB/T 10433)[23]的相关规定。

条文说明

圆柱头焊钉是钢与混凝土结合的主要连接件,主要用于连接折形钢腹板与混凝土顶、底板以及混凝土横隔板等。

现行《电弧螺柱焊用圆柱头焊钉》(GB/T 10433)对焊钉的尺寸规定如表3.3.6-1所示,对其材料及机械性能相关规定如表3.3.6-2所示。

表3.3.6-1　焊钉的尺寸

焊钉直径 d(mm)	公称	10	13	16	19	22	25
	min	9.64	12.57	15.57	18.48	21.48	24.48
	max	10	13	16	19	22	25
焊钉头部直径 d_k(mm)	max	18.35	22.42	29.42	32.5	35.5	40.5
	min	17.65	21.58	28.58	31.5	34.5	39.5

表 3.3.6-2　圆柱头焊钉材料及机械性能

材　　料	标　　准	机 械 性 能
ML15、ML15Al	GB/T 6478	$\sigma_b \geqslant 400$MPa σ_s 或 $\sigma_{p0.2} \geqslant 320$MPa $\delta_5 \geqslant 14\%$

4 结构总体设计

4.1 一般要求

4.1.1 组合折腹桥梁方案的选取,应依据桥位的建设条件、全寿命设计要求,综合考虑其技术特点进行确定。

条文说明

组合折腹桥梁的主梁,由混凝土顶底板、折形钢腹板、横隔板、体内预应力筋或体外预应力筋构成。

箱梁是由至少两块腹板及其顶底板构成的闭口截面,其抗弯、抗剪及抗扭刚度都比较大,不仅经常用于弯桥,而且比较容易实现桥梁的大跨度。

最常用的混凝土箱梁具有良好的结构性能,在现代各种桥梁中得到了广泛应用。但是在两方面存在比较难于克服的问题:一方面是自重比较大,为进一步提高其抗弯、抗剪性能,一般在腹板及其顶底板布置预应力筋,因而截面各部分厚度都比较大,不仅上部结构自重大,同时又加重下部结构、地基和基础的负担;另一方面是混凝土箱梁由腹板和顶底板形成一体,顶底板的温差及其腹板的干燥收缩、徐变等引起的应力集中问题比较突出,严重影响结构的承载性能和耐久性。

为此,要从根本上解决混凝土箱梁存在的问题,必须采用主动控制的设计方法,即设法解除腹板及其顶底板之间的相互约束,使各部分单独承担截面剪力或者弯矩、轴力。

如图 4.1.1 所示,法国工程界提出用弯折形状的钢板代替混凝土腹板,与混凝土顶底板形成组合梁体系的结构,即由混凝土顶底板、折形钢腹板、横隔板、体内及体外预应力筋构成的结构形式。

组合折腹梁桥合理地将钢、混凝土两种不同材料相互结合起来,提高了结构的稳定性、强度及材料的使用效率,具有以下技术特点[24,25]:

1)折形钢板用作腹板,使得混凝土箱梁自重降低,可减轻 20% ~30% ;

2)折形钢腹板纵向刚度较低,可提高预应力施加的效率;

3)折形钢腹板纵向刚度较低,对混凝土顶底板的徐变、收缩变形等的约束作用较小;

4)折形钢腹板具有较高的抗剪承载能力;

5)折形钢腹板制作可实行工厂化,质量易保证;

6)折形钢腹板使桥梁具有较强的美感,易与周围的环境相协调;

7)采用体外预应力筋布置方式,可免除在混凝土腹板内预埋管道的工序等。

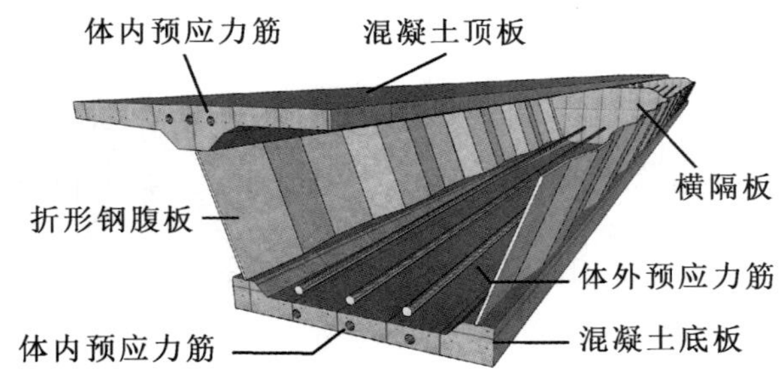

图 4.1.1 组合折腹梁的基本构成

但是,由于折形钢腹板纵向刚度低以及剪切变形大的特点,在折形钢腹板的加工、运输、架设、节段施工过程中对变形的控制精度要求更高。折形钢腹板与混凝土顶底板的结合构造复杂,设计与施工中应采取措施确保作用力能够有效地传递,同时保证组合梁截面各部分完全构成一体承担作用。

4.1.2 组合折腹桥梁结构体系的选取,应综合考虑使用功能、经济性能、施工可行性等多方面的因素。

条文说明

现代桥梁结构的体系,包括梁、拱、刚构、斜拉、悬索以及斜拉—悬索协作体系。梁式体系以梁的抗弯能力来承受荷载,梁分简支梁、悬臂梁和连续梁等。拱式体系主要承重结构是拱肋,以承压为主,拱分单铰拱、双铰拱、三铰拱和无铰拱。刚构桥是介于梁与拱之间的一种结构体系,由受弯的上部梁结构与承压的下部墩整体结合在一起的结构。斜拉桥由承压的塔、受拉的索与承弯的梁体组合起来的一种结构体系。

目前已建成的组合折腹桥梁,桥跨形式包括简支梁、连续梁、刚构和斜拉桥等,截面形式多为箱形,少量的三角形(图 4.1.2-1),施工方法包括悬臂拼装与浇筑、顶推和满堂支架以及该桥型特有的利用折形腹板先行架设施工方法。

组合折腹桥梁各种结构体系与跨径的关系如图 4.1.2-2 所示。简支梁桥的跨径范围为 20～50m，连续梁桥为 20～140m，T 形刚构桥为 30～100m，连续刚构桥为 50～150m，斜拉桥最大跨径达到 235m。不论是梁式桥，还是刚构桥，都实现了多跨连续[26]。

a) 箱形截面　　b) 三角形截面

图 4.1.2-1　组合折腹桥梁截面形式

组合折腹箱梁桥可应用在多种桥型中，图 4.1.2-3 为不同结构形式桥型数量和比例的情况。连续梁和连续刚构桥占绝大多数，分别约为 40%。而且所建的组合折腹桥梁跨径一般在 50～150m 之间，说明该桥型特别适合于中等跨径的多跨连续梁桥或连续刚构桥[26]。

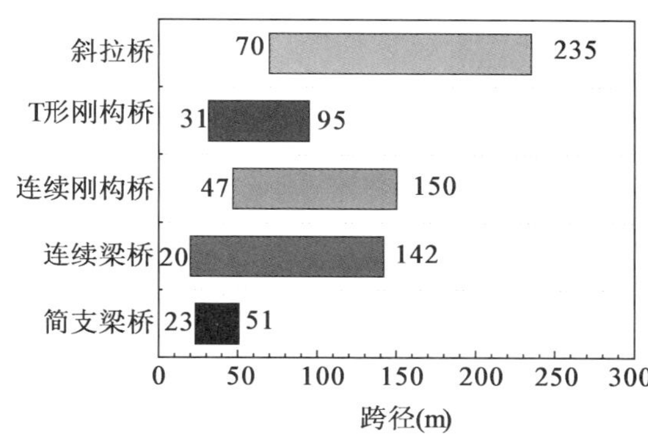

图 4.1.2-2　结构体系与跨径关系

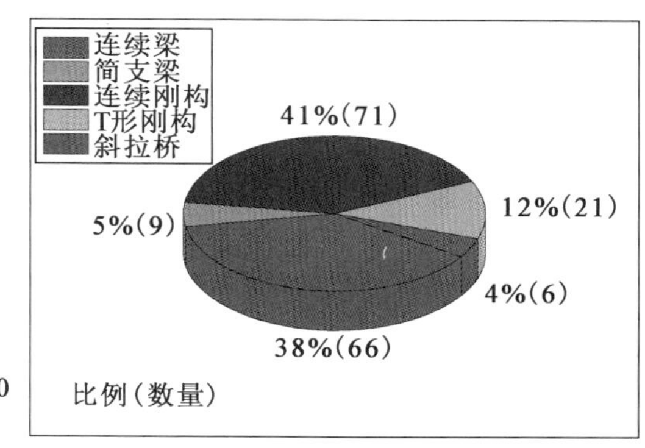

图 4.1.2-3　结构形式数量及比例

4.2　结构总体布置

4.2.1　组合折腹桥梁立面布置，应综合考虑结构受力、景观效果、折形钢腹板加工以及施工工艺等因素进行选取。

条文说明

如图 4.2.1 所示，组合折腹桥梁在立面布置与混凝土结构桥梁基本一致，其梁高沿着桥梁纵向有直线(等高截面)、折线及曲线(变高截面)3 种变化形式。当采用等高截面时,在不太增加自重的情况下,能够加大跨中截面高度,提高体外预应力筋的偏心量,并且折形钢腹板加工比混凝土施工容易。当跨度更大时就要考虑采用变截面梁,即折线或曲线变化形式。

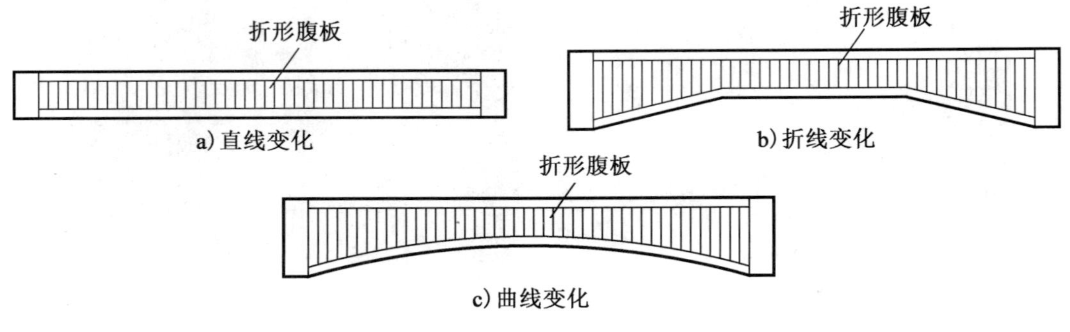

图 4.2.1　箱梁立面布置形式

4.2.2　组合折腹桥梁截面高度与混凝土结构桥梁基本一致,需适当考虑设置体外预应力筋对截面高度选取的影响。

条文说明

通过比较考察已建组合折腹桥梁,其跨中及其墩上的截面高度与最大跨径的变化关系(图 4.2.2),可看出组合折腹桥梁的高跨比有以下特点:

1) 采用 T 形刚构体系的组合折腹梁高跨比大于梁桥或刚构桥;

2) 与混凝土箱梁桥相比较,组合折腹箱梁墩上的高跨比相差不多;

3) 与混凝土箱梁桥相比较,折形腹板组合桥梁跨中的高跨比稍大,以此来提高体外预应力筋的偏心量。

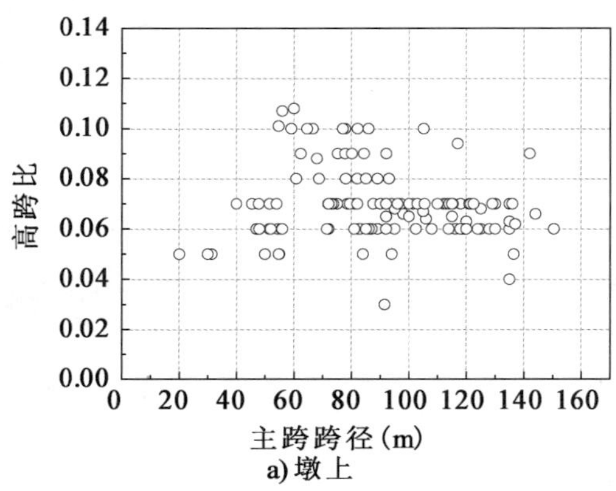

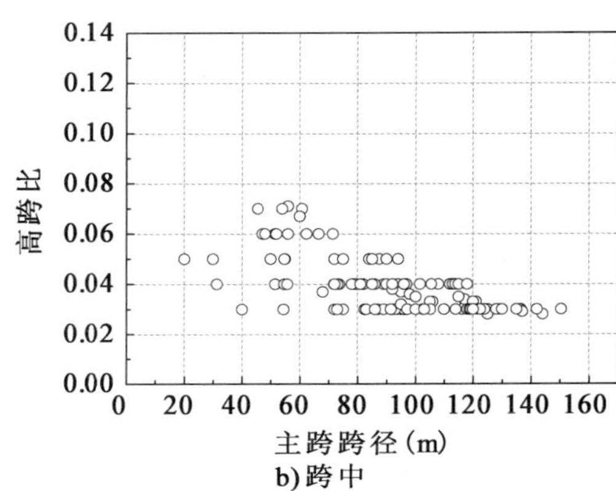

图 4.2.2　高跨比与最大跨径的关系

4.2.3 组合折腹桥梁横截面设计主要是确定横截面布置形式,包括主梁截面形式、腹板间距、截面各部分尺寸等,应综合考虑立面布置、建筑高度、施工方法、美观要求以及经济性等因素。

条文说明

组合折腹桥梁横截面形式多样,如箱形截面以及三角形截面。其中箱形截面包括单箱单室、单箱多室、多箱单室及其多箱多室等(图4.2.3)。已建的组合折腹桥梁大多采用单室箱梁,随着多室箱梁的翘曲应力、扭转应力及其各腹板剪力分担比例的计算方法的完善,横截面的构造形式也将会实现多样化。

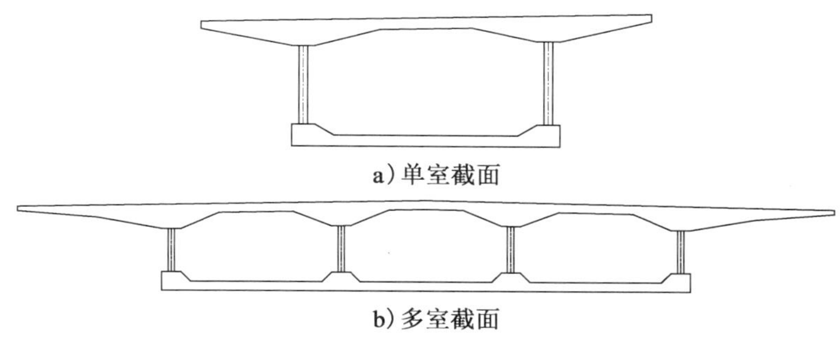

图4.2.3 组合折腹桥梁截面形式

4.2.4 组合折腹桥梁在需要设置单面横坡时,应综合考虑各种因素采取比较合理的方法和措施。

条文说明

当截面横向设置单面坡度达到满足排水以及超高要求时,如图4.2.4所示,一般可以采取以下的措施:

1)全截面倾斜;

2)两腹板高度相同、顶底板同时倾斜;

3)两腹板高度不同、顶板倾斜。

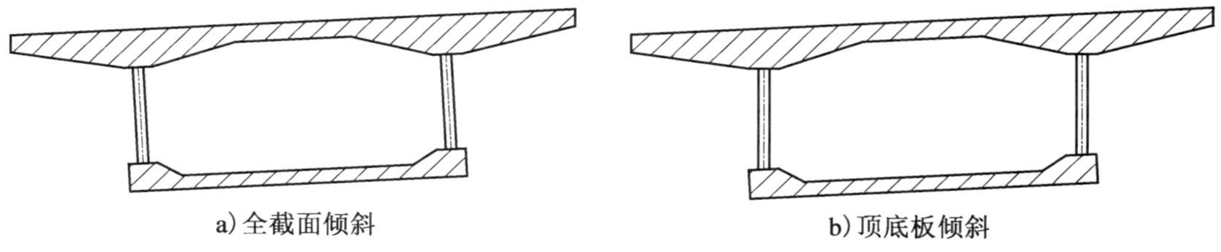

图 4.2.4

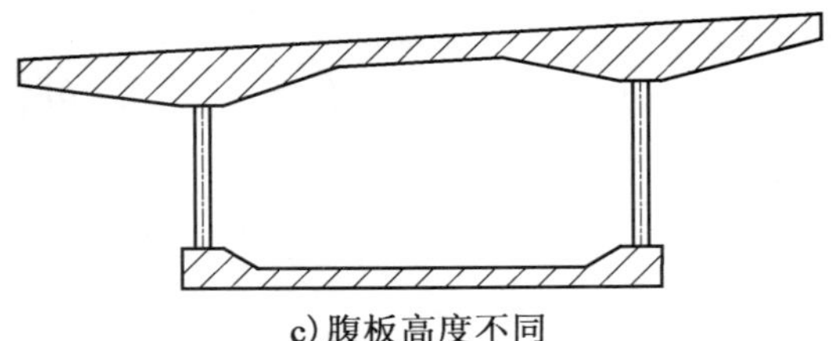

c)腹板高度不同

图 4.2.4　横向单面坡度的调整方式

4.2.5　组合折腹桥梁顶、底板构造尺寸,应综合考虑腹板间距、悬臂板长度等因素确定。

条文说明

混凝土顶板在横向的截面厚度,悬臂板端部的厚度与板跨中的厚度相差不大,一般为腹板支撑处,即根部厚度的约 1/2。其腹板间距与根部厚度的比,即宽厚比大致在 10 ~ 13 之间。

混凝土顶底板横向的跨中最小厚度可取 220mm,而墩上厚度与板宽度或梁长有一定的关系。

4.3　钢腹板布置

4.3.1　折形钢腹板的形状,按照剪切屈服前不得发生剪切屈曲及极限荷载作用下不得发生剪切屈服的条件进行设计,同时应考虑截面横向刚度等综合因素确定各部分的尺寸。

条文说明

图 4.3.1-1 为折形钢腹板几何参数,即折形长度 L_w、腹板截面高度 h_w、直板段长度 a_w、斜板段投影长度 b_w、斜板段长度 c_w、腹板折形高度 d_w、腹板厚度 t_w、弯折半径 r_w 及弯折角度 θ_w 等。

图 4.3.1-2 为钢腹板形状高度和直板段长度的比与梁最大跨径的关系。通过比较已建组合折腹桥梁的钢腹板的构造,可以看出现有折形钢腹板的形状及其尺寸有以下几个特点:

1)折形钢腹板直板段 a_w 与斜板段 c_w 的长度大致相同;

2)折形钢腹板的折形形状高度 d_w 与直板段 a_w 或斜板段 c_w 宽度的比大致在 0.4 ~ 0.6 之间;

3)折形钢腹板的板厚 t_w 通常要满足钢板最小厚度的要求,一般最小厚度

为 8mm;

4)箱梁根部截面高度较大时,折形钢腹板内侧应内衬混凝土。

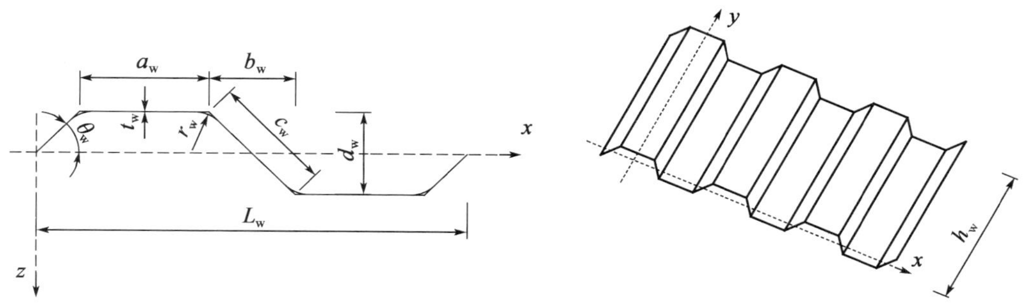

图 4.3.1-1 折形钢腹板几何参数

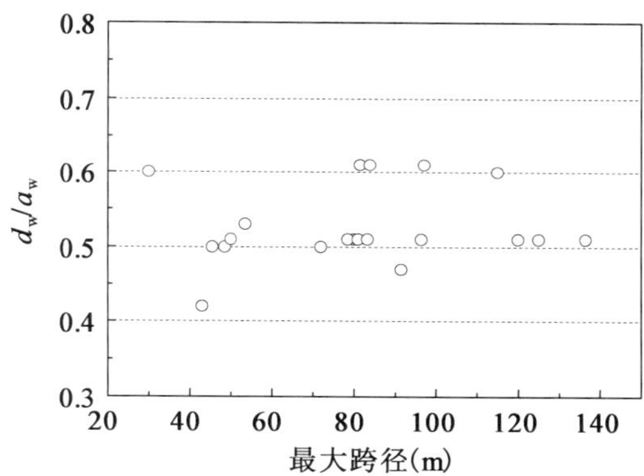

图 4.3.1-2 d_w/a_w 与最大跨径的关系

图 4.3.1-3、图 4.3.1-4 为折形钢腹板的板厚 t_w、截面高度 h_w 分别和腹板折形高度 d_w 的比与梁跨径的变化关系。除去极少数桥梁的跨中与墩上的截面高度、腹板厚度相同外,跨中截面处的腹板厚度与折形高度比约为 0.05,而

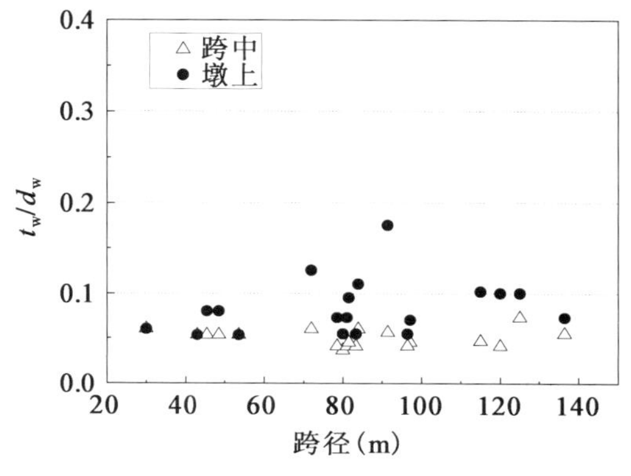

图 4.3.1-3 t_w/d_w 与跨径的关系

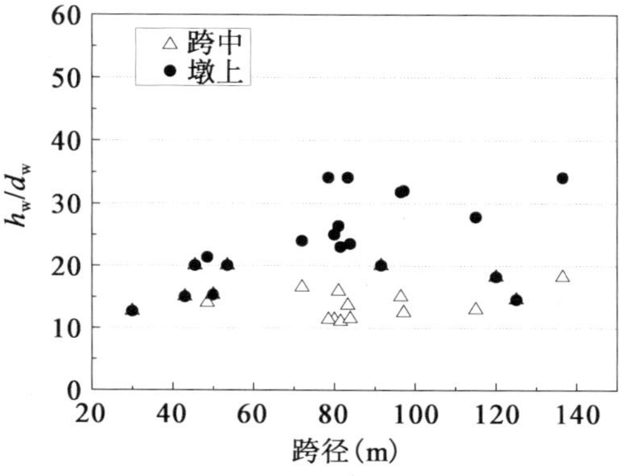

图 4.3.1-4 h_w/d_w 与跨径的关系

墩上截面处的腹板厚度与折形高度比的变化较大。截面高度与折形高度的比,在跨中处为10~20、在墩上为20~35。

4.3.2 组合折腹桥梁在梁端及墩顶两侧的折形钢腹板,一般要求其侧面浇筑混凝土形成组合腹板梁段。

条文说明

当组合折腹连续梁桥或刚构桥,主梁梁端或墩顶附近的截面高度较大时,在折形钢腹板内侧面需浇筑混凝土,形成组合腹板[27-30],如图4.3.2所示。通过内衬混凝土可以进一步提高折形钢腹板抗屈曲的性能,同时又能够借助内衬混凝土,使钢腹板的作用力有效地传给桥墩等。

图4.3.2　内衬混凝土组合腹板

主梁根部截面高度达到7m或以上的部分桥梁,基本上都采取这一构造措施,即在距离主梁根部一定的范围内的折形钢腹板上内衬混凝土。另外,当各跨跨径相差较大时,对跨径小的折形钢腹板进行内衬混凝土浇筑,可平衡各跨主梁的自重。

折形钢腹板与内衬混凝土之间主要采用焊钉连接件进行结合,在设计上依据两者间的剪切刚度比进行剪力分担的计算,然后确定钢腹板及其内衬混凝土的厚度。

4.4　预应力筋布置

4.4.1 组合折腹桥梁可采用体内外预应力筋、全体外预应力筋、全体内预应力筋的布置形式。

条文说明

体外预应力结构能够简化预应力筋布置线形,减小混凝土构件截面尺寸,提高混凝土施工质量，且易于检测、加固、更换等。

采用体内、外混合配束的预应力结构，充分发挥了两者的优势[31,32]。通常在受拉区的混凝土底板或顶板内配置体内有黏结的预应力筋，在钢腹板内侧配置立面为折线形的体外预应力筋。两端锚固于端横隔板上，中间转向点处设置转向块或转向横隔板。可依据恒载由体内预应力、活载由体外预应力承担的原则，配置体内、外预应力筋。

对于曲线桥、中小跨径桥，可不配置体外预应力筋。比如，图4.4.1为广州市南二环鱼窝头桥，该桥为3跨组合折腹连续箱梁曲线桥，跨径布置为35m+50m+35m，平面曲率半径为110m。该桥采用全体内预应力体系，顶底板均配有通长束，顶板在中墩墩顶配有短束，以消除负弯矩区受力的影响，底板在跨中配有短束[33]。

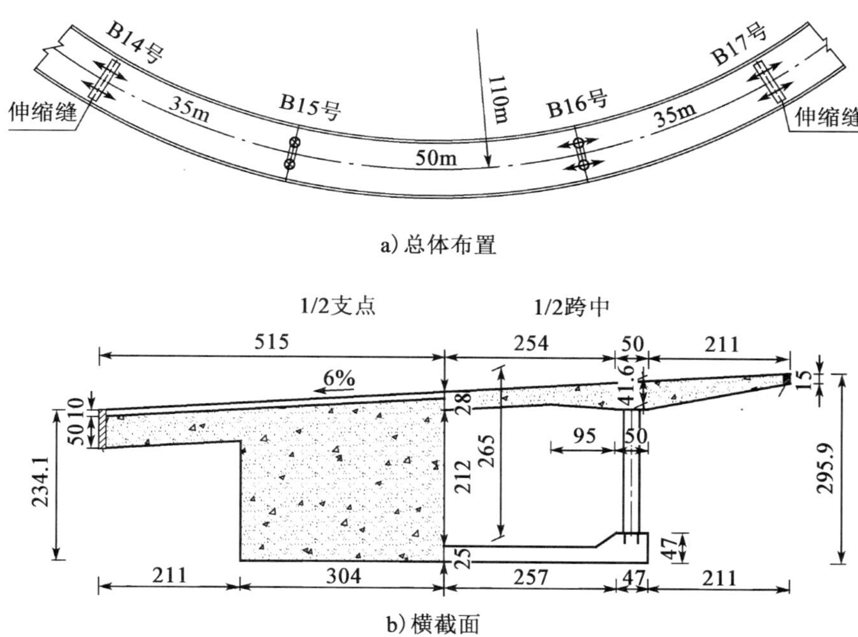

图4.4.1 广州鱼窝头桥(尺寸单位:cm)

4.4.2 组合折腹桥梁支点及跨间应设置横隔梁(板)，确保抗扭性能和体外预应力筋锚固、转向的要求。

条文说明

组合折腹箱梁与混凝土箱梁相比，其抗扭刚度及横向抗弯刚度均减小，所以不仅要在支座处设置横隔梁，同时也要在跨径内适当布置横隔板。已建桥梁的横隔板间距大致在10~25m之间，这其中要考虑到用它兼作体外预应力筋转向块使用，每跨设置的横隔板不应少于2处。

当为弯桥或斜桥时，横隔板的设置需通过分析计算慎重考虑。

4.5 结构设计过程

4.5.1 组合折腹桥梁的混凝土顶底板、折形钢腹板及两者之间的连接等设计，应满足承载能力极限状态、正常使用极限状态等对应的作用组合下的性能要求，确保结构安全、可靠、耐久。

条文说明

组合折腹桥梁的设计过程如图4.5.1所示。组合折腹桥梁的设计，应考虑其设计耐用期间所要求的安全性、耐久性、施工质量、维护管理、环境协调和经济性。可按照现行《公路桥涵设计通用规范》(JTG D60)的荷载标准、现行《公路钢筋混凝土及预应力混凝土桥涵设计规范》(JTG D62)以及本模式指南的设计过程进行设计，通过满足设计过程中的各种计算、验算与构造等环节完成整个结构设计。

4.5.2 组合折腹桥梁总体设计过程中，应综合考虑折形钢腹板的性能、组合梁总体质量相对较轻等特点确定施工方法。

条文说明

组合折腹桥梁在架设时大致采用的施工方法有支架施工法、顶推施工法、悬臂施工法、逐跨施工法，相对于支架施工法与顶推施工法，悬臂施工法使用的比较多，在实现大跨度上比较有利。

组合折腹桥梁可以考虑折形钢腹板的性能，采用折形钢腹板先行架设，然后安装混凝土顶底板的施工方法。其特点在于导梁用折形钢腹板代替，可节约材料、简化施工；同时混凝土顶底板可采用预制构件，减小施工周期；与腹板连接的底板翼缘钢板可作为底板的安装模板，从而减少临时支承模板等。

图4.5.2-1为利用折形钢腹板先行架设的施工案例，照片由广东省公路勘察规划设计院提供。广州市南二环鱼窝头桥为跨线桥，施工时桥下净空受到限制，并需确保不影响桥下通行，采用利用折形钢腹板先行架设的施工方法[33]。

图4.5.2-2为利用钢腹板导梁整体顶推的施工案例。郑州市陇海路高架跨常庄水库桥为主跨50m、采用折形钢腹板的等截面连续组合箱梁桥，桥面宽度25.5m，由于桥下为水库不便施工，架设时采用第一跨35m折形钢腹板为导

梁进行整体顶推施工[34]。

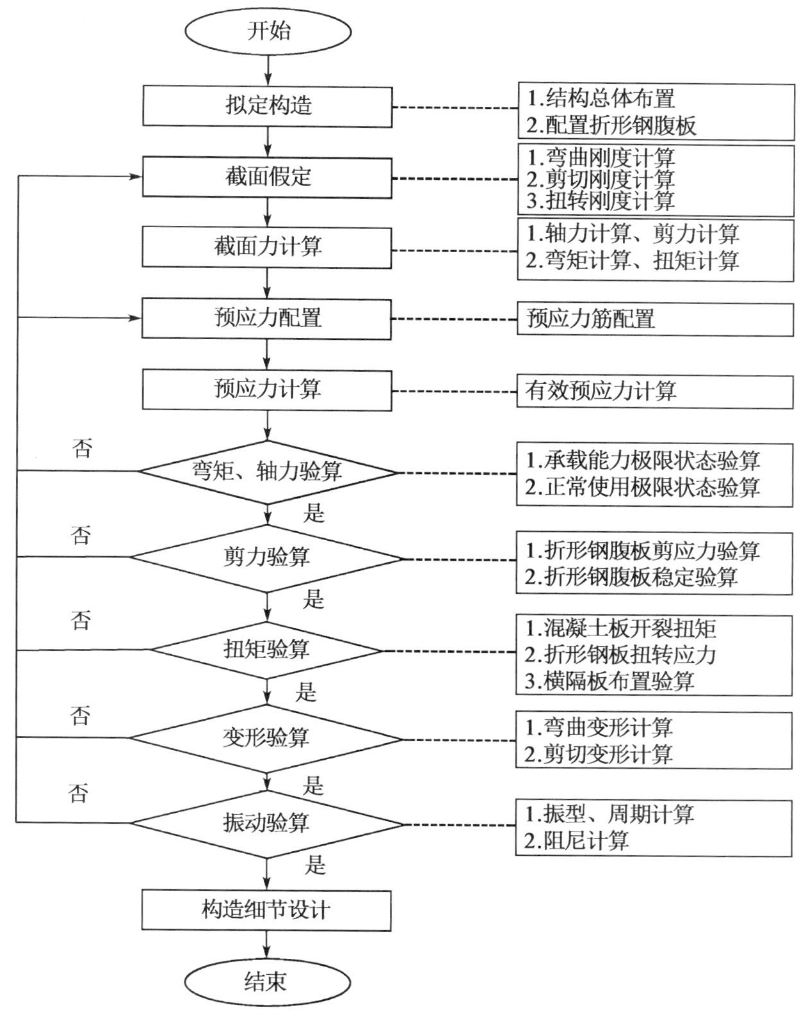

图 4.5.1　结构设计过程

图 4.5.2-1　钢腹板先行架设

图 4.5.2-2　钢腹板导梁整体顶推

5 结构整体计算

5.1 作用及作用效应组合

5.1.1 组合折腹桥梁设计应考虑结构上可能同时出现的作用,按承载能力极限状态和正常使用极限状态进行作用效应组合。

条文说明

采用现行《公路桥涵设计通用规范》(JTG D60)、《公路钢筋混凝土及预应力混凝土桥涵设计规范》(JTG D62)规定的荷载标准及组合作为组合折腹桥梁的设计荷载。

5.1.2 组合折腹桥梁施工阶段的作用效应组合,应根据实际情况确定,结构上的施工人员和施工机具设备均应作为临时荷载加以考虑。

条文说明

组合折腹桥梁施工计算依据采取的施工工艺与流程,考虑施工中可能出现的各种施工荷载,并按结构所处的条件与状态进行组合,构件在吊装及运输过程应考虑动力系数的影响,动力系数可参照现行《公路钢筋混凝土及预应力混凝土桥涵设计规范》(JTG D62)相关规定。

5.2 结构计算原则

5.2.1 组合折腹桥梁的持久状况设计应按承载能力极限状态的要求,进行承载力及稳定性计算。承载能力极限状态计算时,作用(或荷载)的效应采用作用(或荷载)承载能力极限状态基本组合,结构材料性能应采用其强度设计值。

条文说明

组合折腹桥梁设计采用基于概率理论的极限状态设计方法,在进行承载力及稳定性计算时，作用效应及材料性能均采用已考虑分项系数的设计值，承载能力极限状态作用效应组合及结构抗力计算应符合现行《公路桥涵设计通用规范》(JTG D60)中的有关规定。

5.2.2 组合折腹桥梁的持久状况设计应按正常使用极限状态的要求，采用作用短期效应组合、长期效应组合，对组合折腹桥梁的抗裂、裂缝宽度和挠度进行验算。

条文说明

组合折腹桥梁正常使用极限状态下的要求应符合现行《公路桥涵设计通用规范》(JTG D60)中的规定，采用短期效应组合及长期效应组合进行抗裂、裂缝宽度和变形验算。

5.2.3 组合折腹桥梁的短暂状况设计，应对施工过程中各个阶段的承载能力及稳定性进行验算，必要时应进行结构的倾覆验算。自重、施工荷载等除有特别规定外均应采用标准值，当有组合时组合系数可取1.0。

条文说明

通常情况下，组合折腹桥梁分阶段施工完成，施工期间存在结构体系转换，因而实际设计时应考虑施工过程的影响，验算施工过程中的结构承载力及稳定性。自重及施工荷载等采用标准值组合，但有特别规定的除外。除非有特殊要求，短暂状况一般不进行正常使用极限状态计算，可以通过施工措施或构造措施，防止构件出现过大的变形或裂缝。

5.2.4 计算组合折腹桥梁的强度、稳定性以及连接的强度时，应采用作用(或荷载)承载能力极限状态基本组合，计算疲劳时应采用疲劳荷载标准值。

条文说明

组合折腹桥梁的强度、稳定性和疲劳验算属于承载能力极限状态设计内容，在设计表达式中均考虑了荷载分项系数，其中疲劳的极限状态设计方法目前仍采用弹性方法计算的容许应力幅设计方法。

5.3 截面刚度计算

5.3.1 组合折腹桥梁折形钢腹板梁段的轴向刚度、弯曲刚度，仅考虑混凝土

顶、底板的全截面有效,按下列公式计算,即:

$$EA = E_c A_c \tag{5.3.1-1}$$

$$EI = E_c I_c \tag{5.3.1-2}$$

式中:E_c——混凝土的弹性模量;

A_c——混凝土顶底板的面积;

I_c——混凝土顶底板的惯性矩。

条文说明

折形钢腹板在纵向能够自由变形,具有折叠效应,一般认为其轴向及弯曲刚度可忽略不计。

5.3.2 组合折腹桥梁内衬混凝土组合腹板梁段的轴向刚度、弯曲刚度,应同时考虑内衬混凝土与折形钢腹板的组合作用,按下列公式计算:

$$EA = E_c A_c + n_w E_c h_w (t_c + \alpha_w n_E t_w) \tag{5.3.2-1}$$

$$EI = E_c I_c + \frac{1}{12} n_w E_c h_w^3 (t_c + \alpha_w n_E t_w) + n_w E_c h_w (t_c + \alpha_w n_E t_w)(y_c - y_w)^2 \tag{5.3.2-2}$$

式中:h_w、t_w——钢腹板截面高度、厚度;

t_c——钢腹板内衬混凝土的厚度;

α_w——折形钢腹板的形状系数;

n_w——钢腹板个数;

n_E——钢板与混凝土的弹性模量比;

y_c——截面形心到梁顶缘的距离;

y_w——组合腹板形心到梁顶缘的距离。

条文说明

组合折腹梁桥支点两侧一定范围内,通常钢腹板内侧应内衬混凝土。在折形钢腹板与内衬混凝土间布置足够的连接件,可认为两者完全结合共同作用,组合腹板与混凝土顶底板共同承担轴向作用和弯曲作用。

折形钢腹板内衬混凝土厚度不一,可近似取平均值。

折形钢腹板形状系数与折形钢腹板的截面形状有关,为折形钢腹板在纵桥向长度与沿着纵桥向展平后的长度的比,即:

$$\alpha_w = \frac{a_w + b_w}{a_w + c_w} \tag{5.3.2-3}$$

式中：a_w、c_w、b_w——折形钢腹板的直板段、斜板段及斜板段在纵桥向展平后的长度。

钢板与混凝土的弹性模量比为 $n_E = E/E_c$，其中，E、E_c 分别为钢板及混凝土的弹性模量。

5.3.3 组合折腹桥梁折形钢腹板梁段的剪切刚度仅考虑折形钢腹板的剪切作用，按下列公式计算：

$$GA = n_w \alpha_w G h_w t_w \tag{5.3.3}$$

式中：G——钢板的剪切弹性模量；

h_w、t_w——折形钢腹板截面的高度、厚度；

n_w——钢腹板个数；

α_w——折形钢腹板形状系数。

条文说明

组合折腹梁的混凝土顶底板剪切刚度比较小，一般可忽略不计，仅考虑钢腹板的剪切刚度。当平钢板弯折加工成折形后，其剪切刚度比平钢板降低，与钢板弯折形状有关[35-37]。

5.3.4 组合折腹桥梁内衬混凝土组合腹板梁段的剪切刚度，应用时考虑内衬混凝土与钢腹板的组合作用，按下列公式计算：

$$GA = n_w (t_c + \alpha_w n_E t_w) G_c h_w \tag{5.3.4}$$

式中：G_c——混凝土剪切弹性模量；

t_c——钢腹板内衬混凝土的厚度；

α_w——折形钢腹板形状系数；

n_w——钢腹板个数；

n_E——钢板与混凝土的弹性模量比。

条文说明

当折形钢腹板与内衬混凝土完全结合，认为折形钢腹板与内衬混凝土可共同作用承担剪力，剪切刚度取两者之和，其中内衬混凝土厚度可近似取平均值。

5.3.5 组合折腹桥梁折形钢腹板段的扭转刚度，为钢腹板与混凝土顶、底板构成的组合箱梁截面的扭转刚度(图 5.3.5)，可按下列公式计算：

$$GJ = \frac{G_c}{\frac{1}{4A_m^2}\left[\frac{h_m}{n_E t_{w3}(1+\beta_w)} + \frac{b_{c1}}{t_{c1}(1-\beta_w)} + \frac{h_m}{n_E t_{w4}(1+\beta_w)} + \frac{b_{c2}}{t_{c2}(1-\beta_w)}\right]} \tag{5.3.5-1}$$

式中： G_c——混凝土剪切弹性模量；

A_m——组合箱梁截面面积，$A_m = h_m(b_{c1}+b_{c2})/2$；

b_{c1}、b_{c2}——顶底板处的腹板中心线间距离；

h_m——组合截面顶、底板中心线间的距离；

t_{c1}、t_{c2}、t_{w3}、t_{w4}——顶板、底板、左侧钢腹板、右侧钢腹板的厚度；

β_w——组合截面扭转刚度修正系数。

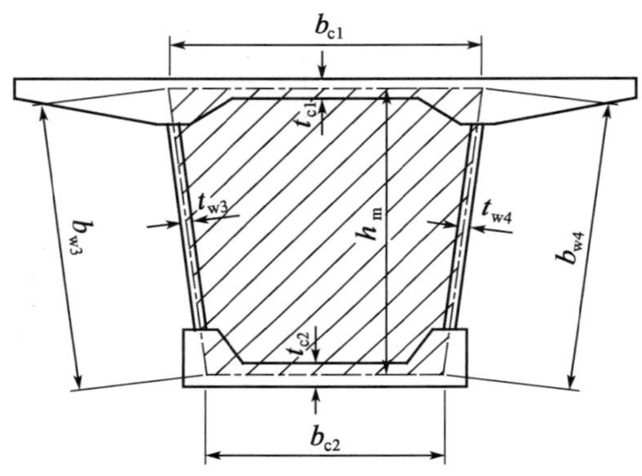

图 5.3.5 扭转刚度计算截面

条文说明

组合折腹箱梁的扭转刚度是由折形钢腹板与混凝土顶底板构成的组合截面刚度，要考虑两种不同性质材料的刚度组合。同时，与混凝土顶底板相比较，折形钢腹板的刚度相对较小，需要考虑其对组合截面扭转刚度的影响。

通过理论与有限元计算的比较分析[38]，建议对组合截面扭转刚度进行修正，其修正系数可按下列公式计算：

$$\beta_w = \frac{0.8h_m}{(b_{c1}+b_{c2})-0.06} \quad \left(\frac{h_m}{b_{c1}+b_{c2}} > 0.1\right) \tag{5.3.5-2}$$

$$\beta_w = 0.0 \quad \left(\frac{h_m}{b_{c1}+b_{c2}} \leqslant 0.1\right) \tag{5.3.5-3}$$

5.3.6 组合折腹梁内衬混凝土组合腹板梁段的扭转刚度，为折形钢腹板与混凝土顶、底板构成的组合箱梁截面，其扭转刚度可按下列公式计算：

$$GJ = \frac{G_c}{\frac{1}{4A_m^2}\left(\frac{h_m}{n_E t_{w3} + t_{c3}} + \frac{b_{c1}}{t_{c1}} + \frac{h_m}{n_E t_{w4} + t_{c4}} + \frac{b_{c2}}{t_{c2}}\right)} \tag{5.3.6}$$

式中：G_c——混凝土剪切弹性模量；

A_m——组合箱梁截面面积，$A_m = h_m(b_{c1} + b_{c2})/2$；

b_{c1}、b_{c2}——顶、底板处的腹板中心线间距离；

h_m——组合截面顶、底板中心线间的距离；

t_{c3}、t_{c4}——左侧、右侧钢腹板内衬混凝土的平均厚度。

条文说明

组合折腹箱梁组合腹板梁段的折形钢腹板，相比内衬混凝土对扭转刚度的影响较小，可假定不对组合截面扭转刚度进行修正。

为此，内衬混凝土折形腹板组合箱梁的扭转刚度，腹板厚度取折形钢腹板的换算厚度与内衬混凝土板厚度之和，即 $n_E t_{w3} + t_{c3}$、$n_E t_{w4} + t_{c4}$。

5.4 有效宽度计算

5.4.1 组合折腹桥梁混凝土板的宽度取值，在结构整体分析时取混凝土板全宽进行计算；在正常使用极限状态、承载能力极限状态和短暂状况构件应力的计算时，可按照混凝土板有效宽度进行验算。

条文说明

传统的钢与混凝土组合梁按照钢梁与混凝土板成为一体承担弯矩进行设计，计入腹板的刚度，但是组合折腹梁桥中，折形钢腹板的刚度通常忽略不计，抗弯刚度设计仅考虑混凝土顶、底板的刚度，混凝土顶、底板受力独立、基本均匀。

为此，建议进行结构整体分析时，可不考虑混凝土剪力滞后效应的影响，各简支及连续梁跨的混凝土板可取全宽进行计算；进行组合梁截面验算时，组合折腹梁混凝土板的宽度按有效宽度取值。

5.4.2 组合折腹梁混凝土板的有效宽度可按下列公式计算：

$$b_m = b\rho \tag{5.4.2-1}$$

式中：b_m——混凝土板截面有效宽度；

b——混凝土板截面实际宽度；

ρ——混凝土板有效宽度系数。

条文说明

关于桥梁混凝土板剪力滞后效应，目前各国相关标准均用有效宽度进行考虑，但关于组合梁混凝土板有效宽度计算的规定不尽相同。

如图 5.4.2-1 所示，日本道路桥示方书[39]关于组合梁桥混凝土顶板的有效宽度，建议按照下列公式进行计算：

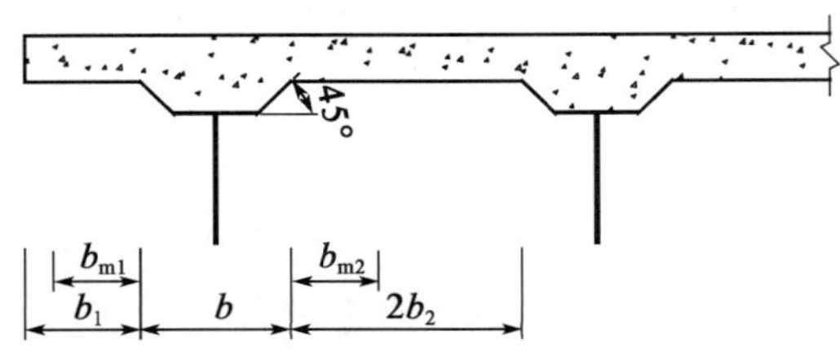

图 5.4.2-1　桥面板有效宽度计算示意

跨中区间：

$$\begin{cases} b_{mi} = b_i & \left(\dfrac{b_i}{l} \leqslant 0.05\right) \\ b_{mi} = 1.1b_i - \dfrac{2b_i^2}{l} & \left(0.05 < \dfrac{b_i}{l} < 0.30\right) \\ b_{mi} = 0.15l & \left(\dfrac{b_i}{l} \geqslant 0.30\right) \end{cases} \tag{5.4.2-2}$$

支点区间：

$$\begin{cases} b_{mi} = b_i & \left(\dfrac{b_i}{l} \leqslant 0.02\right) \\ b_{mi} = 1.06b_i - \dfrac{3.2b_i^2}{l} + \dfrac{4.5b_i^3}{l^2} & \left(0.02 < \dfrac{b_i}{l} < 0.30\right) \\ b_{mi} = 0.15l & \left(\dfrac{b_i}{l} \geqslant 0.03\right) \end{cases} \tag{5.4.2-3}$$

式中：b_{mi}——混凝土板的有效宽度；

b_i——悬臂端长度或桥面板跨度的一半；

l——主梁等效跨径，取值如表 5.4.2-1 所示。

现行《Eurocode 4：Design of composite steel and concrete structures》(DD ENV 1994-2：2001)[40]关于组合梁混凝土板有效宽度，建议按照下列方法进行计算。

表 5.4.2-1 日本道路桥示方书建议的等效跨径取值

主梁形式	区间	实际跨径	等效跨径	有效宽度计算式	图例
简支梁	全跨	L	L	式(5.4.2-2)	b_m; L
连续梁	边跨跨中	L_1	$0.8L_1$	式(5.4.2-2)	b_m; b_m; $0.2L_1$; $0.2L_2$; L_1; L_2
	中跨跨中	L_2	$0.6L_2$	式(5.4.2-2)	
	中间支点	—	$0.2(L_1+L_2)$	式(5.4.2-3)	
	负弯矩区	—	—	线性插值	

如图 5.4.2-2 所示组合梁各跨跨中及中间支点处的混凝土板有效宽度 b_m 应按下式计算,且不应大于混凝土板实际宽度:

$$b_m = b_0 + \sum b_{mi} \tag{5.4.2-4}$$

$$b_{mi} = \frac{L_{e,j}}{8} \leqslant b_i \tag{5.4.2-5}$$

式中:b_m——桥面板有效宽度;

b_0——外侧连接件中心间的距离;

b_{mi}——外侧连接件一侧的混凝土板有效宽度;

b_i——外侧连接件中心至相邻钢梁腹板上方的外侧连接件中心的距离的一半,或外侧连接件中心至混凝土板自由边间的距离;

$L_{e,j}$——等效跨径。

简支梁支点和连续梁边支点处的混凝土板有效宽度 b_m 可按下式计算:

$$b_m = b_0 + \sum \beta_i b_{mi} \tag{5.4.2-6}$$

其中:

$$\beta_i = 0.55 + \frac{0.025L_{e,j}}{b_i} \leqslant 1.0 \tag{5.4.2-7}$$

依据现行《公路钢筋混凝土及预应力混凝土桥涵设计规范》(JTG D62)[1]条文说明,混凝土板有效宽度与板厚相关的规定主要考虑混凝土板剪切破坏的影响,根据已有的工程实践经验和国内外已报道的组合梁剪力滞理论和试验研究结果,在适当的横向配筋条件下,极限状态下混凝土板一般不会出现纵向剪切破坏。

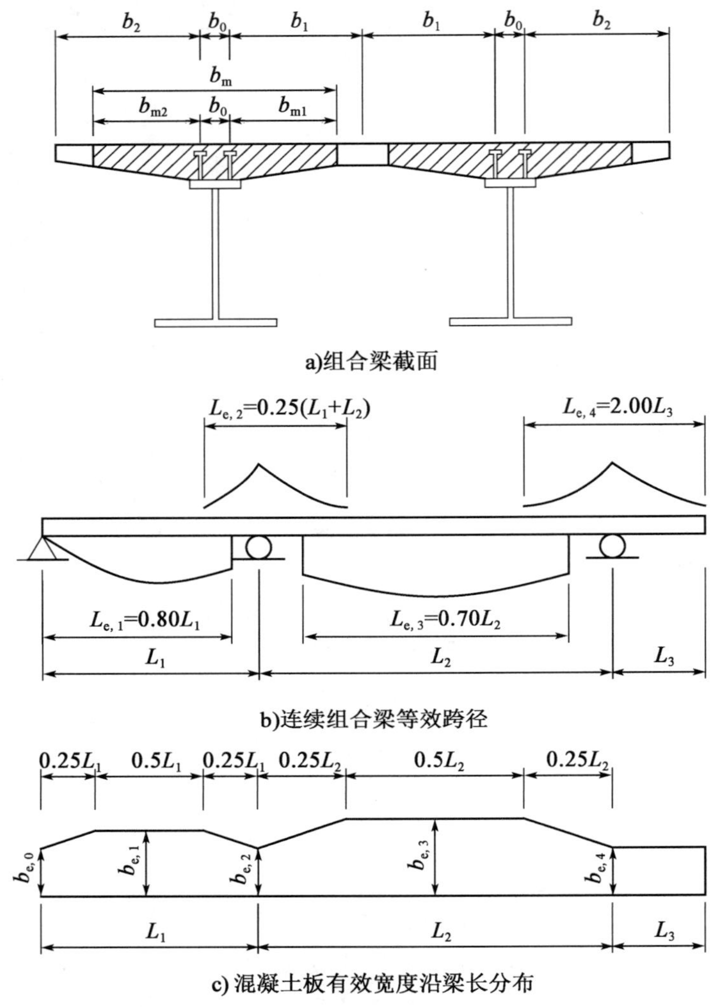

图 5.4.2-2　组合梁等效跨径及混凝土板有效宽度

以一座 5 跨连续组合折腹梁桥为例，顶板的总宽度为 $b=9.7\text{m}$，而两腹板间距为 5.06m，边跨跨径 $L_1=27.4\text{m}$，中跨跨径 $L_2=45.5\text{m}$。分别采用以上方法计算相应混凝土顶板的有效宽度，如表 5.4.2-2 所示。计算方法不同，结果略有差异。

表 5.4.2-2　实际桥梁有效宽度计算比较

截面位置 \ 有效宽度	日本道路桥示方书[39]	欧洲规范[40]	混凝土桥设计规范[1]
中跨跨中(m)	9.26	9.61	9.03
中间支点(m)	6.48	7.49	5.00
边跨跨中(m)	8.80	8.71	8.64

6 持久状况承载能力极限状态计算

6.1 一般要求

6.1.1 组合折腹桥梁应根据现行《公路钢筋混凝土及预应力混凝土桥涵设计规范》(JTG D62)有关规定选定设计安全等级,按照承载能力极限状态要求进行承载能力计算。

条文说明

组合折腹桥梁安全等级同公路桥涵,重要性分为一级、二级与三级,原则上同座桥梁宜取相同的安全等级,必要时部分构件可做适当调整。

在进行承载能力极限状态计算时,作用(或荷载)的效应(其中汽车荷载应计入冲击系数)应采用其组合设计值,结构材料性能采用其强度设计值。

6.1.2 组合折腹桥梁承载能力极限状态计算,应采用以下表达式:

$$\gamma_0 S_d \leq R_d \tag{6.1.2}$$

式中:γ_0——桥梁结构重要性系数;

S_d——作用(或荷载)效应的组合设计值;

R_d——构件承载力设计值。

条文说明

组合桥梁结构的重要性系数,按公路桥涵的设计安全等级,一级、二级、三级分别取1.1、1.0、0.9。

当进行预应力连续组合梁桥等超静定结构的承载能力极限状态计算时,应考虑预应力引起的次效应。

6.1.3 组合折腹梁截面抗弯承载力,以截面弯曲破坏时的受力状态为基础进行计算,其截面抗弯承载力验算应符合下列要求:

$$\gamma_0 M_d \leqslant M_{ud} \tag{6.1.3}$$

式中：M_d、M_{ud}——弯矩组合设计值和抗弯极限承载力设计值。

条文说明

组合折腹梁一般包括折形钢腹板梁段和内衬混凝土组合腹板梁段，应分别对其抗弯极限承载力进行验算。

6.1.4 组合折腹梁截面抗剪承载力，以腹板剪切破坏时的受力状态为基础进行计算，其截面抗剪承载力验算应符合下列要求：

$$\gamma_0 V_d \leqslant V_{ud} \tag{6.1.4}$$

式中：V_d、V_{ud}——剪力组合设计值和抗剪极限承载力设计值。

条文说明

组合折腹梁一般包括折形钢腹板梁段和内衬混凝土组合腹板梁段，应分别对其抗剪极限承载力进行验算。

6.1.5 组合折腹梁抗扭截面承载力，以混凝土顶、底板斜向拉压破坏时的受力状态为基础进行计算，其截面抗扭承载力验算应符合下列要求：

$$\gamma_0 M_{td} \leqslant M_{tud} \tag{6.1.5}$$

式中：M_{td}、M_{tud}——扭矩组合设计值和抗扭极限承载力设计值。

条文说明

组合折腹梁一般包括折形钢腹板梁段和内衬混凝土组合腹板梁段，应分别对其抗扭极限承载力进行验算。

组合折腹梁特别是当用于斜桥或弯桥时，应对混凝土顶、底板进行抗扭转性能验算。极限扭矩作用下，通常为混凝土顶、底板斜向拉压破坏模式。

6.2 抗弯承载力验算

6.2.1 组合折腹梁的截面抗弯承载力，可按下列基本假定进行计算：

1）组合梁截面正应变分布符合拟平截面假定；

2）折形钢腹板与混凝土顶底板完全结合；

3）不考虑混凝土的抗拉作用；

4）折形钢腹板梁段忽略折形钢腹板的抗弯作用；

5）忽略体外预应力筋的有效高度变化。

条文说明

组合折腹梁正截面承载力计算的基本假定以弯矩作用的受力特点为基础，同时简化计算不考虑混凝土开裂后的作用，以及忽略折形钢腹板与混凝土之间的滑移，假定为两者完全有效结合。

6.2.2 组合折腹梁受弯截面相对界限受压区高度 ξ_b，可按照现行《公路钢筋混凝土及预应力混凝土桥涵设计规范》(JTG D62)的规定取用。

条文说明

组合折腹梁弯曲作用下，设纵向受拉钢筋和截面受压区混凝土同时达到其强度设计值时，可计算得到相对界限受压区高度 ξ_b。

6.2.3 组合折腹梁的折形钢腹板梁段，其混凝土顶、底板简化为矩形截面，仅考虑混凝土顶、底板承担纵向弯矩，进行截面抗弯极限承载力的计算。

条文说明

设定组合折腹桥梁钢腹板梁段截面轴力与弯矩由混凝土顶、底板承担，剪力由折形钢腹板承担，且受力符合拟平截面假定。截面抗弯极限承载力计算模式，通常设受拉钢筋或预应力筋达到抗拉强度设计值，受压混凝土达到抗压强度设计值。

将组合折腹梁的混凝土顶底板简化为矩形截面，其截面抗弯极限承载计算模式如图 6.2.3 所示。

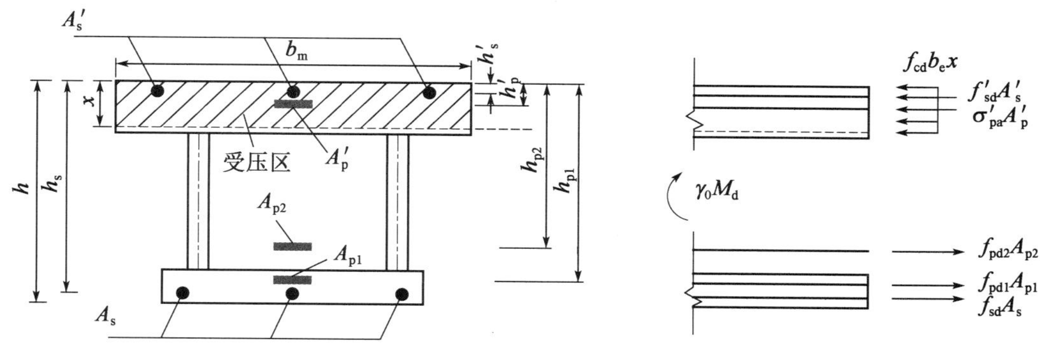

图 6.2.3 钢腹板梁段正截面承载力计算模式

组合折腹梁钢腹板梁段正截面混凝土矩形受压区高度 x 应按下式计算：

$$f_{sd}A_s + f_{pd1}A_{p1} + f_{pd2}A_{p2} = f_{cd}b_m x + f'_{sd}A'_s + \sigma'_{pa}A'_p \qquad (6.2.3\text{-}1)$$

对受压区普通钢筋合力作用点取矩，可计算抗弯极限承载力，即：

$$M_{ud}=f_{sd}A_s(h_s-h'_s)+f_{pd1}A_{p1}(h_{p1}-h'_s)+f_{pd2}A_{p2}(h_{p2}-h'_s)-\sigma'_{pa}A'_p(h'_p-h'_s)-f_{cd}b_m x\left(\frac{x}{2}-h'_s\right) \quad (6.2.3\text{-}2)$$

适用条件为：

$$x \geqslant 2h'_s \quad (6.2.3\text{-}3)$$

$$x \leqslant \xi_b h_0 \quad (6.2.3\text{-}4)$$

其中，截面有效高度 h_0 为：

$$h_0=\frac{f_{sd}A_s h_s+f_{pd1}A_{p1}h_{p1}+f_{pd2}A_{p2}h_{p2}}{f_{sd}A_s+f_{pd1}A_{p1}+f_{pd2}A_{p2}} \quad (6.2.3\text{-}5)$$

当适用条件不满足式(6.2.3-3)、式(6.2.3-4)时，抗弯极限承载力可按下列要求进行计算：

1)当受压区配有纵向普通钢筋和预应力筋，且预应力筋受压时：

$$M_{ud}=f_{sd}A_s(h_s-h'_s)+f_{pd1}A_{p1}(h_{p1}-h'_s)+f_{pd2}A_{p2}(h_{p2}-h'_s) \quad (6.2.3\text{-}6)$$

2)当受压区仅配有纵向普通钢筋或配普通钢筋和预应力筋，且预应力筋受拉时：

$$M_{ud}=f_{sd}A_s(h_s-h'_s)+f_{pd1}A_{p1}(h_{p1}-h'_s)+f_{pd2}A_{p2}(h_{p2}-h'_s)-\sigma'_{pa}A'_p(h'_p-h'_s) \quad (6.2.3\text{-}7)$$

式中：A_s、A'_s——受拉区与受压区普通钢筋面积；

A'_p——受压区预应力筋面积；

A_{p1}、A_{p2}——受拉区体内、体外预应力筋面积；

f_{sd}、f'_{sd}——受拉区与受压区普通钢筋的设计强度；

f_{pd1}——受拉区体内预应力筋的抗拉设计强度；

f_{cd}——混凝土轴心抗压设计强度；

f_{pd2}——受拉区体外预应力筋的抗拉设计强度；

σ'_{pa}——受压区预应力筋的计算应力，$\sigma'_{pa}=f'_{pd}-\sigma'_{p0}$，其中 f'_{pd} 为预应力筋设计抗压强度，σ'_{p0} 为受压区预应力筋的消压应力，参照现行《公路钢筋混凝土及预应力混凝土桥涵设计规范》(JTG D62)计算；

h_s、h'_s——受拉区与受压区普通钢筋形心至梁上缘的距离；

h_{p1}、h_{p2}——受拉区体内、体外预应力筋形心至梁上缘的距离；

h'_p——受压区预应力筋形心至梁上缘的距离；

h——梁高，见图 6.2.3；

b_m——顶、底板有效分布宽度,见图 6.2.3;

x——等效矩形应力分布的受压区高度;

ξ_b——相对界限受压区高度。

6.2.4 组合折腹桥梁的内衬混凝土组合腹板梁段,应考虑混凝土顶底板、内衬混凝土、折形钢腹板、体内外预应力钢筋以及普通钢筋共同承担纵向弯矩,进行截面抗弯极限承载力计算。

条文说明

通过等效刚度模型、有限元分析及模型试验的研究成果[26],对内衬混凝土组合腹板截面抗弯承载力计算模型假定如下:

1)极限状态时折形钢腹板上、下翼缘钢板达到屈服强度;

2)受压区混凝土与钢腹板完全结合,共同承担弯矩,混凝土及钢腹板受压区正应力沿高度方向由翼缘至中性轴线性递减;

3)受拉区混凝土达到极限拉应力后退出工作,同翼缘连接区域折形钢腹板拉应力达到屈服,其他受拉区域正应力较小,简化计算不考虑其作用。

将组合折腹梁的混凝土顶底板简化为矩形截面,其截面抗弯极限承载计算模式如图 6.2.4 所示。

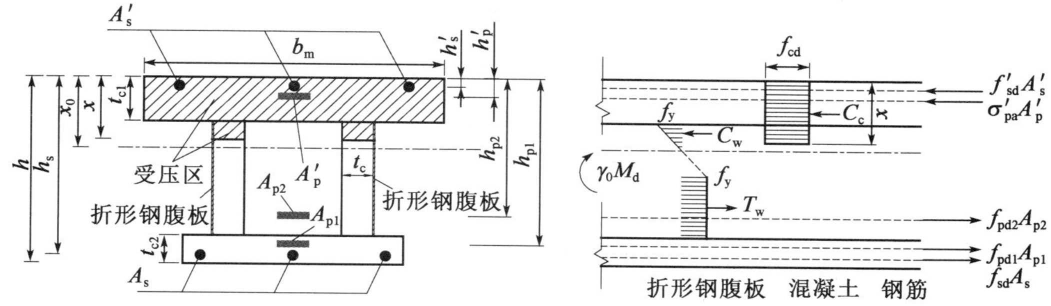

图 6.2.4 组合腹板梁段正截面承载力计算模式

内衬混凝土组合腹板截面混凝土矩形受压区高度 x 应按下式计算:

$$T_w + f_{sd}A_s + f_{pd1}A_{p1} + f_{pd2}A_{p2} = C_w + C_c + f'_{sd}A'_s + \sigma'_{pa}A'_p \tag{6.2.4-1}$$

$$T_w = 2f_y t_w(h + t_{c1} - t_{c2} - 2x_0) \tag{6.2.4-2}$$

$$C_c = f_{cd}b_m t_{c1} + 2f_{cd}t_c(x - t_{c1}) \tag{6.2.4-3}$$

$$C_w = f_y t_w(x_0 - t_{c1}) \tag{6.2.4-4}$$

$$x = \beta x_0 \tag{6.2.4-5}$$

对受压区普通钢筋合力作用点取矩，计算抗弯极限承载力，即：

$$M_{d} = f_{sd}A_{s}(h_{s} - h'_{s}) + f_{pd1}A_{p1}(h_{p1} - h'_{s}) + f_{pd2}A_{p2}(h_{p2} - h'_{s}) + T_{w}\left(\frac{h}{2} - \frac{t_{c1}}{2} - \frac{t_{c2}}{2} + x_{0} - h'_{s}\right) - C_{w}\left(\frac{2x_{0}}{3} + \frac{t_{c1}}{3} - h'_{s}\right) - f_{cd}b_{m}t_{c1}\left(\frac{t_{c1}}{2} - h'_{s}\right) - 2f_{cd}t_{c}(x - t_{c1}) \cdot \left(\frac{x}{2} + \frac{t_{c1}}{2} - h'_{s}\right) - \sigma'_{pa}A'_{p}(h'_{p} - h'_{s}) \tag{6.2.4-6}$$

式中：A_{s}、A'_{s}——受拉区与受压区普通钢筋面积；

A'_{p}——受压区预应力筋面积；

A_{p1}、A_{p2}——受拉区体内、体外预应力筋面积；

f_{sd}、f'_{sd}——受拉区与受压区普通钢筋的设计强度；

f_{pd1}——受拉区体内预应力筋的抗拉设计强度；

f_{cd}——混凝土轴心抗压设计强度；

f_{pd2}——受拉区体外预应力筋的抗拉设计强度；

σ'_{pa}——受压区预应力筋的计算应力，$\sigma'_{pa}=f'_{pd}-\sigma'_{p0}$，其中$f'_{pd}$为预应力筋设计抗压强度，$\sigma'_{p0}$为受压区预应力筋的消压应力，参照现行《公路钢筋混凝土及预应力混凝土桥涵设计规范》(JTG D62)计算；

h_{s}、h'_{s}——受拉区与受压区普通钢筋形心至梁上缘的距离；

h_{p1}、h_{p2}——受拉区体内、体外预应力筋形心至梁上缘的距离；

h'_{p}——受压区预应力筋形心至梁上缘的距离；

h——梁高；

b_{m}——顶、底板有效分布宽度；

t_{w}、t_{c}、t_{c1}、t_{c2}——折形钢腹板、内衬混凝土厚度及混凝土顶、底板厚度；

x_{0}——混凝土受压区高度；

x——等效矩形应力分布的受压区高度；

β——矩形应力图高度系数。

6.3 抗剪承载力验算

6.3.1 组合折腹桥梁钢腹板梁段，仅考虑钢腹板承担截面剪力，可按下列公式进行截面抗剪极限承载力设计值的计算、即：

$$V_{ud} = V_{wd} + V_{ped} \tag{6.3.1-1}$$

式中：V_{wd}——钢腹板抗剪承载力设计值；

V_{ped}——有效预应力竖向分量。

条文说明

设定折形钢腹板承受全部剪力，且剪应力沿高度方向均匀分布。折形钢腹板剪切破坏通常具有剪切屈服及剪切屈曲的模式，依据几何参数与材料特性而异。组合折腹梁桥的弯矩与剪力分别由混凝土顶、底板及折形钢腹板承担，两者之间互不影响。

组合折腹桥梁折形钢腹板梁段截面抗剪承载力 V_{ud}，为钢腹板设计抗剪承载力 V_{wd} 与预应力筋的有效预应力竖向分量 V_{ped} 之和，可分别按照下列公式计算：

$$V_{wd} = n_w f_{vd} h_w t_w \tag{6.3.1-2}$$

$$V_{ped} = F_{pe} \sin\theta_p \tag{6.3.1-3}$$

式中：f_{vd}——钢板抗剪强度设计值；

h_w——钢腹板高度；

t_w——钢腹板厚度；

n_w——钢腹板个数；

F_{pe}——有效预应力；

θ_p——预应力筋轴向倾角。

6.3.2 组合折腹桥梁内衬混凝土组合腹板梁段截面抗剪极限承载力设计值，可按下列公式进行计算：

$$V_{ud} = V_{wcd} + V_{cd} + V_{ped} \tag{6.3.2-1}$$

式中：V_{wcd}——组合腹板梁段钢腹板抗剪承载力设计值；

V_{cd}——组合腹板梁段内衬混凝土抗剪承载力设计值；

V_{ped}——有效预应力竖向分量。

条文说明

如图 6.3.2 所示，根据模型试验及有限元分析成果，组合腹板剪力作用的力学行为大致分为 3 个阶段[28,29]，即：

1）弹性阶段：混凝土开裂前，钢板与混凝土完全黏结，组合腹板体现弹性行为，此阶段为正常使用阶段；

2）开裂阶段：混凝土开裂，钢板仍保持弹性直至屈服，混凝土未裂区域类似斜向桁架仅承受压应力，且与钢板拉应力方向垂直；

3)屈服后破坏阶段:钢板屈服斜拉破坏以及混凝土斜压破坏,最终组合腹板达到承载能力极限状态。

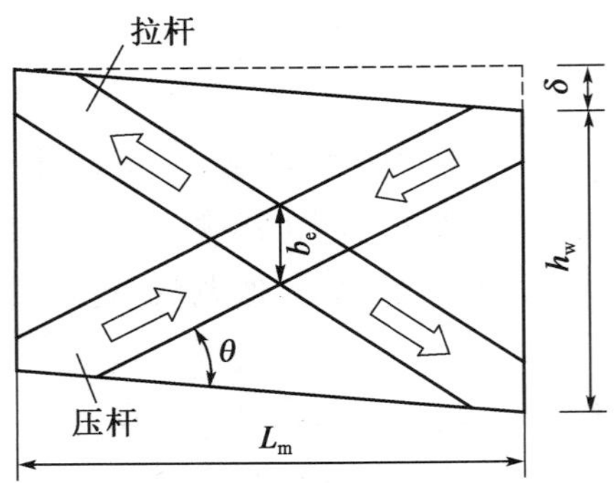

图 6.3.2 组合腹板梁段剪切破坏模式

内衬混凝土组合腹板梁段截面在剪力作用下,最终折形钢腹板剪切屈服,混凝土斜压破坏,组合截面达到极限状态。折形钢腹板沿高度方向剪力均匀,且在极限状态下,由于内衬混凝土限制腹板屈曲,钢腹板剪切应力达到屈服。内衬混凝土在剪切作用下,极限状态斜压破坏,并通过系数 β_1 考虑斜压主应力沿厚度方向分布不均匀性。

组合折腹桥梁内衬混凝土组合腹板梁段截面抗剪极限承载力 V_{ud},为钢腹板设计抗剪承载力 V_{wcd}、内衬混凝土抗剪承载力设计值 V_{cd} 及预应力筋有效预应力竖向分力 V_{ped} 之和,可分别按照下列公式计算:

$$V_{wcd} = n_w f_{vd} h_w \frac{t_w}{\alpha_w} \tag{6.3.2-2}$$

$$V_{cd} = n_w \beta_1 f_{cd} b_e t_{ce} \sin\theta \tag{6.3.2-3}$$

$$V_{ped} = F_{pe} \sin\theta_p \tag{6.3.2-4}$$

式中:f_{vd}、t_w、h_w——折形钢腹板的抗剪强度设计值、厚度与高度;

n_w——钢腹板个数;

α_w——折形钢腹板形状系数,取 $\dfrac{a_w + b_w}{a_w + c_w}$;

f_{cd}——内衬混凝土抗压强度设计值;

b_e——内衬混凝土受压有效高度,即 $b_e = k_e h_w$;

k_e——腹板有效高度同实际高度的比值,可取0.3;

t_{ce}——内衬混凝土的平均厚度;

β_1——考虑斜压主应力沿厚度方向分布不均匀性系数,可取0.5;

F_{pe}——有效预应力;

θ_p——预应力筋轴向倾角；

θ——斜压区倾角，即 $\sin\theta = \dfrac{h_w}{\sqrt{h_w^2 + L_m^2}}$；

L_m——内衬混凝土组合腹板长度。

6.3.3 折形钢腹板剪力作用下应进行屈曲稳定验算，其相关内容在折形钢腹板设计章节中说明。

条文说明

折形钢腹板剪切屈曲模式大致分为局部屈曲、整体屈曲以及合成屈曲，各屈曲应力计算及稳定验算参见折形钢腹板设计章节的说明。

6.4 抗扭承载力验算

6.4.1 组合折腹梁截面抗扭验算时，在验算抗扭承载力的同时，对于曲率半径较小的桥梁，应对混凝土顶底板等构件进行扭转与剪切相互作用的计算分析。

条文说明

当组合折腹梁截面同时作用扭矩和剪力时，扭矩作用剪应力与截面剪力作用剪应力可能同号，对于曲率半径较小的桥梁，扭转与剪力相互作用应不容忽视。

6.4.2 组合折腹梁截面极限抗扭承载力设计值，应分别按照顶、底板扭转斜压破坏和截面整体抗扭两种模态进行计算，取两者中较小值。

条文说明

组合折腹梁截面抗扭极限承载力设计值 M_{tud} 计算取 M_{tcud} 与 M_{tyd} 中的较小值，M_{tcud}、M_{tyd} 分别按照顶、底板扭转斜压破坏及截面整体抗扭两种模态计算[37]。

1）混凝土顶、底板扭转斜压破坏模态：

$$M_{tcud} = k_t f_{tcd} \tag{6.4.2-1}$$

式中：f_{tcd}——$f_{tcd} = 1.25\sqrt{f_{cd}}$（MPa）且 $f_{tcd} \leqslant 7.8$（MPa）；

f_{cd}——混凝土轴心抗压强度设计值(MPa);

k_t——扭转相关系数,$k_t = 2A_m t_{ci}$;

A_m——扭转抵抗面积;

t_{ci}——顶、底板厚度的最小值。

2)组合折腹梁断面整体扭转:

$$M_{tyd} = 2A_m V_{odi} \tag{6.4.2-2}$$

式中:A_m——扭转抵抗面积;

V_{odi}——混凝土顶、底板或折形钢腹板(或内衬混凝土组合腹板)单位长度面内剪力的最小值。

混凝土顶板单位长度面内剪力的最小值 V_{od} 的计算,取纵桥向混凝土板钢筋承载力设计值 T_{xyd}、横桥向混凝土板钢筋承载力设计值 T_{yyd} 两者较小值,T_{xyd}、T_{yyd} 的计算为:

$$T_{xyd} = p_x f_{sd} a_{c1} t_{c1} \tag{6.4.2-3}$$

$$T_{yyd} = p_y f_{sd} a_{c1} t_{c1} \tag{6.4.2-4}$$

式中:p_x、p_y——纵桥轴向及横桥向混凝土板配筋率;

f_{sd}——钢筋的抗拉强度设计值;

a_{c1}——混凝土板的单位宽度;

t_{c1}——混凝土板的厚度。

折形钢腹板单位长度面内剪力的最小值 V_{od} 的计算,即:

$$V_{od} = f_{vd} h_{w1} t_w \tag{6.4.2-5}$$

式中:f_{vd}——钢板的剪切强度设计值;

h_{w1}——折形钢腹板单位高度;

t_w——折形钢腹板厚度。

6.5 转向与锚固结构计算

6.5.1 体外预应力筋的转向结构应进行上拔抗拉承载力计算,在采用拉杆—压杆模型计算时,钢筋的抗拉承载力计算应符合下列规定:

$$\gamma_0 N_d \leqslant f_{sd} A_s \tag{6.5.1}$$

式中:γ_0——结构重要性系数,取 1.1;

N_d——竖向拉力的组合设计值;

f_{sd}——内环筋的抗拉强度设计值,取现行《公路钢筋混凝土及预应力混

凝土桥涵设计规范》(JTG D62)规定的0.6倍,当f_{sd}值大于330MPa时,取330MPa;

A_s——内环筋的抗拉截面面积。

条文说明

转向结构有三种受力机理,即:由体外预应力筋竖向转向力引起的上拔作用、由上拔作用引起的转向块以上混凝土的梁作用以及由体外预应力筋横向转向力在转向块底下混凝土开裂面引起的剪切作用。

体外预应力筋转向结构上拔抗拉承载力计算,建议采用拉杆—压杆模型或其他简化分析模型,根据转向结构传力特点建立拉杆与压杆模型,其中拉杆按轴心受拉构件计算其钢筋抗拉承载力。考虑到转向结构裂缝控制的需要,受拉钢筋抗拉强度的设计值取现行《公路钢筋混凝土及预应力混凝土桥涵设计规范》(JTG D62)规定值的0.6倍。

由于体外预应力筋的极限应力是可以控制的,转向结构的受力总体上比较明确,建立拉杆—压杆模型也比较简单,因此,设计的重点是在构造上确保受拉钢筋能够发挥设计要求的强度,并通过减小受拉钢筋抗拉强度设计值,达到控制混凝土裂缝宽度、提高上拔抗拉承载力,即使其破坏不先于梁体弯曲破坏的目的。

6.5.2 体外预应力筋转向结构的开裂面应进行抗剪承载力计算,并符合下列要求:

$$\gamma_0 V_d \leq \mu(f_{sd}A_{sv} - N_d) \tag{6.5.2}$$

式中:γ_0——结构重要性系数,取1.1;

V_d——横向剪切力的组合设计值;

N_d——与V_d对应的竖向拉力的组合设计值;

μ——摩阻系数,整体浇筑混凝土剪切面可取1.4;

f_{sd}——钢筋的抗拉强度设计值;

A_{sv}——穿过剪切面钢筋的截面面积。

条文说明

转向结构开裂面抗剪承载力计算方法参照AASHTO美国公路桥梁设计规范[41]给出的计算公式。同样,考虑到转向结构裂缝控制的需要,受拉钢筋抗拉强度的设计值可取现行《公路钢筋混凝土及预应力混凝土桥涵设计规范》(JTG D62)规定值的0.6倍,且不大于330MPa。

6.5.3 非块状转向结构可依据可能发生的开裂面，进行抗拉承载力和开裂面抗剪承载力的计算。

条文说明

非块式转向结构可根据预应力筋构造情况及可能出现的开裂面，可按条文6.5.1、6.5.2 计算模型和方法进行承载力计算。

6.5.4 体外预应力筋的锚固块或锚固横梁，在采用拉杆—压杆模型计算时，钢筋的抗拉承载力计算应符合下列规定：

$$\gamma_0 T_d \leq f_{sd} A_s \tag{6.5.4}$$

式中：γ_0——结构重要性系数，取 1.1；

T_d——拉杆拉力的组合设计值；

f_{sd}——拉杆钢筋的抗拉强度设计值；

A_s——拉杆钢筋的抗拉截面面积。

条文说明

体外预应力筋锚固块和锚固横梁的承载力计算，建议采用拉杆—压杆模型，并对其中的拉杆按轴心受拉构件计算其钢筋抗拉承载力。拉杆钢筋的抗拉强度设计值，取现行《公路钢筋混凝土及预应力混凝土桥涵设计规范》(JTG D62)规定的 0.6 倍，f_{sd}值不大于 330MPa。

在一些情况中，体外预应力筋锚固结构的拉杆—压杆模型，需经空间应力分析得到主应力迹线后才能确定其主要传力路线。

7 持久状况正常使用极限状态计算

7.1 一般要求

7.1.1 组合折腹桥梁按持久状况设计时,应按正常使用极限状态的要求,采用各种作用(或荷载)按标准值组合,计算使用阶段混凝土截面法向压应力、腹板剪应力、预应力钢束的拉应力,确保不超过规定的限值。

条文说明

组合折腹桥梁按持久状况设计时,应根据现行《公路钢筋混凝土及预应力混凝土桥涵设计规范》(JTG D62)的规定,进行应力、裂缝宽度和挠度等的验算,并使计算值不超过规定的限值。应考虑到组合折腹梁尤其是折形钢腹板的构造特点,合理确定计算内容和验算要求。

7.1.2 体内预应力筋的张拉控制应力及预应力损失,应按现行《公路钢筋混凝土及预应力混凝土桥涵设计规范》(JTG D62)的规定计算。

条文说明

组合折腹梁体内预应力筋的张拉控制应力值依据不同材料(钢绞线、精轧螺纹钢筋)分别取抗拉强度标准值的0.75与0.90倍。

预应力损失应按照现行《公路钢筋混凝土及预应力混凝土桥涵设计规范》(JTG D62)中的规定计算。

组合折腹梁的各项预应力损失涉及多方面因素,其数值应首先考虑采用结合工程具体条件由试验确定的数据进行计算。当无条件进行试验或者无可靠的实测资料时,可取用规范给出的数据和计算方法。

7.1.3 体外预应力筋作为抗拉钢筋进行截面抗力计算,设计中体外预应力筋的极限应力 σ_{pu} 应按下列公式计算:

$$\sigma_{pu} = \sigma_{pe} + \Delta\sigma_{pu} \quad 且\ \sigma_{pu} \leqslant f_{py} \tag{7.1.3}$$

式中：σ_{pe}——体外预应力筋的有效预应力；

σ_{pu}——体外预应力筋的极限应力设计值；

$\Delta\sigma_{pu}$——体外预应力筋的极限应力增量；

f_{py}——预应力筋的屈服强度。

条文说明

对组合折腹梁桥，通常不考虑体外预应力筋的有效高度变化。体外预应力筋的极限应力 σ_{pu}，当为简支梁时，可取为体内预应力筋极限应力的70%；当为连续梁时，极限应力增量可取为100MPa；当为连续刚构时，可参照表7.1.3进行计算，表中 L_2 为两锚具间的距离，d_p 为预应力筋的有效高度[42]。

表7.1.3　体外预应力筋极限应力增量的计算式

钢筋类型	计算截面位置	极限应力增量计算式（MPa）
悬臂筋	边跨（包括T构部分）	$L_2/d_p>50$：$\Delta\sigma_{pu}=0$ $L_2/d_p\leqslant50$：$\Delta\sigma_{pu}=1\,000\cdot d_p/L_2\leqslant200$
	中跨	$L_2/d_p>50$：$\Delta\sigma_{pu}=0$ $L_2/d_p\leqslant50$：$\Delta\sigma_{pu}=1\,500\cdot d_p/L_2\leqslant400$
连续筋	跨中	$L_2/d_p>50$：$\Delta\sigma_{pu}=0$ $L_2/d_p\leqslant50$：$\Delta\sigma_{pu}=4\,000\cdot d_p/L_2\leqslant400$

体外预应力筋的极限应力不仅由 L_2/d_p 决定，试验研究表明，整体施工的体外预应力筋的极限应力还与构件的跨高比、荷载分布、预应力筋还与非预应力筋的强度和配筋率、有效预应力以及混凝土等级等诸多因素有关。到目前为止，国际上提出的不少体外预应力筋极限应力的计算方法也均为经验公式，并且由于建立这些公式所依据的试验条件不同，试验的极限状态标准也不一样，故这些计算式所考虑因素的计算结果相差较大。

为此，对于整体施工的体外预应力混凝土结构，考虑到体外预应力结构二次效应的特殊性，在计算体外预应力混凝土结构的极限承载能力时，建议偏于安全取体外预应力筋的有效预应力为其极限应力，即体外预应力筋在结构消压后没有应力增量。对于只配有体外预应力筋的结构，可认为消压荷载基本上就是极限荷载。

7.2　截面应力验算

7.2.1　组合折腹桥梁弯曲应力计算应符合以下基本假定：

1）拟平截面假定成立；
2）钢材与混凝土为弹性材料；
3）混凝土顶、底板全截面有效；
4）忽略折形钢腹板的作用；
5）不考虑钢与混凝土间的相对滑移。

条文说明

在计算组合折腹梁受弯、受拉压状态的截面应力时，如图 7.2.1 所示，考虑到剪切刚度对截面正应力的影响很小，仅仅考虑弯曲刚度，而折形钢腹板在桥梁纵向抗弯作用小，因此可仅仅考虑混凝土顶底板的作用[37]。

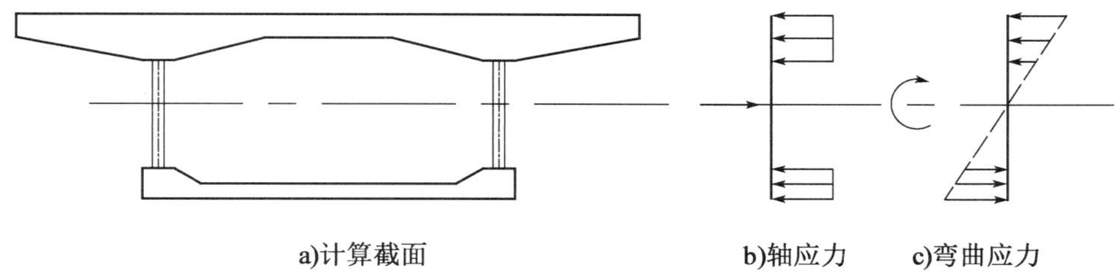

图 7.2.1 组合折腹梁抗弯计算截面及应力分布

7.2.2 组合折腹梁正截面混凝土最大压应力应符合下列要求：

$$\sigma_{cc} \leqslant 0.50 f_{ck} \tag{7.2.2}$$

式中：σ_{cc}——正截面混凝土最大压应力计算值；
f_{ck}——混凝土的抗压强度标准值。

条文说明

在验算组合折腹梁正截面混凝土应力时，可以参照现行《公路钢筋混凝土及预应力混凝土桥涵设计规范》（JTG D62）中的相关规定。

7.2.3 组合折腹梁预应力筋最大拉应力应符合下列要求：

1 体内预应力筋最大拉应力：

$$\sigma_{p,i} \leqslant 0.65 f_{pd,i} \tag{7.2.3-1}$$

2 体外预应力筋最大拉应力：

$$\sigma_{p,e} \leqslant 0.65 f_{pd,e} \tag{7.2.3-2}$$

式中：$\sigma_{p,i}$、$\sigma_{p,e}$——体内、外预应力筋最大拉应力计算值；

$f_{pd,i}$、$f_{pd,e}$——体内、外预应力筋的抗拉强度设计值。

条文说明

组合折腹梁体内、外预应力筋最大拉应力限值，同现行《公路钢筋混凝土及预应力混凝土桥涵设计规范》(JTG D62)体内预应力钢束的相关规定，主要考虑如下原因：

1)正常使用阶段体外预应力筋的应力处于锚具最有效的锚固应力范围；

2)体外预应力筋的活载应力幅度远小于体内预应力筋，一般预应力锚具的疲劳应力幅度不小于80MPa，而体外预应力锚具的疲劳应力幅度更高；

3)体外预应力筋设置的防振装置、锚具连管内的防振措施，已能避免钢束振动引起的不利影响；

4)更有效地发挥体外预应力的作用；

5)国外体外预应力筋最大应力限值，一般为钢束抗拉强度标准值的70%。

7.2.4 组合折腹桥梁截面剪切应力

1 组合折腹梁抗剪验算时，仅考虑折形钢腹板承担剪力的作用，不计混凝土顶底板的作用，应按下列公式验算：

$$\tau_{wsd} \leqslant f_{vd} \tag{7.2.4-1}$$

式中：τ_{wsd}——折形钢腹板作用的剪应力设计值；

f_{vd}——钢板抗剪强度设计值。

2 折形钢腹板截面作用的剪应力，假定沿着截面高度均匀分布，截面高度上的平均剪应力设计值应按下列公式计算：

$$\tau_{wsd} = \frac{V_d - V_p}{n_w A_w} \tag{7.2.4-2}$$

式中：V_d、V_p——荷载作用时的设计剪力及其预应力筋分担剪力；

A_w——折形钢腹板的横截面面积；

n_w——钢腹板个数。

条文说明

组合折腹梁截面抗剪验算，仅考虑折形钢腹板承担剪力，且按照剪应力沿着高度均匀分布。以某组合折腹梁桥为例[26]，在跨中截面集中荷载以及全跨截面均布荷载作用下，顶、底板及腹板剪力分担率如图7.2.4所示。

顶、底板剪力分担率相近；集中荷载作用下，纵桥向距支座 $L/3$ 范围内，钢腹板分担80%以上的剪力；均布荷载作用下，整个跨径范围，钢腹板同样分担80%以上的剪力。

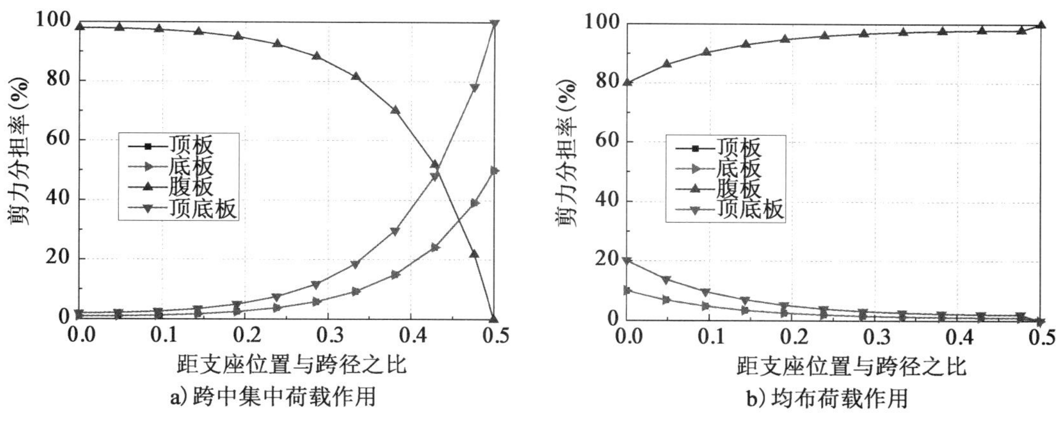

图7.2.4 截面剪力分担率

7.2.5 内衬混凝土组合腹板各部分作用剪力，依据折形钢腹板与内衬混凝土两者的剪切刚度进行分配，可按下列公式计算：

$$V_{wcd}=\frac{(1+\nu_c)E\cdot t_w}{\alpha_w(1+\nu)E_c\cdot t_{ce}+(1+\nu_c)E\cdot t_w}(V_d-V_{ped}) \quad (7.2.5\text{-}1)$$

$$V_{cd}=\frac{\alpha_w(1+\nu)E_c\cdot t_{ce}}{\alpha_w(1+\nu)E_c\cdot t_{ce}+(1+\nu_c)E\cdot t_w}(V_d-V_{ped}) \quad (7.2.5\text{-}2)$$

式中：V_{wcd}——折形钢腹板承担的剪力设计值；

V_{cd}——内衬混凝土承担的剪力设计值；

V_d——组合腹板承担的剪力设计值；

V_{ped}——预应力筋有效预应力竖向分力；

E_c——混凝土的弹性模量；

ν_c——混凝土的泊松比；

E——钢板的弹性模量；

ν——钢板的泊松比；

t_{ce}——内衬混凝土的平均厚度；

t_w——折形钢腹板的厚度；

α_w——折形钢腹板形状系数，取$\frac{a_w+b_w}{a_w+c_w}$。

条文说明

折形钢腹板内侧浇筑混凝土，应采用焊钉等连接件及与翼缘焊接的钢筋网进行完全连接形成组合腹板。剪切刚度取决于折形钢腹板与内衬混凝土各自的剪切刚度以及两者之间连接程度。

内衬混凝土开裂前，假定混凝土为线弹性材料，其剪切刚度为：

$$k_c = \frac{E_c h_w t_{ce}}{2L_m(1+\nu_c)} \tag{7.2.5-3}$$

式中：E_c、ν_c——混凝土弹性模量与泊松比；

L_m、h_w——组合腹板长度与腹板截面高度；

t_{ce}——内衬混凝土的平均厚度。

折形钢腹板剪切刚度，可按下列计算：

$$k_s = \frac{Eh_w t_w}{2L_m \alpha_w(1+\nu)} \tag{7.2.5-4}$$

式中：E、ν——钢板弹性模量与泊松比；

L_m、h_w——组合腹板长度与高度；

t_w——折形钢腹板的厚度；

α_w——折形钢腹板形状系数，取$\frac{a_w+b_w}{a_w+c_w}$。

折形钢腹板内衬混凝土作用剪力，按内衬混凝土与折形钢板两者的剪切刚度进行分配，从而可得出折形钢腹板及内衬混凝土的作用剪力设计值。依据剪切刚度分配得到的剪力，然后分别对折形钢腹板、内衬混凝土进行应力验算。

7.2.6 正常使用极限状态，组合腹板梁段中折形钢板与内衬混凝土剪切应力，应按下列公式验算：

$$\tau_{wcd} \leq f_{vd} \tag{7.2.6-1}$$

$$\tau_{cd} \leq f_{td} \tag{7.2.6-2}$$

式中：τ_{wcd}——钢腹板作用剪应力设计值；

τ_{cd}——内衬混凝土作用剪应力设计值；

f_{vd}——钢板抗剪强度设计值；

f_{td}——混凝土抗拉强度设计值。

条文说明

正常使用阶段下内衬混凝土未开裂，钢与混凝土完全结合，组合腹板体现弹性行为，组合腹板截面作用的剪应力，假定沿着截面高度均匀分布，钢腹板、内衬混凝土的剪应力应按下列公式计算：

$$\tau_{wcd} = n_w \frac{V_{wcd}}{h_w t_w} \tag{7.2.6-3}$$

$$\tau_{cd} = n_w \frac{V_{cd}}{h_w t_{ce}} \tag{7.2.6-4}$$

式中：V_{wcd}——折形钢腹板承担的剪力设计值；

V_{cd}——内衬混凝土承担的剪力设计值；

h_w——组合腹板的高度；

t_w——折形钢腹板的厚度；

n_w——腹板个数；

t_{ce}——内衬混凝土的平均厚度。

7.2.7 组合折腹桥梁截面扭转应力

1 当组合折腹梁用于斜桥或弯桥时，应进行抗扭验算。折形钢腹板与混凝土顶底板由扭矩引起的剪应力按下列公式计算：

$$\tau_{wtd} = \frac{M_t}{2A_m t_w (1 + \beta_w)} < f_{vd} \tag{7.2.7-1}$$

$$\tau_{ftd} = \frac{M_t}{2A_m t_f (1 + \beta_w)} < f_{td} \tag{7.2.7-2}$$

式中：τ_{wtd}、τ_{ftd}——折形钢腹板及混凝土顶底板扭矩作用下的剪应力设计值；

t_w、t_f——折形钢腹板及混凝土顶底板的厚度；

A_m——组合箱梁截面面积，$A_m = h_m(b_{c1} + b_{c2})/2$，其中 b_{c1}、b_{c2}分别为顶底板处的腹板中心线间距离，h_m 为组合截面顶、底板中心线间的距离；

β_w——组合截面扭转刚度修正系数；

f_{td}——混凝土抗拉强度设计值；

f_{vd}——钢板抗剪强度设计值。

2 当考虑折形钢腹板上的扭矩与剪力共同作用时，应确保因剪力引起的剪应力 τ_{wsd} 与因扭矩引起的剪应力 τ_{wtd} 的和，不超过其钢板抗剪强度设计值 f_{vd}，即满足下式的要求：

$$\tau_{wsd} + \tau_{wtd} \leqslant f_{vd} \tag{7.2.7-3}$$

式中：τ_{wsd}——剪力作用下折形钢腹板的剪应力设计值；

τ_{wtd}——扭矩作用下折形钢腹板的剪应力设计值。

条文说明

组合折腹梁截面抗扭验算,分别验算混凝土顶底板及折形钢腹板剪应力。

正常使用极限状态,扭矩作用下混凝土顶、底板不发生扭转裂缝,桥轴方向折形钢腹板等效为连续混凝土板,按闭口截面计算扭转应力。

7.3 抗裂验算

7.3.1 组合折腹桥梁在正常使用状态下不允许混凝土开裂,应进行正截面抗裂验算。

条文说明

组合折腹梁按不允许开裂的全预应力与 A 类预应力构件进行抗裂验算,且仅进行正截面的抗裂验算。组合折腹桥梁的抗裂验算,应确保顶、底板混凝土的拉应力不超过规定的限值。

7.3.2 组合折腹桥梁全预应力构件正截面混凝土拉应力验算,应符合下列要求:

1 整体式全预应力组合折腹梁,在作用(或荷载)短期效应组合下,正截面混凝土的抗裂要求为:

$$\sigma_t - 0.85\sigma_{pc} \leq 0 \tag{7.3.2-1}$$

2 现浇节段式和预制节段式全预应力组合折腹梁,在作用(或荷载)短期效应组合下,正截面混凝土的抗裂要求为:

$$\sigma_t - 0.80\sigma_{pc} \leq 0 \tag{7.3.2-2}$$

式中:σ_t——由作用(或荷载)短期效应组合引起的截面边缘拉应力;

σ_{pc}——永存预应力在截面边缘产生的压应力。

条文说明

组合折腹梁的抗裂要求,可参照现行《公路钢筋混凝土及预应力混凝土桥涵设计规范》(JTG D62)。

7.3.3 组合折腹桥梁 A 类预应力构件正截面混凝土拉应力验算,应符合下列要求:

1 在作用(荷载)短期效应组合下,正截面混凝土的抗裂要求为:

$$\sigma_{t} - \sigma_{pc} \leqslant 0.7 f_{tk} \tag{7.3.3-1}$$

2　在作用(荷载)长期效应组合下,正截面混凝土的抗裂要求为:

$$\sigma_{t} - \sigma_{pc} \leqslant 0 \tag{7.3.3-2}$$

式中:f_{tk}——混凝土的抗拉强度标准值;

σ_{pc}——永存预应力在截面边缘产生的压应力;

σ_{t}——由作用短期或长期效应组合下的截面边缘拉应力。

条文说明

组合折腹梁A类预应力混凝土构件,在作用(荷载)短期效应及长期效应组合下正截面混凝土的抗裂要求,可参照现行《公路钢筋混凝土及预应力混凝土桥涵设计规范》(JTG D62)。

7.4　挠度验算

7.4.1　组合折腹桥梁在正常使用极限状态下的挠度,可按照全截面有效的弹性理论进行计算。

条文说明

组合折腹梁截面包括混凝土顶、底板及折形钢腹板,可忽略折形钢腹板弯曲刚度,仅考虑其剪切刚度进行挠度计算。

7.4.2　组合折腹桥梁挠度计算时,不宜忽略折形钢腹板剪切变形的影响。

条文说明

梁理论一般分为Euler-Bernoulli梁理论和Timoshenko梁理论。其中Euler-Bernoulli梁理论即经典梁理论,分析组合折腹梁的变形时,由于折形钢腹板剪切变形过大,经典的Euler-Bernoulli梁理论存在较大误差[43]。

对于一般混凝土梁桥,当高跨比小于1/10时,可以忽略剪切变形影响。但对于组合折腹桥梁,虽其高跨比大多集中在1/10~1/30之间,但其剪切变形相对突出。

以一座实桥为研究对象,变化梁高分别为1.5m、1.7m、1.9m、2.0m与跨径7.5~60.0m间,得到不同高跨比,即1/5~1/30,考虑剪切变形计算结果与初等梁理论计算结果的比值,如图7.4.2所示。随着高跨比减小,比值呈减小趋势,当高跨比小于1/30时,比值小于1.1,剪切变形产生的挠度小于初等梁计算挠度的10%,忽略其影响可以满足工程精度要求。为此,建议采用高跨比1/30作为折形钢腹板组合梁挠度计算是否考虑剪切变形影响的限值。

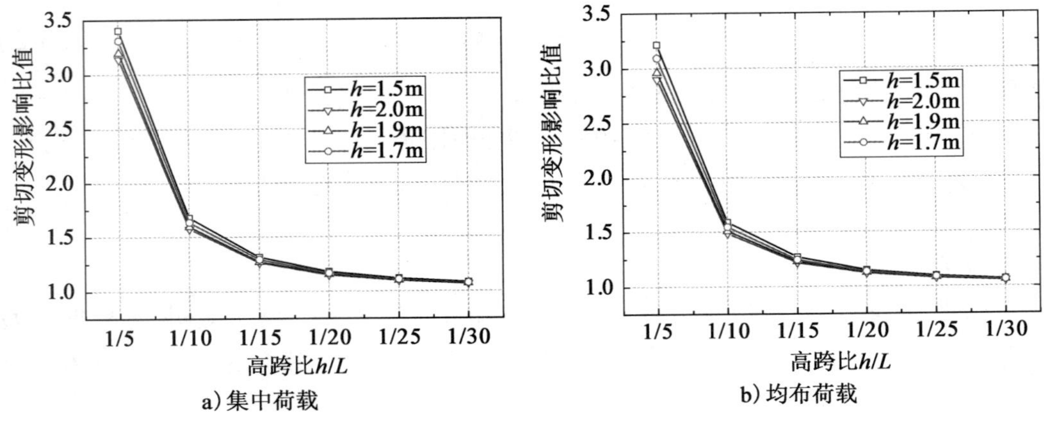

图7.4.2 组合折腹梁挠度计算比较

7.4.3 组合折腹桥梁考虑剪切变形的挠度,可按下列公式进行计算:

1 集中荷载作用:

$$f_{L/2} = \frac{PL^3}{48E_cI_c}(1+\beta_p) \tag{7.4.3-1}$$

2 均布荷载作用:

$$f_{L/2} = \frac{5qL^4}{384E_cI_c}(1+\beta_q) \tag{7.4.3-2}$$

式中:$f_{L/2}$——跨中挠度;

P、q——集中荷载与均布荷载;

L——组合折腹梁跨度;

E_c——混凝土的弹性模量;

I_c——混凝土顶、底板的惯性矩;

β_p、β_q——分别为集中荷载、均布荷载作用下的挠度修正系数。

条文说明

计算分析组合折腹梁的变形时,由于折形钢腹板剪切变形较大,经典的Euler-Bernoulli梁理论存在较大误差。依据组合折腹梁的受力特点,即混凝土顶、底板承受弯矩和折形钢腹板承受剪力,提出了组合折腹梁的弹性剪切变形弯曲理论。并基于该理论推出考虑剪切变形的组合折腹简支梁,在集中荷载与均布荷载作用下的跨中挠度的简化计算式[44]。该计算式表达为对初等梁理论结果的修正,并得出修正系数β_p、β_q为高跨比$\frac{h}{L}$和抗弯、抗剪刚度比值$\frac{E_cI_c}{G_wA_w}$的关系式,即:

$$\beta_p = \left(0.67 - 0.53\frac{h}{L}\right)\frac{12E_cI_c}{G_wA_wL^2} \tag{7.4.3-3}$$

$$\beta_q = 0.67\frac{48E_cI_c}{5G_wA_wL^2} \tag{7.4.3-4}$$

$$G_w = \alpha_w G \tag{7.4.3-5}$$

式中:h、L——组合折腹梁的梁高及跨度;

E_c——混凝土的弹性模量;

G——钢板的剪切模量;

G_w——折形钢腹板的等效剪切模量;

I_c——混凝土顶、底板的惯性矩;

A_w——折形钢腹板截面面积。

7.4.4 组合折腹桥梁主梁在车道荷载(不计冲击力)作用下的最大挠度应不大于计算跨径的1/600。

条文说明

组合折腹梁使用阶段的挠度应考虑长期效应的影响,在消除结构自重产生的长期挠度后梁式桥主梁的最大挠度处不应超过计算跨径的1/600;且主梁的悬臂端不应超过悬臂长度的1/300。

7.5 疲劳验算

7.5.1 组合折腹桥梁折形钢腹板与上、下钢翼缘板连接,可通过构造措施提高抗疲劳性能。

条文说明

折形钢腹板与上、下钢翼缘板连接焊缝,同平钢腹板与上、下翼缘板连接焊缝相比,在桥轴方向将产生偏心的剪力,但是由于折形腹板轴向刚度小,偏心的剪力影响不大。

图7.5.1为折形钢腹板与上翼缘板连续贴角焊的连接方式,其疲劳安全性已通过模型试验以及实际工程得到验证[37]。

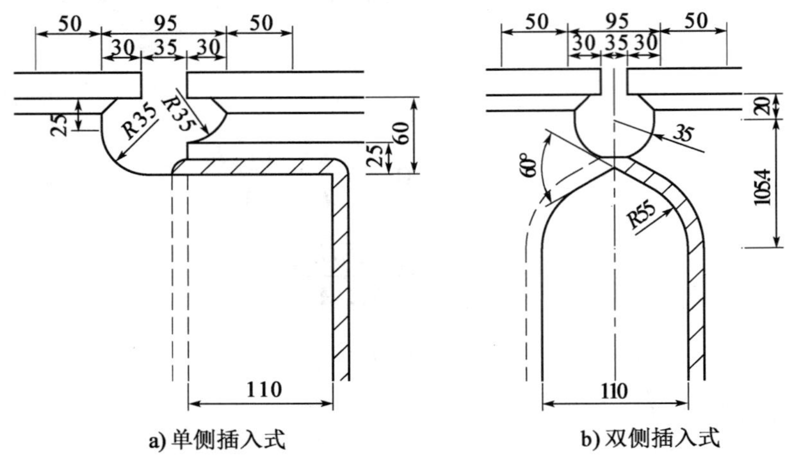

图7.5.1 折形钢腹板与上翼缘板的连接方式(尺寸单位:mm)

7.5.2 折形钢腹板纵桥向连接,可通过构造措施提高疲劳性能。

条文说明

折形钢腹板纵向连接通常是焊接或用高强螺栓。

焊接连接方式须采用具有充分抗疲劳强度的构造形式。在搭接焊接头上,由于构件的偏心而产生附加弯曲应力的影响,疲劳龟裂的发生位置一般在焊缝坡脚部分。因此,在环焊部分等的应力集中部位上,建议根据需要实施焊缝坡脚饰面,提高焊缝坡脚部分的疲劳强度。

折形钢腹板纵向高强螺栓连接,螺栓自身的疲劳性能以及螺栓的预紧力等将影响折形腹板纵向连接疲劳安全性,应按相关的规范进行设计。

8 短暂状况构件应力计算

8.1 一般要求

8.1.1 组合折腹桥梁按短暂状况设计时，应确保在制作、运输及安装等施工阶段由自重、施工荷载等引起的正截面应力不超过限值。

条文说明

短暂状态的应力计算为弹性阶段的强度计算。施工荷载除有特别规定外均采用标准值，当有组合时不考虑荷载组合系数。除非有特殊要求，短暂状况一般不进行正常使用极限状态计算，可以通过施工措施或构造布置来弥补，防止构件过大变形或出现不必要的裂缝。

8.1.2 当进行折形钢腹板等构件运输和安装计算时，梁体或节段自重应乘以动力系数。

条文说明

折形钢腹板等构件在吊装、运输时，考虑的动力系数可按现行《公路桥涵设计通用规范》(JTG D60)的规定采用，构件重力应乘以动力系数1.2或0.85，并可视构件具体情况作适当的增减。

8.1.3 折形钢腹板由吊机桥面运送安装时，应对已建结构部分进行极限承载力计算，吊机的荷载系数取1.15。

条文说明

在施工中，当利用已安装就位的构件进行吊装时，例如折形钢腹板先行架设的施工方法，要对吊机行驶或固定其上的构件进行验算。当吊机产生的效应设计值小于按持久状态承载能力极限状态计算的荷载效应组合设计值时，则可不必验算。

8.1.4 对组合折腹梁施加预应力时，混凝土的立方体强度不得低于设计混凝土强度等级的75%。

条文说明

组合折腹梁施加预应力时，混凝土的收缩和徐变处于初期，过早施加预应力，将引起较大的预应力损失，有可能引起构件微裂缝，降低构件的抗裂性能，因此施加预应力时，混凝土强度应达到强度要求。

8.2 应力验算

8.2.1 短暂状况组合折腹梁正截面混凝土应力应符合下列规定：

1 混凝土最大压应力：

$$\sigma_{cc} \leqslant 0.70 f_{ck} \tag{8.2.1}$$

2 混凝土最大拉应力：

1）当 $\sigma_{ct} \leqslant 0.70 f_{tk}$ 时，预拉区应配置其配筋率不小于0.2%的纵向钢筋；

2）当 $\sigma_{ct} = 1.15 f_{tk}$ 时，预拉区应配置其配筋率不小于0.4%的纵向钢筋；

3）当 $0.70 f_{tk} < \sigma_{ct} < 1.15 f_{tk}$ 时，预拉区应配置的纵向钢筋配筋率按以上两者直线内插取用，且拉应力 σ_{ct} 不应超过 $1.15 f_{tk}$。

式中：σ_{cc}、σ_{ct}——按短暂状况计算时截面预压区、预拉区边缘混凝土的压应力、拉应力；

f_{ck}、f_{tk}——与制作、运输、安装各施工阶段混凝土立方体抗压强度 f_{cu} 相应的抗压强度、抗拉强度标准值。

条文说明

预压区和预拉区系指施加预应力时形成的压应力区和拉应力区。预压区混凝土应力过高，不但出现过大上拱度，而且沿构件纵向可能出现裂缝。预拉区配置的纵向钢筋直径宜尽可能小。

关于短暂状况组合折腹梁正截面应力，采用弹性阶段的计算公式，有关弹性阶段的基本假定都适用。组合折腹梁短暂状况应力计算及应力限值的其他规定，可参照现行《公路钢筋混凝土及预应力混凝土桥涵设计规范》（JTG D62）。

8.2.2 折形钢腹板架设施工短暂状态，应进行钢腹板局部承压以及剪力与局部承压共同作用下的验算。

条文说明

组合折腹桥梁施工过程中折形钢腹板处于架设状态，由于墩顶反力集中荷载作用，薄壁折形钢腹板可能导致屈曲，为此通过折形钢腹板局部承压验算保证施工过程的稳定、安全至关重要[26]。

8.3 振动验算

8.3.1 组合折腹梁基本振动特性的固有频率，应考虑折形钢腹板剪切变形进行计算。

条文说明

通过组合折腹梁振动试验与计算分析[26]，得到不考虑剪切变形的固有基频高于试验值，2阶对称弯曲模态的固有频率与试验值差异更大。当考虑剪切变形，腹板承担100%剪力时，1阶弯曲模态的固有频率与试验结果基本吻合，如图8.3.1-1所示。因此弯曲模态对应的频率评估，剪力承担率具有较大的影响。

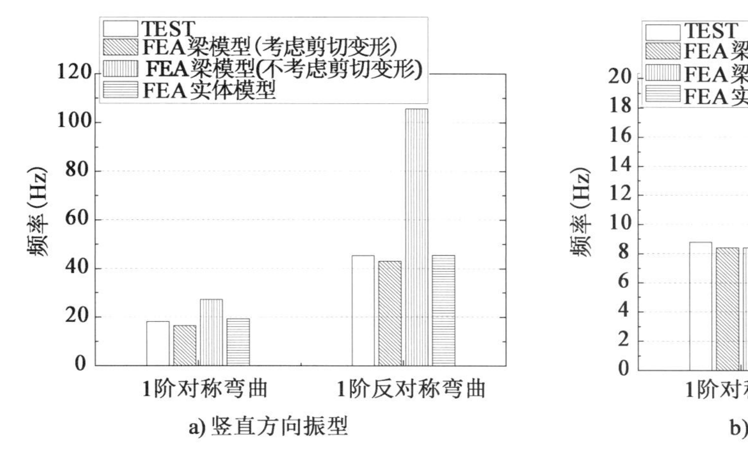

a)竖直方向振型

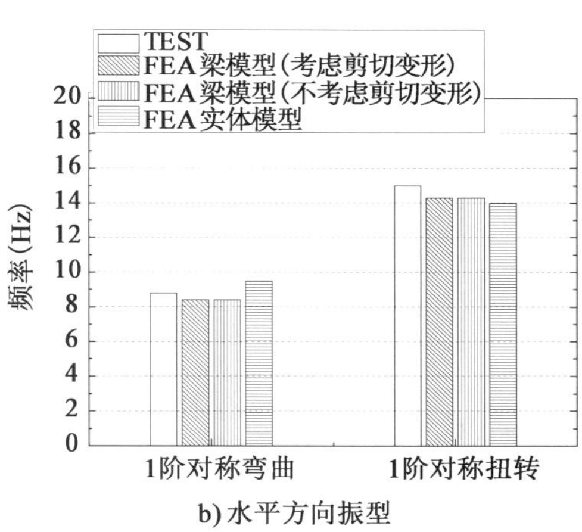

b)水平方向振型

图8.3.1-1 计算模型对固有频率影响比较

面内弯曲频率受剪力分担率影响，通过梁单元模型得到不同振型固有频率随剪力分担率变化如图8.3.1-2所示。剪力分担率对高阶振型影响较大，当剪力分担率大于70%时，频率影响减小。因此，考虑腹板剪切变形进行固有频率分析能够满足工程需要精度。

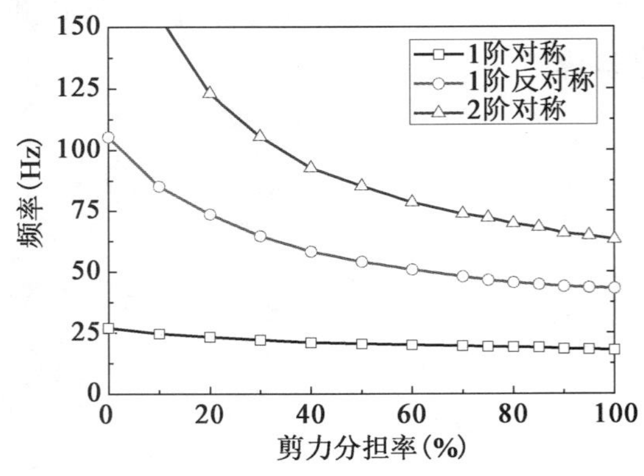

图 8.3.1-2　剪力分担率与固有频率关系

8.3.2　组合折腹桥梁设置体外预应力筋时,应依据固有振动特性考虑设置体外预应力筋的减振装置。

条文说明

为避免体外预应力筋随组合折腹梁体发生共振,体外预应力筋减振装置的间距按索段和梁体的竖向自振频率之比不小于5计算确定,不做振动计算时,整体式梁应不大于9m、节段式梁应不大于3个节段的长度。

体外预应力筋的减振装置应有定位和隔振材料组成,不灌注填充料的非成品筋应在设置减振装置处的钢束和外护套之间填充隔振材料。

9　钢腹板与顶底板结合设计

9.1　一般要求

9.1.1　折形钢腹板与混凝土顶、底板结合形式的选取，应综合考虑受力合理性、结构耐久性、施工便利性等方面的因素。

条文说明

折形钢腹板与混凝土顶底板之间的结合，是组合折腹桥梁最关键的构造，要确保桥梁纵桥向能够有效传递剪力，同时要确保主梁横截面各部分能够成为一体承担荷载。

钢与混凝土结合面连接件损伤后，将严重影响结构的整体受力性能，同时也极难修复，为此应确保结合面的耐久性。

钢与混凝土结合部布置有连接件、钢筋、预应力筋、钢板，选取的结合形式应不影响结合部混凝土浇筑质量。

9.1.2　钢与混凝土结合面原则上应选取在结合面垂直方向受压的部位，否则应采取措施防止结合面出现抗拔力或减少拉拔力的作用。

条文说明

随着钢与混凝土结合面的约束增大，连接件的抗剪性能也有所提高。为此，结合面宜选在其垂直方向处于受压状态的位置，结合面的摩擦力同时又可作为连接件的安全储备。

当结合面上连接件处于拉拔状态时，拉拔力将降低连接件抗剪承载力和抗剪刚度，当长期处于拉拔状态时，将严重影响其结合面的耐久性。当难以避免结合面处于受拉状态时，应通过施加预压力等措施避免钢板与混凝土发生分离。

9.1.3 钢腹板与混凝土顶板结合面的连接设计,应确保结合面能承担纵桥向剪力,同时应能承担结合面横桥向弯矩的作用。

条文说明

组合折腹梁与组合钢板梁不同,折形钢腹板面外弯曲刚度比平钢腹板大,对混凝土顶板产生较大约束,从而导致结合面作用较大的横桥向弯矩。因此,折形钢腹板与混凝土顶板连接设计除了应能承担纵桥向剪力外,还应采取有效措施减小结合面横桥向弯矩的作用。

9.2 钢腹板与混凝土顶底板结合

9.2.1 钢腹板与混凝土顶板结合形式,可从翼缘型结合、嵌入型结合两种构造中选取。

条文说明

折形钢腹板与混凝土顶板间的结合形式,可分为钢腹板上端焊接翼缘板并配置连接件的翼缘型和钢腹板直接伸入到混凝土顶板中的嵌入型[24]。

如图 9.2.1-1 所示依据使用的连接件不同,翼缘型结合方式又可以分成焊钉连接件型、开孔板连接件型、型钢连接件型等。

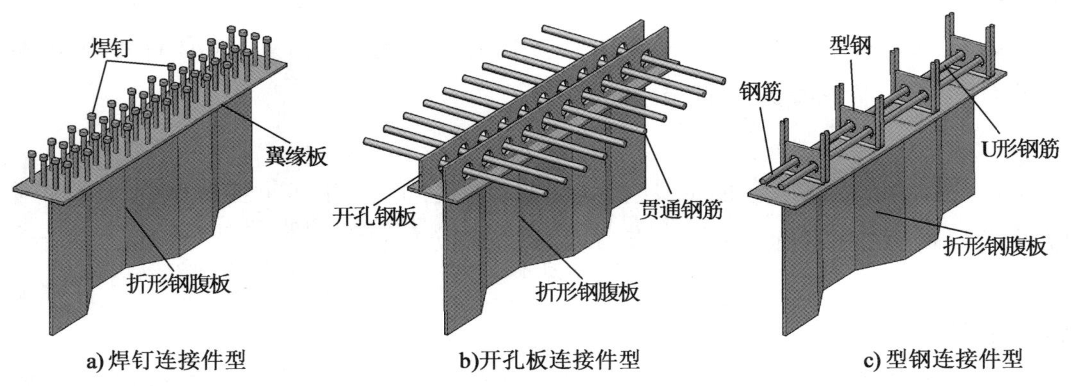

图 9.2.1-1 翼缘型结合部

从组合折腹桥梁建设初期开始,翼缘型结合构造一直都被积极采用。钢翼缘板上焊接焊钉连接件是比较传统的结合方式,在组合钢板梁桥等结构中也最常用。钢翼缘上焊接开孔板连接件是近些年来开始使用的一种连接方式[45]。

如图 9.2.1-2 所示嵌入型结合的最大优点是省去上翼缘板、且焊接量较小，但折形钢板易于变形，增加加工、运输、架设的难度[35,46]。为此，伸入到混凝土板中的钢腹板两侧，通常需沿纵桥向焊接钢筋或开孔钢板或角钢、槽钢。

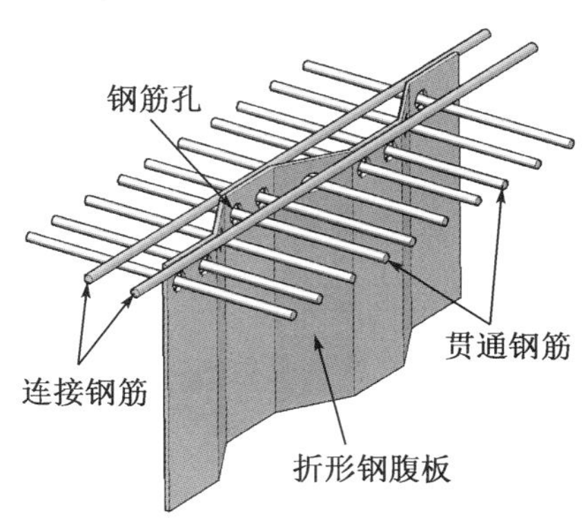

图 9.2.1-2 嵌入型结合部

端部焊接钢筋的嵌入型结合，纵向的抗剪作用主要靠圆孔中的混凝土及孔中钢筋，焊接的钢筋能够承担腹板面外弯矩的作用。将两块开孔钢板用螺栓固定在腹板端部的左右侧取代焊接钢筋，可减少钢筋与腹板焊接的难度、施工更容易。日本的一座铁路组合折腹梁桥采用该型结合构造，被认为可进一步提高结合部抗疲劳性。

9.2.2 钢腹板与混凝土底板结合形式，可从翼缘型结合、嵌入型结合、外包型结合三种构造中选取。

条文说明

折形钢腹板与混凝土底板间的结合形式，可分为钢腹板下端焊接钢翼缘板并配置连接件的翼缘型、把钢腹板直接伸入到混凝土板中的嵌入型以及下端钢翼缘板与钢腹板包裹混凝土底板并配置连接件的外包型结合构造，如图 9.2.2-1 所示。

钢腹板与混凝土底板翼缘型结合部，需要在钢翼缘板底面焊接焊钉或开孔板连接件，钢翼缘板底下的混凝土逆向浇筑，浇筑密实性难以保证，且连接件处于倒立状态，抗剪性能降低。另外，混凝土底板重量部分通过连接件传给钢翼缘板，连接件存在一定程度的拉拔力作用，使连接件的抗剪承载能力进一步得到削弱，影响结合面的耐久性。

作者对直径 19mm 的焊钉进行正立、侧立与倒立三种不同使用状态下的推出试验，研究混凝土浇筑方向对其抗剪性能的影响[47]。焊钉连接件不同使用状态对其极限状态承载力影响并不明显,对抗剪刚度及使用阶段承载力影响较大。其中侧立状态下抗剪刚度和使用阶段承载力是正立状态下大约70%,而侧立状态下的最大剪力对应的相对滑移量比正立状态要增大约1倍。

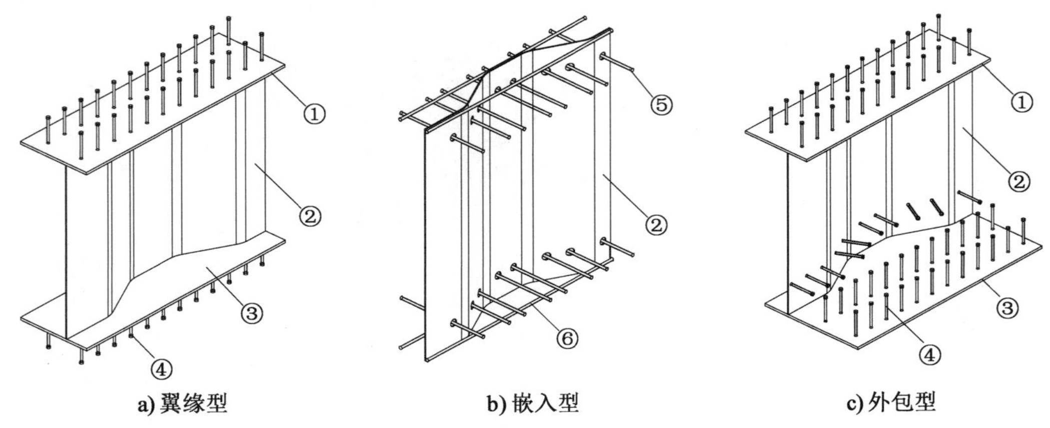

图 9.2.2-1 折形钢腹板与混凝土底板结合部
①-上翼缘;②-折形腹板;③-下翼缘;④-焊钉;⑤-贯穿钢筋;⑥-连接钢筋

为了明确结合部常用焊钉连接件在拉剪共同作用下的承载性能,作者进行了10组焊钉抗拉、抗剪和抗拉剪共同作用承载力模型试验,比较分析了焊钉在拉剪共同作用极限状态下拉力施力比和剪力施力比的相关关系[48]。研究结果表明:焊钉在拉剪共同作用极限状态下,剪力施力比随拉力施力比的增加而减小,当拉力施力比为0.6时,最大减少约40%。

钢腹板与混凝土底板嵌入型结合部,由于折形腹板纵向刚度低,在纵向易产生变形,导致折形钢腹板与混凝土底板结合面易出现分离,折形钢腹板纵桥向贴角焊缝连接处易发生构造裂缝,在施工及后期维护中必须采取防水处理等措施,提高耐久性能。

钢腹板与混凝土底板外包型结合部,混凝土可自上而下浇筑,从而确保浇筑密实性,而且下翼缘板上的连接件处于正立状态,且易于钢腹板定位及固定,极大地方便混凝土底板施工。德国首座采用折形钢腹板组合梁的 Altwipfergrund 桥,混凝土底板与折形钢腹板件采用外包型结合方式连接。图 9.2.2-2 为该桥成桥后的照片,底部结合处无需担心渗水等耐久性的问题[49]。

关于折形钢腹板与混凝土底板结合部连接件受力行为,作者对翼缘型和外包型进行了比较分析[50]。以某跨径布置为 25m + 30m + 30m + 25m 的组合折腹梁桥为对象,选取两种不同的底部结合形式进行有限元分析。

如图 9.2.2-3 所示,外包型结合构造为钢翼缘板置于混凝土底板下部,在腹板下部和翼缘板上面同时布置焊钉连接件与混凝土底板结合。翼缘型连接件结合构造为混凝土底板置于钢翼缘板下方,通过焊钉连接件结合。

图 9.2.2-2 Altwipfergrund 桥

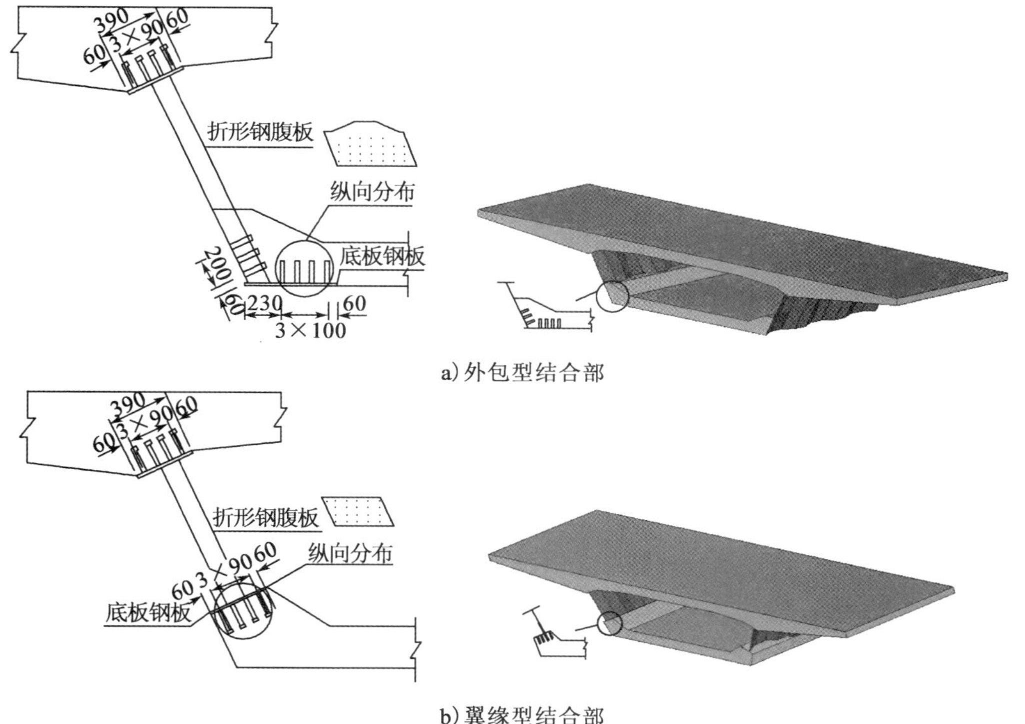

图 9.2.2-3 结合部构造比较(尺寸单位:mm)

图 9.2.2-4 为对称加载荷载组合两种结合形式下的翼缘板上焊钉拉拔力结果比较。外包型结合部焊钉正立于钢翼缘底板上面,没有拉拔力的作用;而翼缘型结合部焊钉倒立于钢翼缘底板下面,焊钉出现拉拔力,且在布置横隔梁附近拉拔力较大。因此比较可知,外包型结合部能较好地改善结合部位焊钉的受力性能。

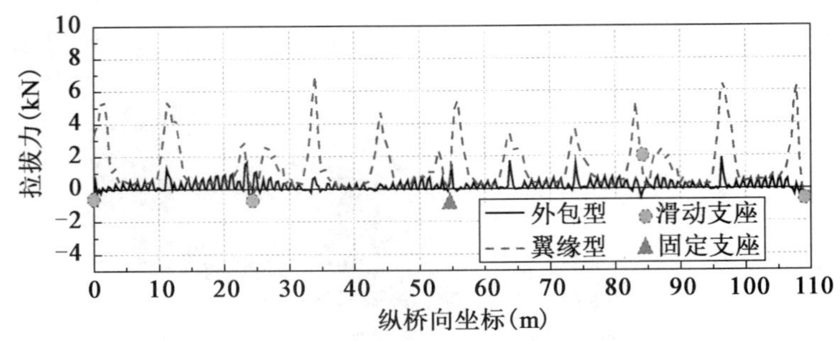

图 9.2.2-4　结合部焊钉作用拉拔力比较

9.2.3　钢腹板与混凝土顶板结合可优先选取翼缘型结合部构造,钢腹板与混凝土底板的结合可优先选取外包型结合部构造。

条文说明

钢腹板与混凝土顶板翼缘型结合方式,钢翼缘板的设置能够保持折形钢腹板的形状,且可提高连接件位置处顶板混凝土的浇筑质量,保证连接件的抗剪承载能力。由于钢翼缘板的存在,钢与混凝土结合面水分渗透导致钢筋与钢板腐蚀的可能性降低,且桥面板由于劣化进行更换较为便利。为此,建议钢腹板与混凝土顶板结合可优先选取翼缘型结合部构造。

钢腹板与混凝土底板翼缘型结合方式,钢翼缘板下的混凝土逆向浇筑,其性能与质量受到影响。而嵌入型结合方式由于折形钢腹板的纵向变形易出现构造裂缝,在施工及后期维护中需采取防水措施。外包型结合方式,混凝土无须逆向浇筑,结合部位混凝土浇筑质量易保证,受力均匀、合理,且方便混凝土底板施工。为此,建议钢腹板与混凝土底板的结合可优先选择外包型结合部构造。

一般认为,折形钢腹板由于纵向刚度较小,预应力能够有效的施加于混凝土顶、底板。为此,关于折形钢腹板上、下端焊接钢翼缘板是否会降低预应力施加效率的问题,作者进行了比较计算分析。

以某 3 跨预应力折腹式变截面组合梁桥为对象,采用翼缘型、嵌入型、外包型以及混凝土腹板 4 种不同结合形式进行了有限元计算[51]。在预应力施加作用下,混凝土顶、底板的预压应力如图 9.2.3 所示,折形钢腹板 3 种不同结合形式对预应力施加效率几乎没有影响。因此,在钢腹板与混凝土顶、底板结合形式选择时,可认为无需考虑其对预应力施加效率的影响。

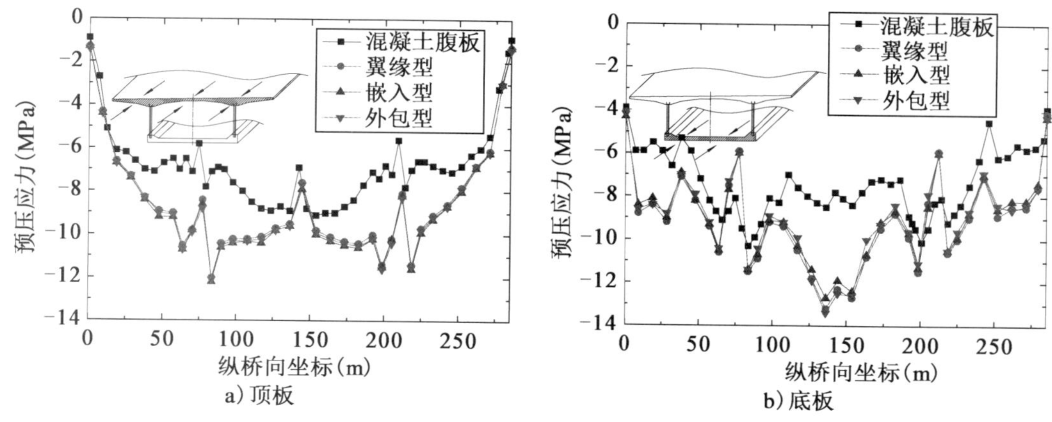

图 9.2.3 结合形式对顶底板应力分布的影响

9.3 连接件选型

9.3.1 翼缘型结合部,钢翼缘板上可布置焊钉连接件、开孔板连接件、型钢连接件以及混合布置形式,应综合考虑各因素选用。

条文说明

用于钢与混凝土结合的连接件,一般有焊钉连接件、开孔板连接件、型钢连接件等。设计时必须根据组合折腹桥梁的受力特点,在保证其安全性和可靠性的前提下,选用适当的连接件形式。

焊钉连接件通过杆身根部受压承担结合面的剪力作用,并依靠圆柱头的锚固作用承担结合面的拉拔力。承载力影响因素有焊钉直径与高度、屈服强度以及混凝土受力状态等。宜优先选用布置焊钉连接件,特别当钢与混凝土间作用剪力方向不明确或作用较大的掀起力时,适合布置焊钉连接件。

开孔板连接件是指沿着受力方向布置并在侧面设有开孔的钢板,利用钢板孔中混凝土及孔中贯通钢筋的作用,承担结合面的剪力及拉拔力。孔中有无钢筋、开孔孔径、混凝土抗压强度、孔中钢筋直径及屈服强度是开孔板连接件抗剪承载力的主要影响因素。当翼缘型结合部采用焊钉连接件布置过密时,或对抗剪强度、抗疲劳性能有较高要求时,宜选用开孔板连接件。

型钢连接件是指焊接到受力钢构件上的槽钢、角钢等短小节段的型钢块体,依据型钢板面受压承担结合面的剪力作用。型钢块体上可焊接钢筋,以承担拉拔力并提高延性。当翼缘型结合部对抗剪刚度要求较高时,可考虑选用型钢连接件。但是,型钢连接件抗拉拔性能较弱,容易发生钢与混凝土的分离，不宜用于组合折腹梁钢—混凝土结合面拉、剪共同作用的区域。

图9.3.1为焊钉与开孔板连接件混合布置形式，可以综合发挥两者的性能。当组合折腹桥梁对结合部抗剪强度要求较高时，且焊钉与开孔板连接件受力分配明确的情况下，可考虑选用混合布置形式。

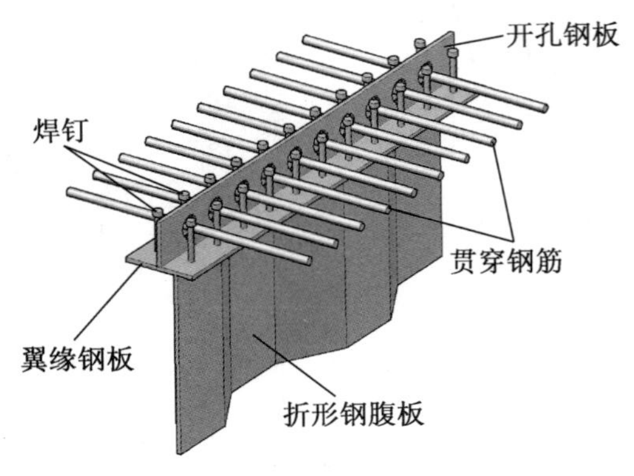

图9.3.1 混合布置连接件

9.3.2 嵌入型结合部，可在直接插入混凝土中的钢腹板上设置开孔板连接件，并应采取措施提高结合部横桥向抵抗弯矩的能力。

条文说明

嵌入型结合部将折形钢腹板直接伸入到混凝土板，钢腹板设置开孔板连接件。通常把桥面板的横向钢筋贯穿折形腹板的圆孔，并沿着桥梁纵向将2根钢筋焊接在腹板端部，然后浇筑混凝土板。纵向的抗剪作用主要靠圆孔中的混凝土，焊接的钢筋能够承担腹板面外弯矩的作用。

将钢筋焊接在腹板端部上的嵌入型结合部，除焊接质量难保证外，也存在着钢筋与腹板焊接处的疲劳问题。日本某铁路桥采用的螺栓连接钢板的嵌入型结合方式，代之以钢筋，把2块开孔钢板用螺栓固定在腹板端部的左右侧，取消焊接工作以解决焊缝疲劳问题，施工更容易[37]。纵向的抗剪作用主要靠圆孔中的混凝土，螺栓连接的开孔钢板能够承担腹板面外弯矩的作用。

9.3.3 外包型结合部，可在钢腹板、钢翼缘板上设置焊钉连接件、开孔板连接件或混合布置形式，应综合考虑受力及施工进行选用。

条文说明

如图9.3.3-1所示的外包型结合部的构造形式示例，下翼缘钢板与折形钢腹板包裹混凝土板，并配置焊钉连接件、开孔板连接件以及混合布置形式。

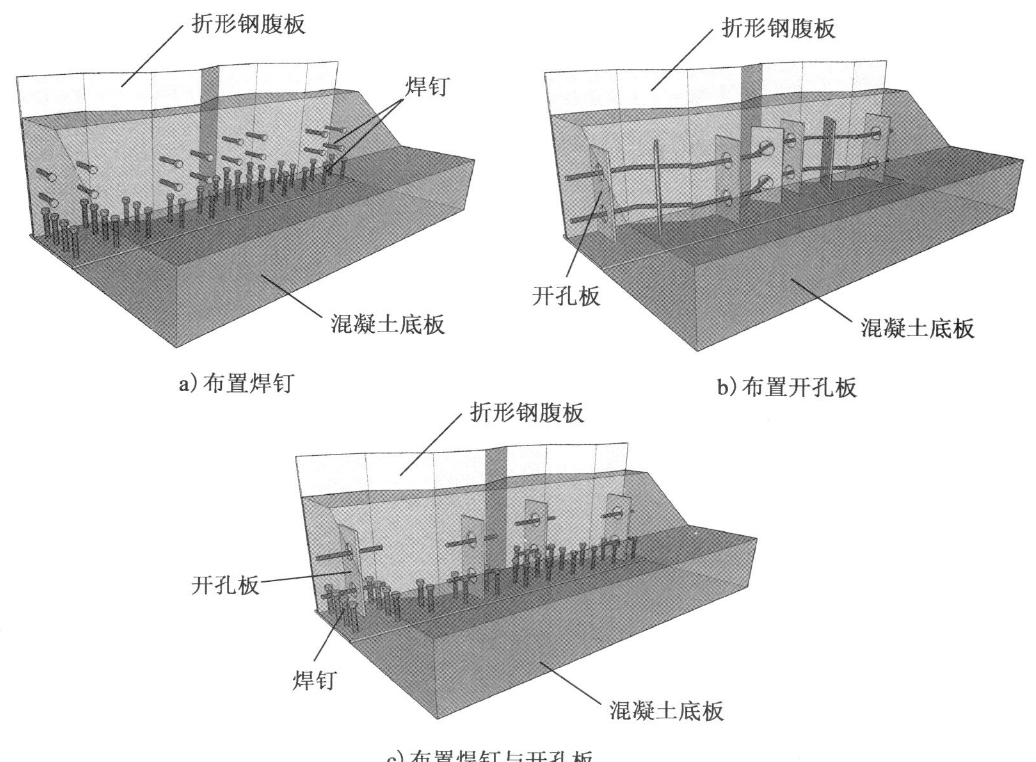

图 9.3.3-1 外包型结合部连接布置

德国 Altwipfergrund 桥，下翼缘钢板采用外侧与折形钢腹板截面形状一致的外包型结合方式，下翼缘钢板及钢腹板分别布置正立、侧立的焊钉与混凝土底板结合。

图 9.3.3-2 为江苏省交通规划设计院提供的江苏姚大路桥照片。该桥为国内首座采用外包型结合部的组合折腹梁桥，桥梁全长 110m，跨径布置为 25m + 30m + 30m + 25m，桥宽 11.5m。

图 9.3.3-3 为杭州德胜路桥。该桥为国内采用外包型结合部的首座宽箱多室组合折腹梁桥。该桥全长 165m，跨径布置为 45m + 75m + 45m，箱梁顶板

图 9.3.3-2 江苏姚大路桥

图 9.3.3-3 杭州德胜路桥

宽24.7m。共设置4道钢腹板,其中,边钢腹板为斜腹板,采用下翼缘外包型连接构造;中间2道钢腹板为直腹板,采用嵌入型的连接构造。

9.4 结合部连接件抗剪计算

9.4.1 结合部连接件在承载能力极限状态下的作用剪力,应按下列公式计算:

$$\gamma_0 V_{sd} \leq V_{sud} \tag{9.4.1}$$

式中:γ_0——组合桥梁结构重要性系数;

V_{sd}——承载能力极限状态下的连接件剪力设计值;

V_{sud}——连接件抗剪承载力设计值,当验算开孔板连接件时为V_{pud}。

条文说明

承载能力极限状态下的连接件剪力设计值,应考虑钢与混凝土组合后的恒荷载、活荷载、预应力等作用及按照不同的剪力方向,分别进行作用效应组合进行计算。连接件抗剪承载力可依据不同的连接件形式进行计算。

9.4.2 连接件在正常使用极限状态下的相对滑移,应按下列公式计算:

$$\gamma_0 s_d \leq s_a \tag{9.4.2-1}$$

式中:γ_0——组合桥梁结构重要性系数;

s_d——正常使用极限状态下的连接件相对滑移;

s_a——连接件相对滑移限值。

条文说明

作者通过共计40个焊钉抗剪承载性能模型试验,分析了焊钉在混凝土中的变形特点和受力机理[52]。当滑移值小于0.2mm时,曲线近似呈线性,线性与非线性分界处对应的剪力均值约为$0.45V_u$,基本位于近似线性与非线性分界处,与Oehlers研究结论$0.5V_u$较为一致[53]。

作者通过共计60个开孔板连接件抗剪性能模型试验,其结果表明当滑移值小于0.2mm时,曲线近似呈线性,当滑移值大于0.2mm时,曲线非线性增长明显加快,线性与非线性分界处对应的剪力均值约为$0.5V_u$[54]。

综上所述可知,连接件滑移限值一般在0.2mm左右,相对应的剪力约为抗剪承载力的$0.5V_u$。为此,建议连接件在正常使用极限状态下,可按照下列公式验算:

$$\gamma_0 V_{sd} \leqslant 0.5 V_{sud} \tag{9.4.2-2}$$

式中：γ_0——组合桥梁结构重要性系数；

V_{sd}——正常使用极限状态下的连接件剪力设计值；

V_{sud}——连接件抗剪承载力设计值。

9.4.3 组合折腹梁桥钢腹板与混凝土顶底板结合面作用的单位长度剪力，可按下列公式计算：

$$q_{vd} = (V_d - V_p)\frac{S_c}{I_c} \tag{9.4.3}$$

式中：q_{vd}——结合面作用单位长度的剪力设计值；

I_c——混凝土顶、底板对全截面中性轴 n-n 的惯性矩；

S_c——混凝土顶板或混凝土底板对中性轴 n-n 的面积矩，与要计算的结合面相对应，如图9.4.3所示；

V_d——荷载组合作用下的截面设计剪力；

V_p——荷载组合作用下的预应力筋分担剪力。

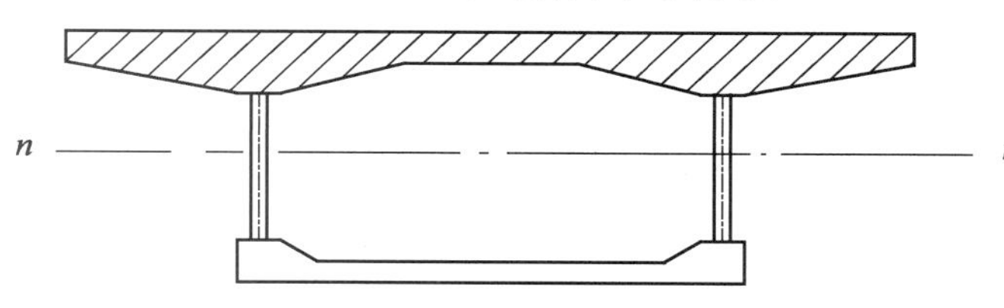

图9.4.3 结合面剪力计算

条文说明

由于折形钢腹板在桥梁的纵向刚度达到了能够忽视的程度，所以混凝土顶底板因徐变、收缩及其钢腹板与顶底板的温度差所引起的结合面剪力可以忽视。关于荷载作用下的结合面剪力计算，可参照组合钢板梁的计算方法[24]。

9.4.4 当结合面连接件作用剪力依据结构力学方法难以计算时，可将连接件等效成弹簧元进行有限元分析，弹簧元的刚度取值依据连接件抗剪刚度的计算公式给出。

条文说明

通常情况下，结合面连接件受力复杂，承受纵向、横向剪力以及可能存在竖向的拉拔力，一般将连接件等效成三维弹簧单元进行模拟计算。弹簧元的三向刚度分别依据连接件的抗剪、抗拉拔模型试验研究得出，可按相关内容取值。

9.5 焊钉连接件计算

9.5.1 焊钉连接件抗剪承载力设计值,可按下列公式计算:

$$V_{sud} = 0.4A_{st}\sqrt{E_c f_{cd}} \qquad (\sqrt{E_c f_{cd}} \leqslant 700.0\text{MPa}) \qquad (9.5.1\text{-}1)$$

$$V_{sud} = 0.16A_{st}\sqrt{E_c f_{cd}} + 168A_{st} \qquad (\sqrt{E_c f_{cd}} > 700.0\text{MPa}) \qquad (9.5.1\text{-}2)$$

式中:V_{sud}——焊钉连接件的抗剪承载力设计值;

A_{st}——焊钉截面面积;

E_c——混凝土弹性模量;

f_{cd}——混凝土抗压强度设计值。

条文说明

为建立组合结构桥梁使用的焊钉连接件抗剪承载力设计计算方法,作者[55]通过26组71个焊钉连接件模型推出试验,比较分析了混凝土抗压强度及焊钉的抗拉强度、直径、长度等对焊钉连接件抗剪承载力的影响,认为混凝土强度及焊钉面积是焊钉连接件抗剪承载力的主要影响因素,而焊钉抗拉强度和长度等对抗剪承载力影响较小。

基于国内外共计255个焊钉连接件推出试验结果,提出了采用双折线模型的焊钉连接件抗剪承载力计算式,即:

$$V_u = 0.5A_{st}\sqrt{E_c f_{ck}} \qquad (\sqrt{E_c f_{ck}} \leqslant 700.0\text{MPa}) \qquad (9.5.1\text{-}3)$$

$$V_u = 0.2A_{st}\sqrt{E_c f_{ck}} + 210A_{st} \qquad (\sqrt{E_c f_{ck}} > 700.0\text{MPa}) \qquad (9.5.1\text{-}4)$$

式中:V_u——焊钉连接件的抗剪承载力计算值;

其余参数含义同前。

图9.5.1-1为计算式与试验结果的比较,其相关系数为$R = 0.88$.试验数据包括焊钉直径d_{st}为9~30mm,焊钉高度h_{st}为50~400mm及混凝土强度等级C15~C80的模型试件。

进一步参照欧洲规范,焊钉连接件抗剪承载力分项系数取1.25,将混凝土抗压强度取设计值f_{cd},焊钉连接件抗剪承载力设计值可用式(9.5.1-1)、式(9.5.1-2)进行计算。

图9.5.1-2比较了焊钉连接件在直径$d_{st} = 19\text{mm}$、$d_{st} = 22\text{mm}$、$d_{st} = 25\text{mm}$时的抗剪承载力设计计算式与各规范设计计算式,横坐标将混凝土强度统一

换算成设计值，图中Ⅰ区、Ⅱ区、Ⅲ区分别近似对应混凝土强度等级为C35以下、C35～C60及C60～C80的焊钉抗剪承载力设计值。

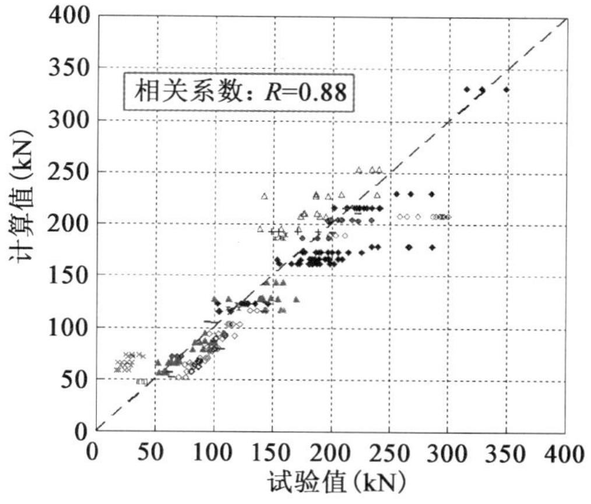

图9.5.1-1　焊钉抗剪承载力的比较

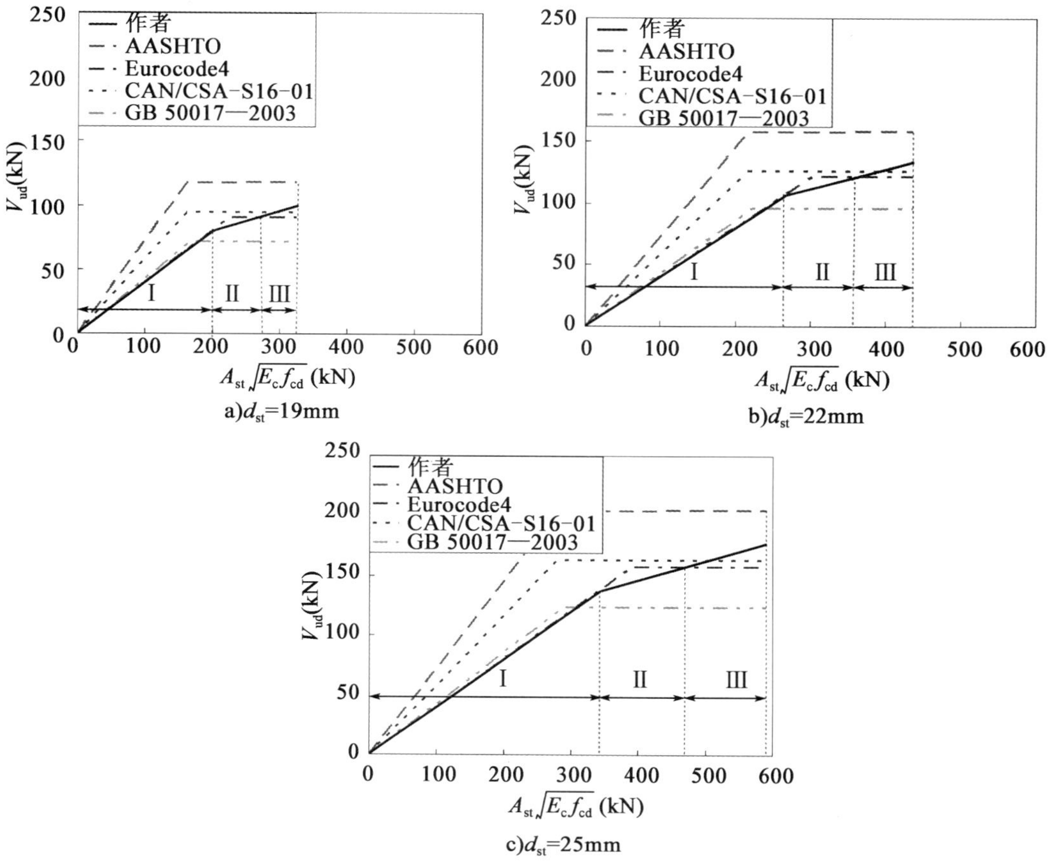

a) d_{st}=19mm

b) d_{st}=22mm

c) d_{st}=25mm

图9.5.1-2　设计计算式比较

通过比较可知,所提出的设计式在混凝土强度等级低于 C35 时,与规范 Eurocode 4 保持一致,在 C35 ~ C60 范围内低于规范 Eurocode 4,在 C60 ~ C80 时略高于规范 Eurocode 4。特别是在常用的混凝土强度等级 C35 ~ C60 范围内,相对于规范 Eurocode 4 能够更合理地偏于安全的计算焊钉连接件抗剪承载力。

9.5.2 焊钉连接件抗剪刚度,可按下列公式计算:

$$k_{ss} = 0.32 d_{st} E_c^{3/4} E_s^{1/4} \tag{9.5.2-1}$$

式中:k_{ss}——焊钉连接件的抗剪刚度;

d_{st}——焊钉连接件的直径;

E_c——混凝土的弹性模量;

E_s——焊钉的弹性模量。

条文说明

作者[52]通过 40 个焊钉连接件模型试件抗剪承载性能推出试验,对抗剪刚度影响因素进行比较可知,焊钉直径、焊钉弹性模量和混凝土弹性模量为主要影响因素。对焊钉连接件抗剪刚度取值方法进行比较分析,认为以滑移量 0.2mm 处对应的割线模量作为抗剪刚度,所对应的剪力约为最大剪力的 45%,且近似位于剪力—相对滑移曲线线性与非线性分界处。

进一步基于弹性地基梁理论推导焊钉连接件抗剪刚度计算表达式。图 9.5.2-1 为推出试验单个焊钉微元受力分析模型,焊钉直径 d_{st}、高度 h_{st},在根部受到集中力 V 和集中力偶 M 的作用,并假定混凝土受力类似于局部弹性地基模型。

通过理论推导得出焊钉连接件抗剪刚度 k_{ss} 计算表达式为:

$$k_{ss} = 0.267 c^{3/4} d_{st} E_c^{3/4} E_s^{1/4} \tag{9.5.2-2}$$

式中:c——常数。

由式(9.5.2-2)可知,理论分析同样表明,焊钉抗剪刚度主要影响因素为混凝土弹性模量、焊钉弹性模量和直径,与试验结果相吻合。

通过试验数据可反算出常数 c 的取值,从而得到焊钉抗剪刚度计算式。依据作者及收集的共计 99 个焊钉推出试验数据,进行零截距线性回归分析。依据试验数据拟合得 $0.267c^{3/4} = 0.32$,比较结果如图 9.5.2-2 所示。其中,试验数据焊钉直径 10 ~ 30mm、高度 50 ~ 400mm、混凝土弹性模量 21.2 ~ 37.1GPa。为此,得出焊钉连接件抗剪刚度计算式(9.5.2-1)。

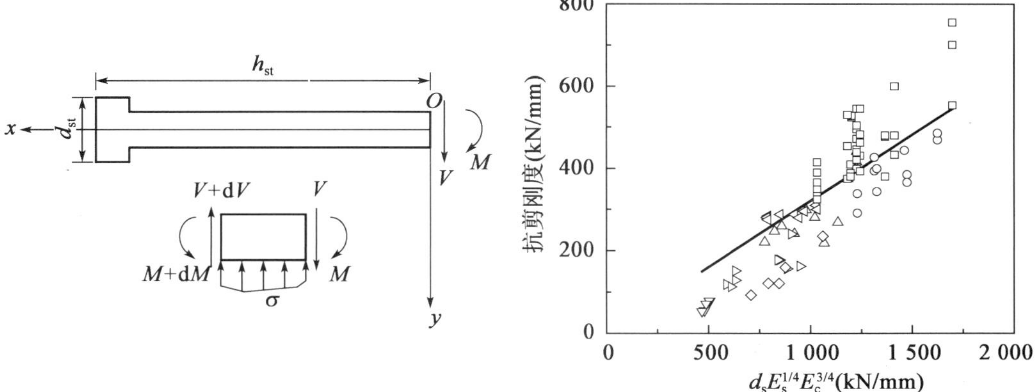

图 9.5.2-1 焊钉微元受力分析模型

图 9.5.2-2 抗剪刚度试验值与计算值比较

9.6 开孔板连接件计算

9.6.1 开孔板连接件抗剪承载力,可按下列公式计算:

$$V_{pud} = 1.38(d^2 - d_s^2)f_{cd} + 1.24d_s^2 f_{sd} \tag{9.6.1-1}$$

式中:V_{pud}——开孔板连接件抗剪承载力设计值;

d——开孔板孔径;

d_s——孔中钢筋直径;

f_{sd}——孔中钢筋抗拉强度设计值;

f_{cd}——混凝土抗压强度设计值。

条文说明

为建立组合结构桥梁使用的开孔板连接件抗剪承载力计算式,作者[56]以开孔孔径、混凝土抗压强度、孔中有无钢筋、孔中钢筋直径及屈服强度、开孔板厚度及高度、混凝土块厚度等为变化参数,进行了66个开孔板连接件模型试件的抗剪承载性能试验。得出孔中有无钢筋、开孔孔径、混凝土抗压强度、孔中钢筋直径及屈服强度是开孔板连接件抗剪承载力的主要影响因素,而开孔板厚度及高度、混凝土块厚度等对抗剪承载力影响较小。

利用最小二乘原理对55个模型试验数据进行回归分析,得到孔中无筋的开孔板连接件抗剪承载力计算式:

$$V_u = 1.38d^2 f_{ck} \tag{9.6.1-2}$$

图9.6.1-1为依据式(9.6.1-2)的计算结果与试验结果的比较,其相关系数为$R^2=0.86$。

基于试验结果可知，影响开孔板连接件抗剪承载力的主要因素是开孔板孔径、混凝土强度、孔中钢筋直径及屈服强度，其抗剪承载力由孔中混凝土、孔中钢筋以及孔中钢筋对混凝土约束的三部分作用构成。

为此，将孔中钢筋对混凝土的约束作用包含在孔中钢筋的作用中，对113个孔中有筋的开孔板连接件抗剪试验数据进行回归分析，得到可同时适用于有、无孔中钢筋的开孔板连接件抗剪承载力计算式：

$$V_u = 1.38(d^2 - d_s^2)f_{ck} + 1.24d_s^2 f_{sk} \tag{9.6.1-3}$$

式中：d——开孔板孔径；

d_s——孔中钢筋直径；

f_{ck}——混凝土抗压强度标准值；

f_{sk}——钢筋抗压强度标准值。

依据孔中无筋及有筋共计168个试件的试验结果，对计算式(9.6.1-3)的比较如图9.6.1-2所示，其相关系数为$R^2=0.89$。式(9.6.1-3)包含孔中混凝土作用和孔中钢筋及其对混凝土约束的作用两部分，物理意义明确，计算值同试验数据相比，具有较高的吻合度。且应用范围较广，可适用于孔中有、无钢筋，开孔板孔径35～90mm、混凝土强度等级C20～C70、孔中钢筋直径及屈服强度分别介于10～25mm、295～480MPa的开孔板连接件抗剪承载力计算。

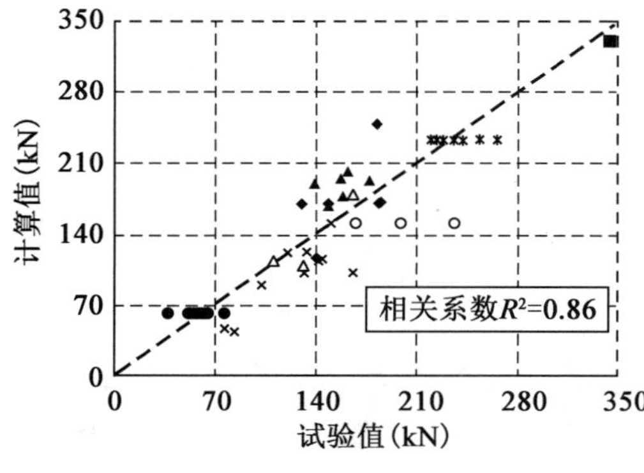

图9.6.1-1 孔中无筋连接件承载力的比较

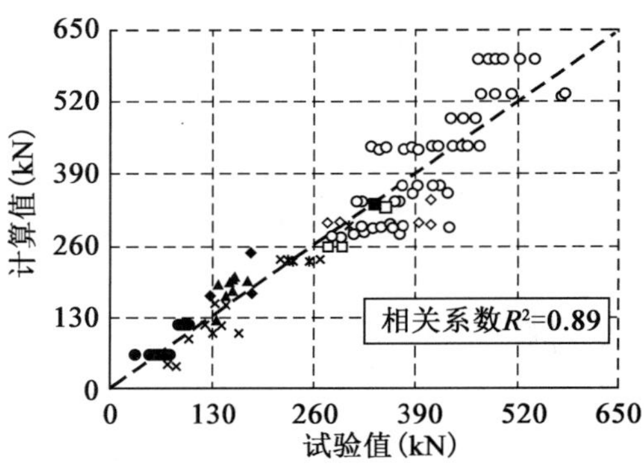

图9.6.1-2 开孔板连接件承载力的比较

进一步参考欧洲规范，将连接件抗剪承载力分项系数取1.25，将混凝土强度取设计值f_{cd}、钢筋强度取设计值f_{sd}，建议开孔板连接件抗剪承载力设计计算式为式(9.6.1-1)。与计算式(9.6.1-3)比较，通常情况下的安全系数约为1.7。

9.6.2 开孔板连接件抗剪刚度，可按下列公式计算：

$$k_{ps} = (0.27 + 0.14n_E n_d^2)E_c d \tag{9.6.2-1}$$

式中：k_{ps}——开孔板连接件的抗剪刚度；

n_E、n_d——孔中钢筋与混凝土的弹性模量比、直径比；

E_c——混凝土弹性模量；

d——开孔板孔径。

条文说明

为建立组合结构桥梁使用的开孔板连接件抗剪刚度计算方法，作者[54]以开孔板孔径、混凝土强度及弹性模量、孔中钢筋直径、强度及弹性模量等为变化参数，进行了60个模型试件的抗剪刚度试验，得到开孔板孔径、混凝土弹性模量、孔中钢筋有无与钢筋直径是开孔板连接件抗剪刚度的主要影响因素。分析各试件剪力—相对滑移曲线的切线与割线的斜率比值变化，提出了以相对滑移0.2mm对应的割线斜率为开孔板连接件抗剪刚度的取值方法。

为建立开孔板连接件抗剪刚度计算表达式，将开孔板连接件的孔中混凝土、钢筋及其两侧的延伸段取为受力隔离体，在孔口处承受集中剪力，依靠周围混凝土的约束作用提供支承反力。在加载初期，隔离体与周围混凝土均发生弹性变形，可比拟为组合截面的弹性地基梁，如图9.6.2-1所示。

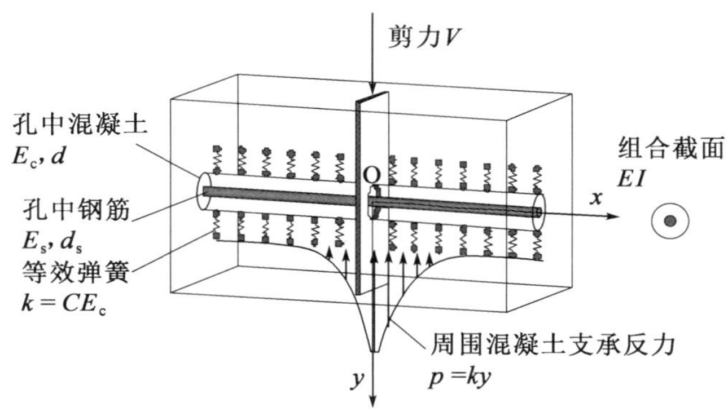

图9.6.2-1 开孔板连接件抗剪机理分析模型

孔中混凝土、钢筋的直径与弹性模量分别为d、d_s与E_c、E_s。开孔板厚度相对孔中钢筋长度较小，可将孔口传递的剪力等效为集中作用V。剪力主要由孔中混凝土及钢筋承担，两侧延伸段所受影响随距离增大而迅速减小，可等效为无限长梁。

周围混凝土模拟为连续弹性介质，单位长度支承刚度为$k = CE_c$，C为与混凝土材性相关的无量纲常数。以圆孔形心为原点，沿开孔板面外方向为x轴、沿开孔板抗剪纵向为y轴建立直角坐标系。

通过建立开孔板连接件比拟弹性地基梁计算模型，可得到开孔板连接件抗剪刚度的理论计算表达式：

$$k_{ps} = \sqrt[4]{\pi C^3}\sqrt[4]{1+(n_E-1)n_d^4}E_c d \tag{9.6.2-2}$$

式(9.6.2-2)中第1项系数是与混凝土材性相关的无量纲常数，可简化为待定常数 B_1；第2项系数为孔中钢筋对抗剪刚度的影响，当孔中钢筋与孔中混凝土的直径比 n_d 介于常用的0～0.4时，可近似为：

$$\sqrt[4]{1+(n_E-1)n_d^4} \approx 1+\frac{n_E n_d^2}{40} \tag{9.6.2-3}$$

除了孔中钢筋自身，其对混凝土约束作用也增加了开孔板连接件的抗剪刚度。为此，在近似式(9.6.2-3)的基础上，用待定常数 B_2 考虑孔中钢筋对混凝土约束的作用，将式(9.6.2-2)转化为：

$$k_{ps} = B_1\left(1+B_2\frac{n_E n_d^2}{40}\right)E_c d \tag{9.6.2-4}$$

其中，待定常数 B_1、B_2 可分别依据孔中无筋及有筋的开孔板连接件模型试验确定。

收集国内外46个孔中无筋的模型试验，基于理论计算表达式(9.6.2-4)进行最小二乘法回归分析，得到开孔板连接件孔中无筋时的待定系数 $B_1 = 0.27$。图9.6.2-2为计算结果与试验结果的比较，相关系数为 $R^2=0.94$。

针对孔中无筋及有筋的123个模型试验，基于理论计算表达式(9.6.2-4)进行最小二乘法回归分析，得到开孔板连接件孔中有、无筋时的抗剪刚度计算式(9.6.2-1)。如图9.6.2-3所示，依据式(9.6.2-1)的计算结果与试验结果的相关系数为 $R^2=0.93$，表明可用于钢—混凝土组合结构考虑结合面滑移作用的计算分析。

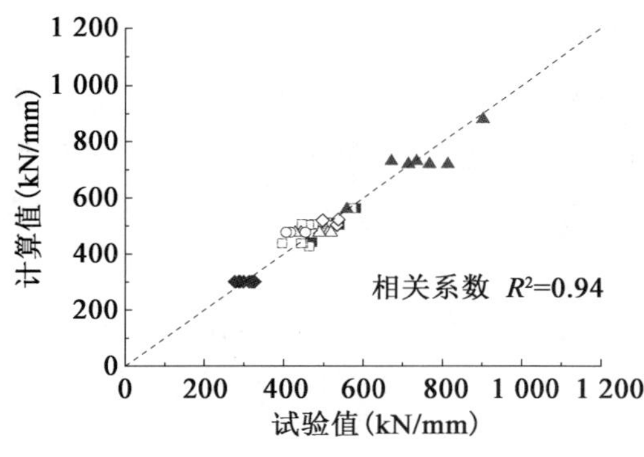

图9.6.2-2 孔中无筋时抗剪刚度的比较

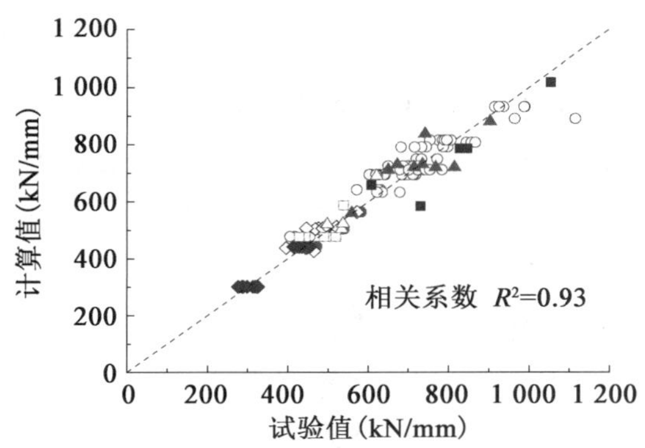

图9.6.2-3 开孔板连接件抗剪刚度的比较

9.7 结合部横向抗弯计算

9.7.1 结合部在承载能力极限状态下的横桥向弯矩作用，应按下列公式验算：

$$\gamma_0 M_d \leqslant M_{ud} \tag{9.7.1}$$

式中：γ_0——组合桥梁结构重要性系数；

M_d——承载能力极限状态下结合部横向弯矩设计值；

M_{ud}——横向弯矩承载力设计值。

条文说明

与组合钢板梁桥相比，折形钢腹板面外方向刚度较大，因此，要对作用于钢腹板与混凝土顶板结合部的横向弯矩进行验算。各种结合构造要确保横向弯矩承载力大于横桥向弯矩设计值。

9.7.2 翼缘型结合部焊钉连接件的单位长度横向弯矩承载力，可按下列公式进行计算：

$$M_{ud} = n_{st} e_{st} N_{st} \tag{9.7.2}$$

式中：M_{ud}——结合部单位长度横向弯矩承载力设计值；

N_{st}——焊钉的抗拉拔承载力设计值；

e_{st}——焊钉的横向间距；

n_{st}——单位长度受拉侧配置的焊钉数。

条文说明

翼缘型结合部采用焊钉连接件，其横向弯矩承载力取决于焊钉抗拉拔承载力以及最外侧焊钉的横向间距(图 9.7.2)[26,37]。

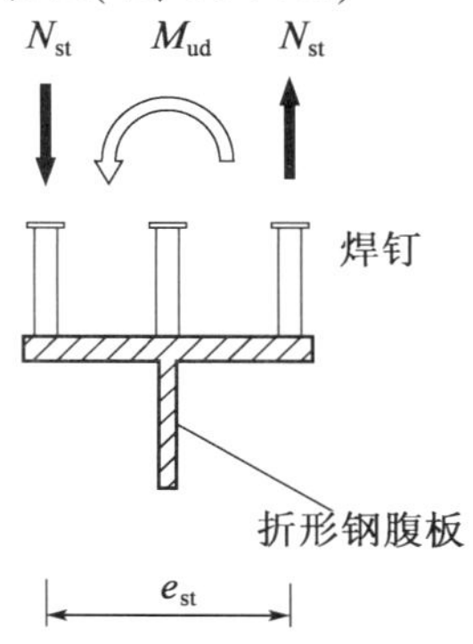

图 9.7.2 翼缘型结合部焊钉横向作用模型

依据拉拔力作用焊钉的破坏形式，焊钉抗拉拔承载力主要影响因素为混凝土的抗剪或者抗拉强度、圆锥体破坏面的表面积、焊钉的直径与屈服强度[24]，可参照相关研究成果进行计算。

9.7.3 翼缘型结合部开孔板连接件的单位长度横向弯矩承载力，可按下列公式进行计算：

$$M_{ud} = n_{pb} e_{pb} N_{pb} \tag{9.7.3-1}$$

式中：N_{pb}——开孔板连接件在翼缘板垂直方向上的抗拉拔承载力设计值；

e_{pb}——开孔板的间距；

n_{pb}——单位长度受拉侧开孔板的孔数。

条文说明

翼缘型结合部采用开孔板连接件，其横向弯矩承载力取决于开孔板抗拉拔承载力以及开孔板的横向间距（图 9.7.3）[26,37]。

开孔板连接件圆孔顶部到开孔板边缘的距离 c_{pb} 应满足以下要求：

$$c_{pb} \geqslant \frac{M_{ud}}{e_{pb} t_{pb} f_{vd}} \tag{9.7.3-2}$$

式中：c_{pb}——圆孔顶部到开孔板边缘的距离；

f_{vd}——钢板的抗剪强度设计值；

t_{pb}——开孔板的厚度；

e_{pb}——开孔板的横向间距。

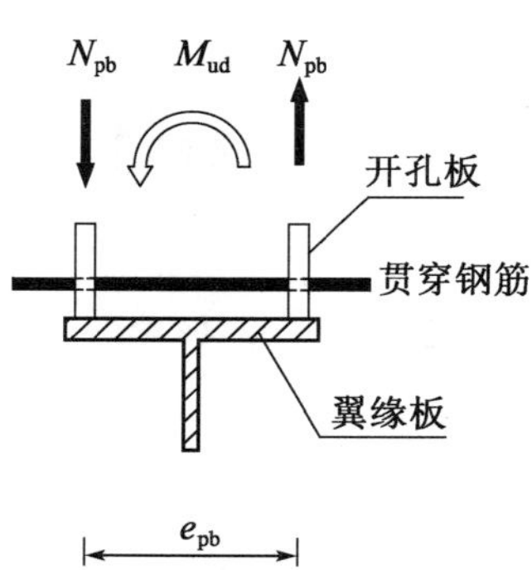

图 9.7.3 翼缘型结合部开孔板横向作用模型

9.7.4 嵌入型结合部在横向弯矩的作用下，应对开孔折形钢腹板竖向承剪、混凝土横向局部承压及折形钢腹板竖向承压等进行验算。

条文说明

嵌入型结合部当采用钢腹板开孔板连接件时，结合部在横向弯矩作用下的验算，包括开孔钢腹板竖向受剪、混凝土横向局部承压以及折形钢腹板竖向承压等的验算（图 9.7.4）[26,37]。

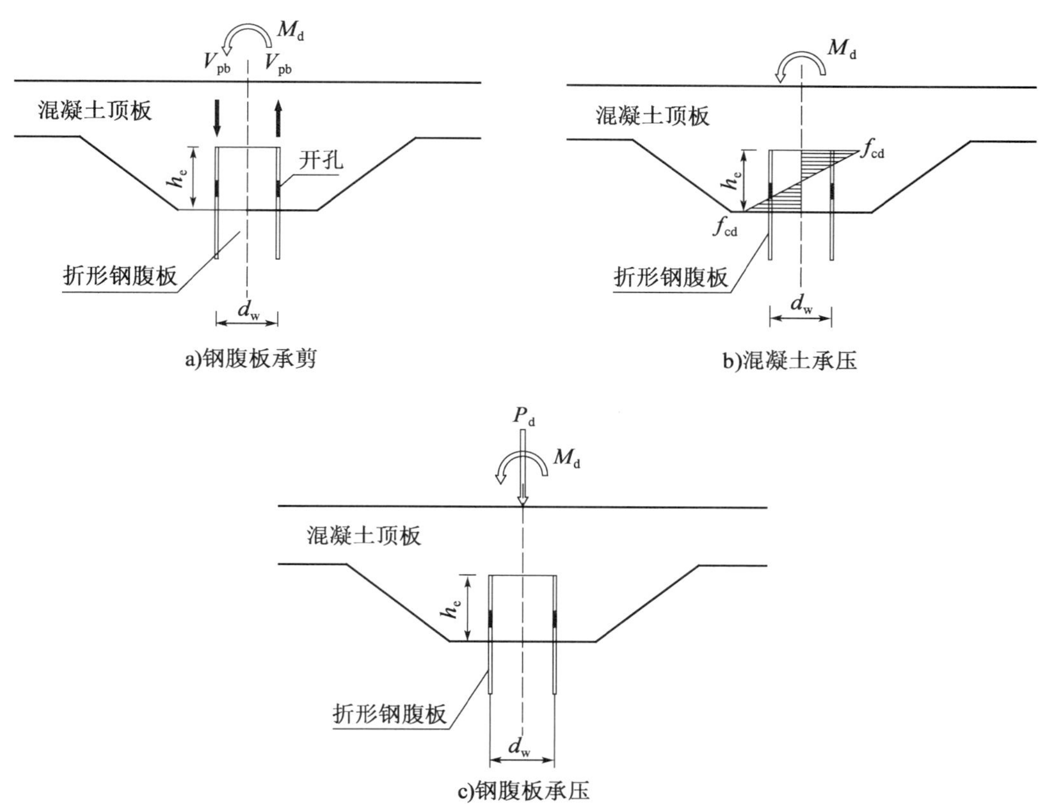

图 9.7.4 嵌入型结合部横向作用模型

1）钢腹板开孔板连接件的单位长度横向弯矩承载力设计值，可按下式进行计算：

$$M_{ud} = n_{pb} d_w V_{pb} \tag{9.7.4-1}$$

式中：V_{pb}——开孔板连接件抗剪承载力设计值，可按式（9.6.1-1）计算；

d_w——折形钢腹板折形高度；

n_{pb}——单位长度受拉侧配置的开孔板的孔数。

2）混凝土横向局部承压作用的单位长度横向弯矩承载力设计值，可按下式进行计算：

$$M_{ud} = \frac{1}{6} h_e^2 f_{cd} \tag{9.7.4-2}$$

式中：h_e——折形钢腹板嵌入深度；

f_{cd}——混凝土抗压强度设计值。

3）折形钢腹板竖向承压可按下式进行验算：

$$\frac{P_d}{A_w}+\frac{M_d}{W_w}\leqslant f_d \tag{9.7.4-3}$$

式中：M_d——结合部横向弯矩设计值；

P_d——作用于钢腹板顶端上的竖向压力设计值；

A_w——单位长度折形钢腹板的截面面积；

W_w——单位长度折形钢腹板的弯曲截面系数；

f_d——钢板抗压强度设计值。

10 折形钢腹板设计

10.1 一般要求

10.1.1 组合折腹桥梁的折形钢腹板设计,假定截面剪力全部由折形钢腹板承担,且沿截面高度方向剪应力均匀分布。

条文说明

依据组合折腹桥梁抗剪承载能力试验与理论分析,折形钢腹板可承担80%以上的截面剪力,且剪应力沿腹板高度方向均匀分布。为此,假定剪力全部由折形钢腹板承担,可简化设计偏于安全。

10.1.2 折形钢腹板设计应对持久状况承载能力极限状态、正常使用极限状态以及短暂状况的强度、稳定性进行验算。

条文说明

折形钢腹板设计应满足承载能力极限状态、正常使用极限状态以及施工验算(短暂状态)相关要求,其设计框图如图10.1.2所示。

折形钢腹板抗剪设计包括强度和稳定方面,即使用荷载作用应力限值、极限荷载作用下强度、局部和整体屈曲等方面的内容。

正常使用极限状态,剪应力不应超过剪应力限值。

承载能力极限状态,剪应力应小于屈服强度,确保钢腹板剪切应力满足强度要求后还要保证其稳定性。

一般通过限制腹板两弯折边间的平钢板段截面宽高比,防止折形钢腹板的局部屈曲,采用限制腹板折形高度的办法防止折形钢腹板的整体屈曲。短暂状态下的施工阶段,验算局部承压荷载剪切应力。进一步依据焊接、施工等要求进行构造设计。

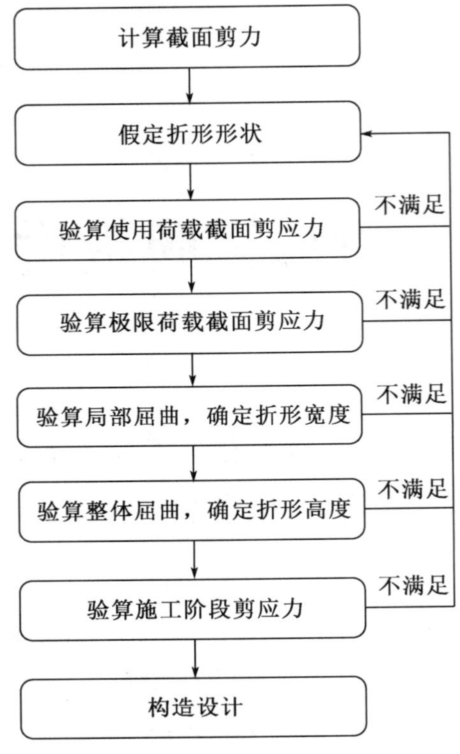

图 10.1.2　折形钢腹板设计框图

10.1.3　折形钢腹板稳定性验算,应考虑整体屈曲、局部屈曲以及合成屈曲三种失稳模态。

条文说明

折形钢板相比平钢板,具有较高的抗剪强度。但是随着桥梁跨径的增大,腹板的高度相应增加,且折形钢腹板厚度一般为 10 ~ 20mm,仅为混凝土腹板厚度的几十分之一,因此破坏形式由混凝土腹板剪切强度破坏转化为钢腹板的失稳破坏。如图 10.1.3 所示,折形钢腹板一般有局部屈曲、整体屈曲、合成屈曲三种失稳状态[37]。

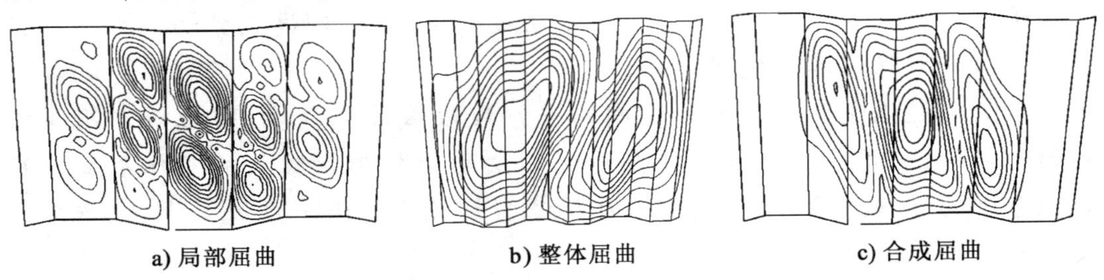

a) 局部屈曲　b) 整体屈曲　c) 合成屈曲

图 10.1.3　折形钢腹板屈曲模态

通过试验研究以及非线性有限元参数分析[26]，一般认为折形钢腹板具有以下的受力特点：

1）弯折形状比较稠密的钢腹板，在剪切荷载作用下易于发生整体屈曲破坏，屈曲时的侧向变位也比较大；

2）弯折形状比较稀疏的钢腹板，可能在屈曲破坏之前发生强度破坏，同时侧向变位较小；

3）随着折形高度的增加，折形钢腹板的屈曲模式有从整体屈曲向局部屈曲转化的趋势，极限荷载也相应有所降低；

4）折形钢腹板的剪切屈曲极限荷载随着腹板屈服强度与厚度的增加而增大。

10.2 折形钢腹板选型

10.2.1 组合折腹桥梁钢腹板截面选型，应依据桥梁跨径、截面高度、加工工艺及景观要求等综合因素合理选取。

条文说明

折形钢腹板截面选型应依据桥梁跨径、主梁高度、加工工艺及景观要求等综合因素进行选取。当跨径增大时，主梁截面高度增大，折形钢腹板整体稳定要求折形高度增加，但将使局部稳定降低。因此，折形钢腹板的折形板宽、折形高度需相互协调，同时应考虑加工设备对板厚的要求。

10.2.2 组合折腹桥梁初步设计选型折形钢腹板时，可依据给定的规格要求合理选取。

条文说明

通过承载能力极限状态、正常使用极限状态以及稳定性验算，并参考已建成的组合折腹桥梁钢腹板尺寸基本参数，给出了如表 10.2.2 所示的折形钢腹板几何尺寸。表中 L_w 为折形长度、a_w 为直板段长度、b_w 为斜板段投影长度、d_w 为腹板折形高度。

表 10.2.2 折形钢腹板的形状尺寸

形状规格	折形长度	形状尺寸参数		
	L_w(mm)	a_w(mm)	b_w(mm)	d_w(mm)
1000 型	1 000	280	220	160
1200 型	1 200	330	270	180

续上表

形状规格	折形长度	形状尺寸参数		
	L_w(mm)	a_w(mm)	b_w(mm)	d_w(mm)
1400 型	1 400	380	320	200
1600 型	1 600	430	370	220
1800 型	1 800	480	420	240

10.3 局部屈曲计算

10.3.1 折形钢腹板在承载能力极限状态下,为确保局部屈曲不在剪切屈服前发生,应满足下列公式要求:

$$\tau_{cr,L} \geqslant \frac{f_{vy}}{0.64} \tag{10.3.1-1}$$

式中:$\tau_{cr,L}$——折形钢腹板局部屈曲强度;

f_{vy}——钢板的剪切屈服强度。

条文说明

折形钢腹板在承载能力极限状态下,设计要求局部屈曲临界剪应力不低于现行《钢结构设计规范》(GB 50017)[57]抗剪强度设计值,其条件为:

$$\sqrt{\frac{f_{vy}}{\tau_{cr,L}}} \leqslant 0.8 \tag{10.3.1-2}$$

10.3.2 折形钢腹板局部屈曲应力可按下列公式进行计算:

$$\tau_{cr,L} = k_L \frac{\pi^2 E}{12(1-\nu^2)}\left(\frac{t_w}{a_w}\right)^2 \tag{10.3.2-1}$$

式中:E——钢板弹性模量;

ν——钢板泊松比;

a_w——折形钢腹板板条宽度(当斜板宽度 c_w 比平板宽度 a_w 大时,取 c_w);

t_w——折形钢腹板厚度;

k_L——局部剪切屈曲系数。

条文说明

局部剪切屈曲系数依据边界条件不同,在简支边界条件下:

$$k_L = 5.34 + 4.0\left(\frac{a_w}{h_w}\right)^2 \quad (10.3.2\text{-}2)$$

折形钢腹板局部屈曲表现为单个平板或斜板屈曲,假定折形钢腹板为一个个矩形板件,纵桥向相互约束而上下端由翼缘支撑,其局部剪切弹性屈曲应力依据经典板壳屈曲理论可得到。

依据已建组合折腹桥梁钢腹板的几何参数,可得实际桥梁参数 a_w/h_w 基本上小于 0.25。图 10.3.2 为 k_L 与 a_w/h_w 的关系,当 $a_w/h_w \leqslant 0.25$ 时,式(10.3.2-2)与 $k_L=5.34$ 的差值小于4.6%,因此建议初步设计偏安全考虑取简支边界条件 $k_L=5.34$。

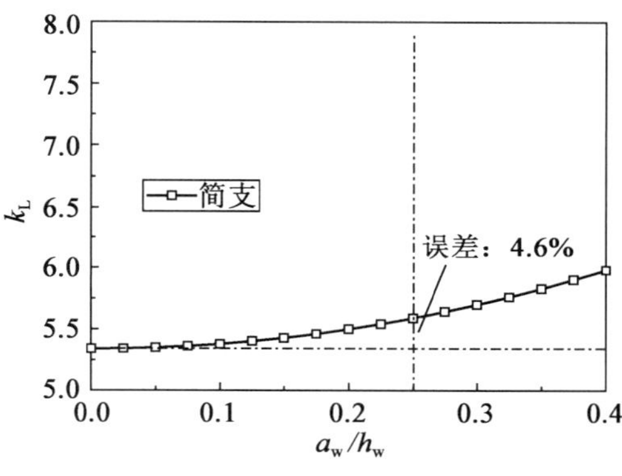

图 10.3.2 k_L 与 a_w/h_w 的关系

10.3.3 折形钢腹板平板宽度及斜板宽度的取值,应保证折形钢腹板的宽高比应符合下列公式的要求:

$$\frac{a_w}{h_w} \leqslant \frac{1}{0.865\sqrt{\dfrac{(h_w/t_w)^2}{\alpha_L^2} - 1}} \quad (10.3.3\text{-}1)$$

式中:α_L——折形钢腹板局部屈曲相关的系数。

条文说明

在假设弯折边间的腹板条处于四边简支状态时,将钢板屈服强度 f_{sy} 代入下式,可求出折形钢腹板局部屈曲相关的系数,即:

$$\alpha_L = 48.9\sqrt{\frac{345}{f_{sy}}} \quad (10.3.3\text{-}2)$$

为防止折形钢腹板局部屈曲,通常可限制腹板条的宽高比。当斜板条 c_w 与平板条 a_w 不同时,应对两者中的较大值按照式(10.3.3-1)进行计算。

图 10.3.3-1 为已建组合折腹桥梁折形钢腹板的形状尺寸参数与计算公式(10.3.3-1)的比较,实桥数据基本包含在设计计算式 $a_w/h_w \sim h_w/t_w$ 范围内。

为此,作者[58]针对不同钢板强度规格,制作了可防止折形钢腹板局部屈曲的腹板条设计曲线,如图 10.3.3-2 所示。折形钢腹板选型设计时,可按线性内插得到任意腹板截面高厚比 h_w/t_w 所对应的折形钢腹板的腹板条,即腹板条的宽高比的大小应位于曲线左下侧。

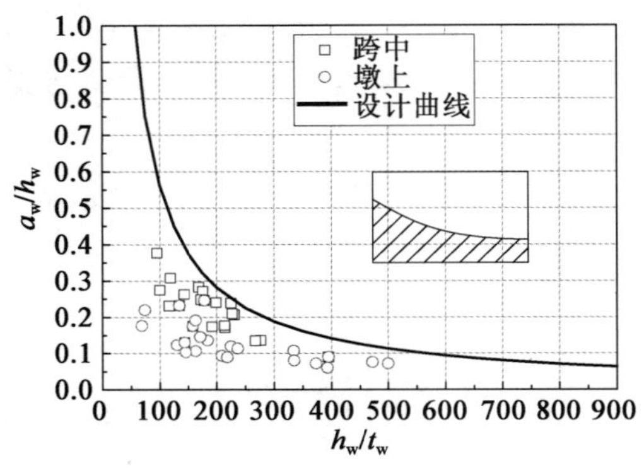

图 10.3.3-1 折形钢腹板板条宽高比的取值

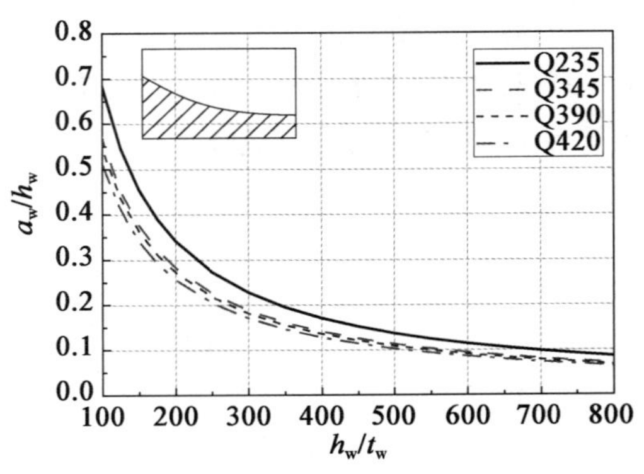

图 10.3.3-2 折形钢腹板板条设计曲线

10.4 整体屈曲计算

10.4.1 折形钢腹板在承载能力极限状态下,为确保整体屈曲不在剪切屈服前发生,应满足下列公式要求:

$$\tau_{cr,G} \geqslant \frac{f_{vy}}{0.64} \tag{10.4.1-1}$$

式中:$\tau_{cr,G}$——折形钢腹板整体屈曲强度;

f_{vy}——钢板的剪切屈服强度。

条文说明

折形钢腹板在承载能力极限状态下,设计要求整体临界剪应力不低于现行《钢结构设计规范》(GB 50017)抗剪强度设计值,其条件为:

$$\sqrt{\frac{f_{vy}}{\tau_{cr,G}}} \leqslant 0.8 \tag{10.4.1-2}$$

10.4.2 折形钢腹板整体屈曲应力可按下列公式进行计算:

$$\tau_{cr,G} = 36\chi \frac{D_y^{1/4} D_x^{3/4}}{t_w h_w^2} \tag{10.4.2-1}$$

其中：

$$D_x = \frac{Et_w^3\left[\left(\frac{d_w}{t_w}\right)^2 + 1\right]}{6\alpha_w} \tag{10.4.2-2}$$

$$D_y = \frac{Et_w^3}{12(1-\nu^2)}\alpha_w \tag{10.4.2-3}$$

式中：t_w——折形钢腹板厚度；

h_w——折形钢腹板截面高度；

d_w——折形形状高度；

α_w——折形钢腹板形状系数，取$\frac{a_w + b_w}{a_w + c_w}$；

χ——整体嵌固系数，简支边界条件为$\chi = 1.0$、固定边界条件为$\chi = 1.9$。

条文说明

折形钢腹板整体屈曲表现为整个腹板如同平板斜向对角屈曲。通常将折形钢腹板等效为各项异性平板推导其弹性整体屈曲应力。将式(10.4.2-2)、式(10.4.2-3)代入式(10.4.2-1)得出：

$$\tau_{cr,G} = k_G \frac{\pi^2 E}{12(1-\nu^2)}\left(\frac{t_w}{h_w}\right)^2 \tag{10.4.2-4}$$

其中整体剪切屈曲系数为：

$$k_G = \frac{36\chi}{\pi^2\sqrt{\alpha_w}}\left\{2\left[\left(\frac{d_w}{t_w}\right)^2 + 1\right](1-\nu^2)\right\}^{3/4} \tag{10.4.2-5}$$

实际组合折腹桥梁一般$0.9 < \alpha_w < 1.0$，以$\alpha_w = 0.9$、1.0，$\chi = 1.0$、1.9为变化系数，得出图10.4.2所示的k_G与d_w/t_w的关系。当$\alpha_w = 1.0$时，k_G的值小于$\alpha_w = 0.9$相应的值，差值为5.1%，为此，建议设计时，取$\alpha_w = 1.0$。将$\nu = 0.3$、$\alpha_w = 1.0$代入式(10.4.2-6)，可得出当χ分别为1.0、1.9时整体剪切屈曲系数的近似计算公式，即：

简支边界条件：

$$k_G = 5.72\left(\frac{d_w}{t_w}\right)^{1.5} \tag{10.4.2-6}$$

固结边界条件：

$$k_G = 10.86\left(\frac{d_w}{t_w}\right)^{1.5} \tag{10.4.2-7}$$

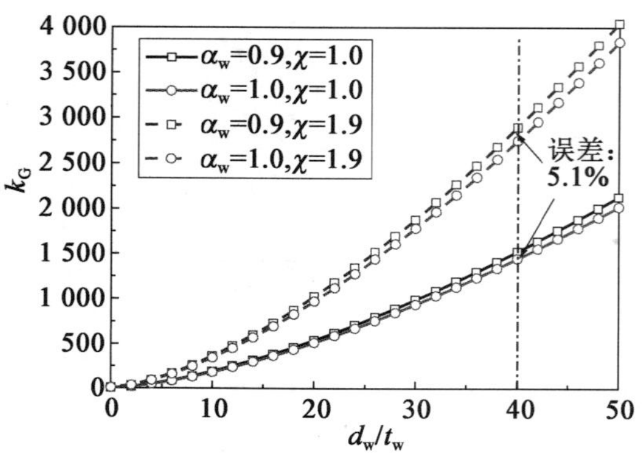

图 10.4.2 k_G 与 d_w/t_w 的关系

上述的整体剪切屈曲系数 k_G,仅考虑理想的简支与固结的约束条件进行的简化计算。组合折腹梁钢腹板受到上翼缘板、下翼缘板和横隔板的约束,边界约束并不能完全视为四边简支或四边嵌固这样理想的边界条件。如需准确计算,可将折形钢腹板在实际桥梁结构中受到的边界约束理想化为弹性扭转弹簧,理论推导基于弹性扭转约束边界的折形钢腹板弹性整体剪切屈曲系数计算式。

10.4.3 折形钢腹板折形高度应符合下列公式的要求:

$$\frac{d_w}{t_w} \geqslant \sqrt{\frac{1}{\sqrt[3]{(\alpha_G t_w/h_w)^8}} - 1} \tag{10.4.3-1}$$

式中:α_G——折形钢腹板整体屈曲相关的系数。

条文说明

在假设折形钢腹板四边处于简支状态时,将钢板屈服强度代入下式,可求出折形钢腹板整体屈曲相关的系数,即:

$$\alpha_G = 58.3\sqrt{\frac{345}{f_y}} \tag{10.4.3-2}$$

为防止折形钢腹板整体屈曲,通常可限制钢腹板的折形高度。图 10.4.3-1 为已建组合折腹桥梁折形钢腹板的形状尺寸参数与计算公式(10.4.3-1)的比较。实桥数据基本包含在设计计算式 $d_w/t_w \sim h_w/t_w$ 范围内。

为此,作者[58]针对不同钢板强度规格,制作了防止折形钢腹板整体屈曲的折形高度设计曲线,如图 10.4.3-2 所示。在折形腹板选型设计时,可按线性内插得到任意钢腹板截面高厚比 h_w/t_w 所对应的折形钢腹板的折形高度,即折形高度与厚度比的大小应位于曲线左上侧。

跨中
墩上
设计曲线
d_w/t_w
h_w/t_w

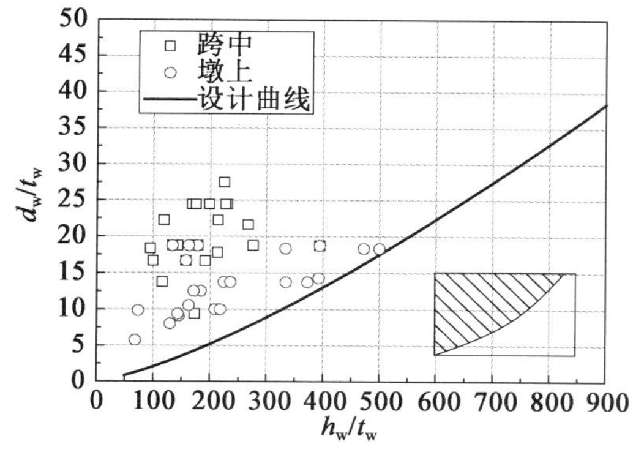

图 10.4.3-1　折形钢腹板折形高度比的取值

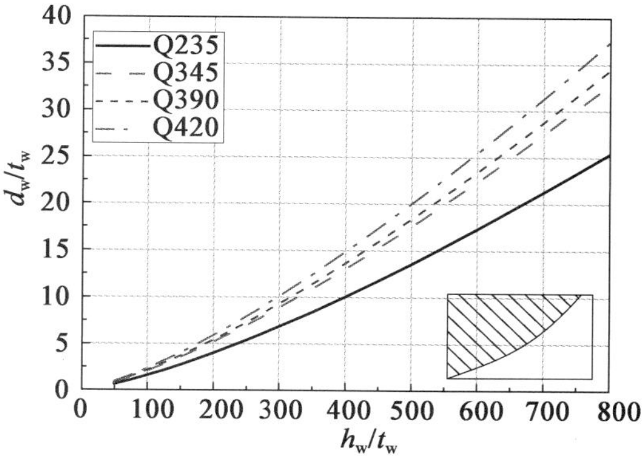

Q235
Q345
Q390
Q420
d_w/t_w
h_w/t_w

图 10.4.3-2　折形钢腹板折形高度设计曲线

10.5　合成屈曲验算

10.5.1　折形钢腹板局部屈曲强度和整体屈曲强度不低于钢板抗剪强度设计值,可不进行合成屈曲验算。

条文说明

折形钢腹板在承载能力极限状态下,折形钢腹板局部与整体屈曲强度均大于钢板抗剪强度设计值时,能够确保钢腹板屈服之前不发生屈曲破坏,可以不进行合成屈曲验算。

10.5.2　折形钢腹板需要考虑合成屈曲时,合成屈曲应力可按以下公式计算,受力及构造复杂时,应进一步依据有限元分析进行设计。

$$\tau_{cr,I} = k_I \frac{\pi^2 E}{12(1-\nu^2)}\left(\frac{t_w}{h_w}\right)^2 \tag{10.5.2-1}$$

式中:k_I——合成剪切屈曲系数;

t_w——钢腹板的厚度;

h_w——钢腹板截面高度。

条文说明

合成屈曲为局部屈曲和整体屈曲相互影响、共同作用的复杂屈曲模式,合成屈曲模式比局部与整体屈曲模式更难确定,因折形钢腹板几何尺寸而异。许多学者各自提出不同的合成屈曲应力与局部屈曲应力、整体屈曲应力的相互关系,其中最简单的表达式为:

$$\frac{1}{\tau_{\mathrm{cr,I}}}=\frac{1}{\tau_{\mathrm{cr,L}}}+\frac{1}{\tau_{\mathrm{cr,G}}} \tag{10.5.2-2}$$

式中：$\tau_{\mathrm{cr,I}}$——合成屈曲应力；

$\tau_{\mathrm{cr,L}}$——局部屈曲应力；

$\tau_{\mathrm{cr,G}}$——整体屈曲应力。

将式(10.3.2-1)、式(10.4.2-1)、式(10.5.2-1)代入式(10.5.2-2)，可得到合成屈曲系数 k_{I}，即：

$$k_{\mathrm{I}}=\frac{k_{\mathrm{L}}k_{\mathrm{G}}}{k_{\mathrm{L}}+k_{\mathrm{G}}\left(\frac{a_{\mathrm{w}}}{h_{\mathrm{w}}}\right)^{2}} \tag{10.5.2-3}$$

式(10.5.2-1)计算值若小于局部与整体剪切屈曲强度，弹性剪切屈曲应力值由合成屈曲控制。

将 $k_{\mathrm{L}}=5.34$ 与 $k_{\mathrm{G}}=5.72(d_{\mathrm{w}}/t_{\mathrm{w}})^{1.5}$ 代入式(10.5.2-3)，可得到简支边界条件下的 k_{I}，即：

$$k_{\mathrm{I}}=\frac{30.54}{5.34\left(\frac{d_{\mathrm{w}}}{t_{\mathrm{w}}}\right)^{-1.5}+5.72\left(\frac{a_{\mathrm{w}}}{h_{\mathrm{w}}}\right)^{2}} \tag{10.5.2-4}$$

将 $k_{\mathrm{L}}=8.98$ 与 $k_{\mathrm{G}}=10.86(d_{\mathrm{w}}/t_{\mathrm{w}})^{1.5}$ 代入式(10.5.2-3)，可得到固结边界条件下的 k_{I}，即：

$$k_{\mathrm{I}}=\frac{97.52}{8.98\left(\frac{d_{\mathrm{w}}}{t_{\mathrm{w}}}\right)^{-1.5}+10.86\left(\frac{a_{\mathrm{w}}}{h_{\mathrm{w}}}\right)^{2}} \tag{10.5.2-5}$$

10.6 折形钢腹板间连接计算

10.6.1 折形钢腹板间纵桥向可采用高强螺栓和焊接进行连接。

条文说明

折形钢腹板一般由于加工、运输及施工上的要求在纵向分割成节段，运到现场后再拼装，各块腹板间的连接通常是焊接或用高强螺栓。

图 10.6.1-1 给出两种用高强螺栓的连接形式。考虑到仅仅要求能够满足折形钢腹板的抗剪，可使用摩擦型高强螺栓。当采用单面摩擦时把两块腹板搭接在一起是最简单的连接形式，使用两块盖板的双面摩擦的实例较少。

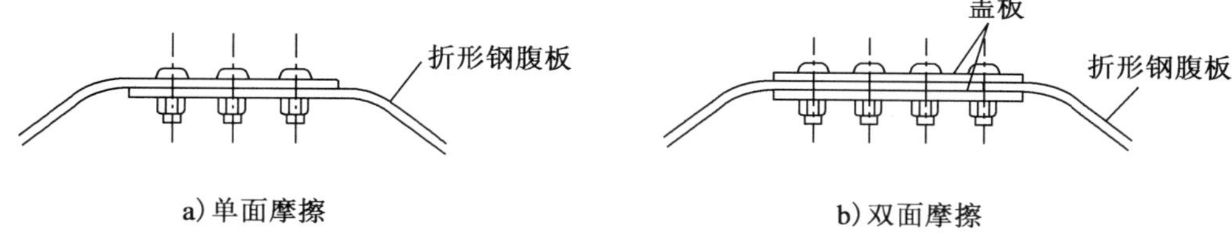

图 10.6.1-1　钢腹板间螺栓连接形式

图 10.6.1-2 给出折形钢腹板间焊接的两种连接形式。两块板对接在一起用坡口焊连接,强度方面容易得到充分保证,其优点是外观好,可是施工方面不是最好的选择。两块板搭接在一起用贴角焊连接,对于仅仅需要承担剪力的折形钢腹板来说,是比较好的方式之一。

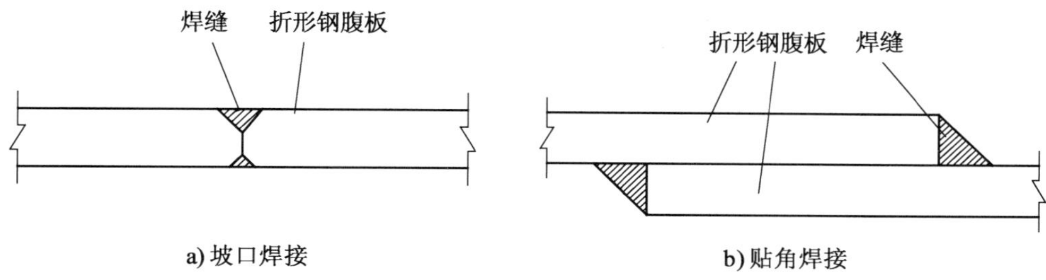

图 10.6.1-2　钢腹板间焊接连接形式

10.6.2　折形钢腹板采用高强螺栓连接时,连接处使用的螺栓根数应满足下列公式要求:

$$n \geqslant \frac{V_{\mathrm{d}}}{N_{\mathrm{v}}^{\mathrm{b}}} \tag{10.6.2}$$

式中:n——螺栓数量;

V_{d}——连接处竖向剪力设计值;

$N_{\mathrm{v}}^{\mathrm{b}}$——单根螺栓抗剪承载力设计值。

条文说明

折形钢板与以往的平钢板间的连接不同,折形钢板在桥梁纵向刚度极小,不需要承担轴力,仅仅需要考虑如何有效地承担剪力,因此螺栓数量应满足连接处竖向抗剪的要求。

10.6.3　折形钢腹板高强螺栓连接时,单根螺栓抗剪承载力设计值可按下列公式计算:

$$N_v^b = 0.9 n_f \mu P \tag{10.6.3}$$

式中：n_f——传力摩擦面数；

μ——钢板间摩擦系数；

P——高强度螺栓的预拉力。

条文说明

折形钢腹板高强螺栓连接，其抗剪承载力与折形钢板连接处接触面的处理方式以及高强螺栓的预拉力等因素有关，连接处摩擦面的摩擦系数依据不同的处理方式取值如表 10.6.3-1 所示，高强螺栓依据不同性能等级与直径，其预拉力取值如表 10.6.3-2 所示[57]。

表 10.6.3-1　钢板间摩擦系数

连接处接触面处理方法	钢　　种		
	Q235	Q345、Q390	Q420
喷砂（抛丸）	0.45	0.50	0.50
喷砂（抛丸）后涂无机富锌漆	0.35	0.40	0.40
喷砂（抛丸）后生赤锈	0.45	0.50	0.50
钢丝刷清除浮锈或未经处理的干净轧制表面	0.30	0.35	0.40

表 10.6.3-2　高强螺栓的预拉力 P（kN）

螺栓性能等级	螺栓公称直径（mm）					
	M16	M20	M22	M24	M27	M30
8.8 级	80	125	150	175	230	280
10.9 级	100	155	190	225	290	355

10.6.4　折形钢腹板焊缝连接时，搭接直角焊缝作用的剪应力，可按下列进行计算：

$$\tau_f = \frac{V_{fd}}{0.7 h_f \sum l_f} \leqslant f_f^w \tag{10.6.4}$$

式中：V_{fd}——焊缝承担的竖向剪力设计值；

f_f^w——角焊缝的强度设计值；

h_f——角焊缝的焊脚尺寸；

l_f——焊缝的计算长度，对每条焊缝，取其实际长度减去 $2h_f$。

条文说明

折形钢腹板焊缝连接时,搭接直角焊缝应满足竖向抗剪要求,搭接直角焊缝剪力作用下的应力与角焊缝的计算长度与焊脚尺寸有关,且应低于焊缝强度设计值[57]。

10.7 折形钢腹板与翼缘板焊接计算

10.7.1 折形钢腹板与翼缘板的贴角焊缝,可换算成等效截面进行计算。

条文说明

折形钢腹板与翼缘板的贴角焊缝为折叠形状,为方便计算,将其转换为翼缘宽度为平板段长度 a_w、高度为折形钢腹板高度 h_w、腹板厚度为等效厚度 t_{we} 的工字型截面计算等效焊缝厚度见图 10.7.1。其中等效厚度可按下式计算,即:

$$t_{we} = \frac{2c_w t_w}{h_w - t_w} \tag{10.7.1}$$

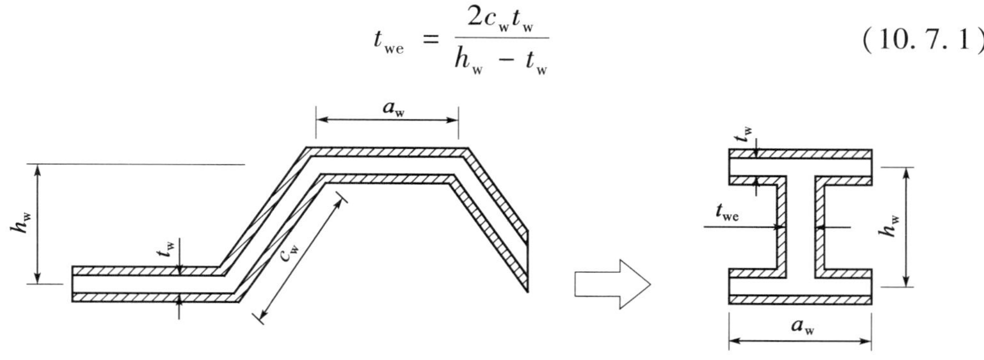

图 10.7.1 贴角焊缝等效截面

10.7.2 焊接连接在承载能力极限状态下纵桥向和横桥向的合成应力,按照下列公式验算:

$$\left(\frac{\tau_{fv}}{f_f^w}\right)^2 + \left(\frac{\sigma_{fM}}{\beta_f f_f^w}\right)^2 < 1 \tag{10.7.2-1}$$

式中:τ_{fv}——连接焊缝承载能力极限状态下的纵桥向剪应力;

σ_{fM}——连接焊缝承载能力极限状态下的横向弯曲应力;

f_f^w——角焊缝的强度设计值;

β_f——正面角焊缝的强度设计值增大系数:对承受静力荷载和间接承受动力荷载的结构,$\beta_f = 1.22$;对直接承受动力荷载的结构,$\beta_f = 1.0$。

条文说明

折形钢腹板与翼缘板的贴角焊缝在承载能力极限状态下，纵桥向剪应力和横桥向弯曲应力应满足式(10.7.2-1)的焊缝强度要求。

纵桥向承受的剪应力应满足下式的焊缝强度要求：

$$\tau_{fv} = \frac{V_{fd}}{0.7h_f \sum l_f} \leqslant f_f^w \tag{10.7.2-2}$$

式中：V_{fd}——水平剪力设计值；

h_f——角焊缝的焊脚尺寸；

l_f——焊缝的计算长度，对每条焊缝取其实际长度减去$2h_f$。

横桥向承受的弯曲应力，应满足下式的焊缝强度要求：

$$\sigma_{fM} = \frac{6M_{fd}}{(0.7h_f)^2 \sum l_f} \leqslant f_f^w \tag{10.7.2-3}$$

式中：σ_{fM}——横向弯曲产生的正应力；

M_{fd}——横向弯矩设计值。

11 桥面板设计

11.1 一般要求

11.1.1 组合折腹桥梁混凝土桥面板设计的一般规定，可参照现行《公路钢筋混凝土及预应力混凝土桥涵设计规范》(JTG D62)的有关要求。

条文说明

组合折腹桥梁桥与预应力混凝土梁桥一样，采用基本相同方法进行桥面板的设计。但是，因折形钢腹板的刚度比通常的混凝土腹板小，设计中应考虑这一不同点。

11.1.2 桥面板最小厚度设计应满足安全性、施工性要求。两腹板间的桥面板按简支板计算，悬臂部分按悬臂板计算。

条文说明

现行《公路钢筋混凝土及预应力混凝土桥涵设计规范》(JTG D62)对板的构造作了规定，对组合折腹桥梁，桥面板厚度宜大于一般预应力混凝土梁桥。

11.2 截面内力计算

11.2.1 组合折腹桥梁桥面板的计算跨径，参照现行《公路钢筋混凝土及预应力混凝土桥涵设计规范》(JTG D62)相关要求。

条文说明

现行《公路钢筋混凝土及预应力混凝土桥涵设计规范》(JTG D62)对桥面板的计算跨径做了相关规定，组合折腹桥梁桥面板可进行参考。

11.2.2 组合折腹梁可用平面框架模型进行横向计算分析，当桥面板跨径超过6m及单箱多室截面时,宜采用三维有限元模型进行横向分析。

条文说明

平面框架模型将横截面简化成由顶、底板与腹板组成的箱梁框架计算模型进行受力计算,钢腹板与顶、底板结合部做刚结处理,将钢腹板的重心间距视为腹板间距,折形钢腹板的刚度考虑形状系数进行等效,且简化分析假定钢腹板与顶底板结合部完全刚性连接。

11.3 桥面板验算

11.3.1 承载能力极限状态下,桥面板横桥向荷载作用时一般忽略正截面弯曲与轴力验算。

条文说明

桥面板沿桥轴向的弯矩与轴力应满足正截面抗弯设计,不再单独进行验算。

11.3.2 正常使用极限状态下,桥面板横桥向荷载作用时按预应力混凝土桥面板或混凝土桥面板计算应力。

条文说明

组合折腹桥梁的桥面结构,正常使用极限状态下,横向弯矩和轴力作用的计算参照现行《公路钢筋混凝土及预应力混凝土桥涵设计规范》(JTG D62)中相关规定,且考虑桥面板全宽进行应力计算。

11.3.3 正常使用极限状态下,荷载作用混凝土桥面板抗裂性按照现行《公路钢筋混凝土及预应力混凝土桥涵设计规范》(JTG D62)中相关规定进行验算。

条文说明

正常使用极限状态下,组合折腹桥梁桥面板若按全预应力结构设计,荷载效应频遇组合下桥面板不允许出现拉应力。若按A类预应力混凝土构件设计,荷载效应频遇组合下桥面板横向拉应力应小于相应限值,荷载效应准永久组合下桥面板不允许出现拉应力。若按B类预应力混凝土构件或钢筋混凝土构件设计,应按荷载效应频遇组合并考虑长期效应的影响进行验算,计算的最大裂缝宽度应小于相应限值。

12 横隔梁(板)设计

12.1 一般要求

12.1.1 组合折腹梁桥在支点应设置混凝土端横梁，折线形梁底板折角处以及跨内适当位置应设置混凝土横隔板。

条文说明

如图 12.1.1-1 和图 12.1.1-2 所示，以单箱单室截面及单箱三室截面的两座实桥为例，将跨中折形钢腹板换为相应混凝土腹板，比较组合折腹箱梁桥和混凝土箱梁桥单位长度横向抗弯刚度及抗扭刚度的变化。

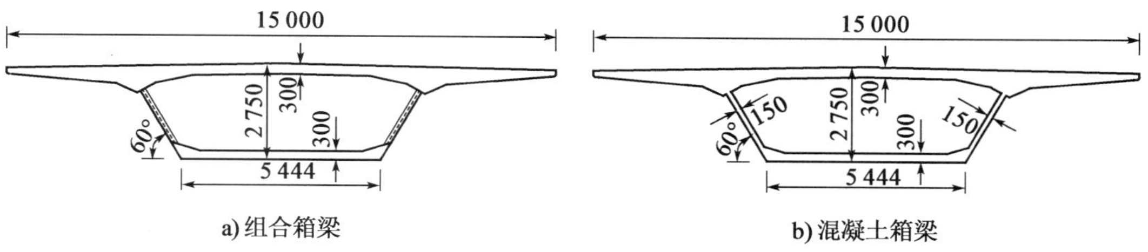

图 12.1.1-1 单箱单室截面比较(尺寸单位:mm)

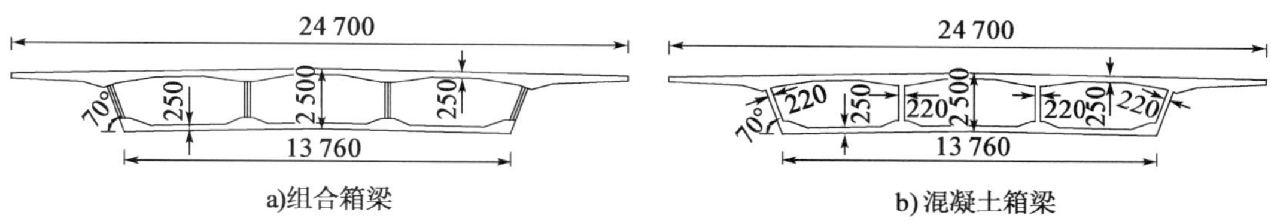

图 12.1.1-2 单箱多室截面比较(尺寸单位:mm)

如表 12.1.1 所示，组合折腹梁桥与混凝土梁桥相比较，其抗扭刚度及其横向抗弯刚度都有较大程度减小，故不仅要在支座处设置横隔梁，同时也要在跨径内适当布置横隔板。

表 12.1.1 组合折腹梁与混凝土梁刚度比较

截面形式	单箱单室			单箱三室		
	组合梁 A_1 ($\times 10^6 N \cdot m^2$)	混凝土梁 B_1 ($\times 10^6 N \cdot m^2$)	$\frac{A_1}{B_1}$	组合梁 A_2 ($\times 10^6 N \cdot m^2$)	混凝土梁 B_2 ($\times 10^6 N \cdot m^2$)	$\frac{A_2}{B_2}$
横向抗弯刚度	87 747.2	112 551.6	0.78	856 088.0	1 123 762.0	0.76
跨中抗扭刚度	140 924.2	180 869.8	0.78	194 019.9	308 102.6	0.63

12.1.2 组合折腹梁桥跨内应设置不少于 2 道的中间横隔板,并且要保证具有足够的刚度。

条文说明

依据已建组合折腹梁桥的统计数据,对于单箱单室截面,跨中至少应设置不少于 2 道中间横隔板,间距一般介于 10 ~25m 之间[37]。

曲线箱梁桥表现出复杂的扭转与畸变行为,同时存在弯扭耦合作用,即畸变产生的翘曲正应力与横向弯曲正应力。对曲线桥梁,可通过合理设置横隔板有效控制在一定的水平。

图 12.1.2 为广州鱼窝头桥照片,平面曲率半径为 110m、跨径布置为 35m + 50m + 35m 的三跨曲线组合折腹箱梁桥。以该桥为例,改变边跨及中跨的横隔布置方案,研究在最不利偏心汽车荷载工况下结构产生的最大纵向畸变正应力与对称弯曲荷载(包括恒载)作用下最大正应力的比值变化[33]。

图 12.1.2 曲线组合折腹箱梁桥

表 12.1.2 为横隔板布置不同时的底板纵向正应力,表中畸变荷载为偏心荷载除去相应对称荷载后的结果。随着中跨及边跨的横隔数量的增加,横隔间距减小,箱梁内侧和外侧的畸变应力占对称弯曲应力的比值明显降低。

表 12.1.2 横隔板布置不同时的底板纵向正应力(MPa)

序号	布置方案	恒载 σ_w		对称活载 σ_s		畸变荷载 σ_d		$\sigma_d/(\sigma_w+\sigma_s)$	
		内侧	外侧	内侧	外侧	内侧	外侧	内侧	外侧
1	中跨 2 道横隔 边跨 1 道横隔	-7.52	-9.78	1.37	0.86	-0.94	0.80	0.153	0.090
2	中跨 3 道横隔 边跨 2 道横隔	-8.64	-8.64	1.04	0.87	-0.86	0.76	0.113	0.098
3	中跨 4 道横隔 边跨 3 道横隔	-8.30	-8.90	0.96	0.91	-0.71	0.60	0.097	0.075
4	中跨 5 道横隔 边跨 3 道横隔	-8.27	-8.68	0.95	0.92	-0.62	0.52	0.085	0.067
5	中跨 6 道横隔 边跨 4 道横隔	-8.63	-8.70	0.92	0.93	-0.66	0.54	0.086	0.069
6	中跨 7 道横隔 边跨 5 道横隔	-8.12	-8.53	0.94	0.92	-0.61	0.51	0.085	0.067
7	中跨 11 道横隔 边跨 7 道横隔	-7.94	-8.28	0.93	0.92	-0.55	0.46	0.078	0.063

12.2 横隔梁(板)设计要求

12.2.1 组合折腹梁桥横隔梁(板)设计,可参考预应力混凝土梁桥横梁(板)设计,横梁(板)截面的极限承载力、抗裂、变形、应力等,应参照现行《公路钢筋混凝土及预应力混凝土桥涵设计规范》(JTG D62)的相关要求。

条文说明

组合折腹梁桥横隔梁(板)设计,在设计荷载作用下,可以将横隔梁(板)简化为简支于腹板的梁或墙梁设计计算。在极限荷载作用下,宜采用有限元进行结构分析,并按照拉应力大小与分布设置钢筋,且承载性能、抗裂性能、变形与应力需满足现行《公路钢筋混凝土及预应力混凝土桥涵设计规范》(JTG D62)的相关要求。

12.2.2 组合折腹梁桥支点横隔梁(板)设计,应确保将混凝土桥面及折形钢腹板承受的荷载安全可靠的传递给下部结构。

条文说明

支点横梁提高组合折腹梁的抗扭性能、有效传递荷载至下部结构,同时锚固体内外预应力筋，必要时采用钢筋进一步加强。

12.2.3 组合折腹梁采用体外预应力结构体系时，横隔梁（板）设计应能满足预应力锚固与转向的作用。

条文说明

跨内横隔板常与转向块设计成一体，在横隔板的设计中，除通常的荷载所引起的截面力之外，对于由于体外预应力筋的锚固和弯折所导致的局部作用力，应进行局部验算。在具有梁高变化的组合折腹梁桥中，底板有时会设置成弯折线，由于在底板的弯折变化处会发生局部应力，应设置横隔板或横肋等进行加强。

12.3 转向结构设计

12.3.1 组合折腹梁桥转向结构设计，应考虑折形钢腹板刚度相对较小等因素，合理选用转向结构形式。

条文说明

体外预应力筋的转向结构是确保组合折腹梁桥整体性能的重要构造。对转向块上体外预应力的侧压力等作用在梁体上所发生的应力，应进行合理的计算分析，以确保所要求的承载能力以及耐久性。

转向结构可采用以下4种构造形式，如图12.3.1所示[37]。

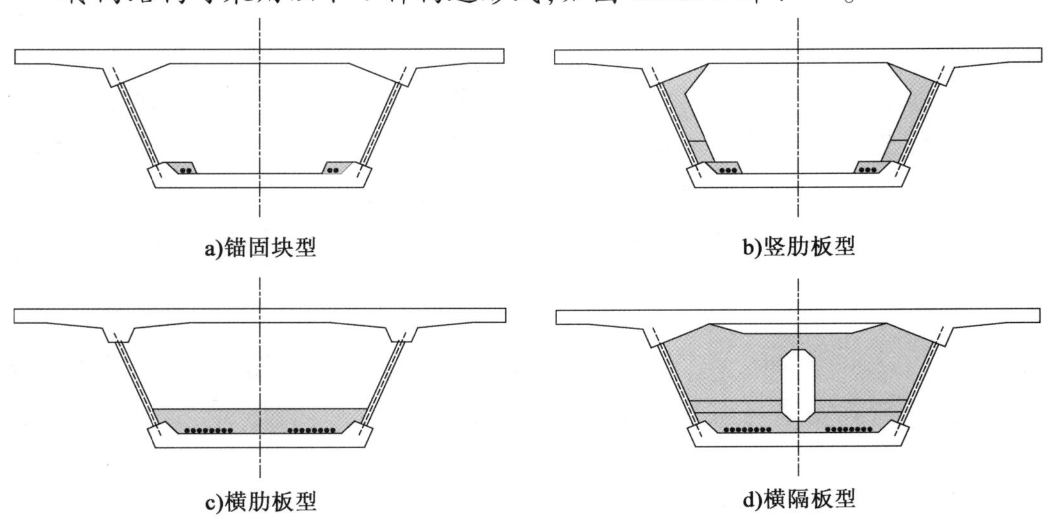

图12.3.1 转向结构构造形式

肋板型(竖肋、横肋)转向结构对折形钢腹板的受力影响较大、锚固块型转向结构对混凝土板的影响较大,对这两种形式的转向结构应进行局部应力计算分析。

悬臂架设时的体外预应力筋转向结构,通常设计为横隔板形式,因为折形钢腹板的面外方向刚度较小,横隔板可增大箱梁悬臂施工时的刚度。

当采用连续钢绞线,垂直方向的倾斜角较大时,由于折形钢腹板的刚度较小,转向结构应优先选取横隔板或垂直肋板的形式。横隔板与钢腹板间可用焊钉结合,但两者不结合的案例也有。

12.3.2 重视转向结构主梁预应力产生的偏心力,并验证转向结构的安全性。

条文说明

当体外预应力筋具有曲率较小的平面线形时,会在体外预应力筋的转向块发生水平分力,应将其与垂直分力组合后计算局部应力,并作必要的加强。另外,因转向块与主梁的重心位置的偏移,导致过大的扭矩时,设计上应作相应的处理。

12.3.3 组合折腹梁桥转向结构制作时,应避免施工误差产生预应力二次应力。

条文说明

转向结构制作应严格按照设计图纸进行,控制施工精度,避免位置误差导致发生预应力二次应力。

12.3.4 设计锚固结构及转向结构时,应考虑体外预应力筋的可更换性。

条文说明

体外预应力筋的锚固结构以及转向结构,应考虑可能因荷载条件的变更而增加的钢束,或当体外索发生破损等的不利情况时的体外索须更换等情况,宜在锚固结构及转向结构上设置预备的锚固部以及预备用孔。

13 构造细节设计

13.1 截面构造

13.1.1 组合折腹桥梁截面总体布置与尺寸应合理设计，依据桥幅宽度、跨径确定组合折腹桥梁的梁高、截面宽度、腹板中心间距。

条文说明

组合折腹梁桥整体受力特点与普通预应力混凝土梁桥基本一致，总体设计可参照普通预应力混凝土梁桥。我国预应力连续梁(刚构)桥根部梁高常取为跨度的1/16.7～1/48.8，跨中梁高常取为跨度的1/35～1/58。对于组合折腹梁桥，提高梁高可以增大截面抗弯承载能力，所以组合折腹梁桥的梁高选择一般略高于普通预应力混凝土梁桥。

13.1.2 组合折腹桥梁截面顶板、底板的板厚，应根据纵向和横向预应力布置及结构受力要求来确定。

条文说明

依据部分已建组合折腹梁桥，单箱单室截面可参考以下经验取值：

1)顶板与腹板结合处设置承托构造时，顶板厚度可在25～30cm之间取值，板内有纵、横向体内预应力钢束时选较大值，板内无体内纵向预应力钢束时选较小值；

2)悬臂板端部厚度按满足横向预应力钢束和防撞栏钢筋锚固尺寸要求取值，一般可为18～25cm，悬臂板根部厚度一般与箱内顶板在承托底部处的厚度一致；

3)底板厚度可依据是否布置体内纵向预应力钢筋确定，最小厚度可分别取25cm与20cm。

13.1.3 组合折腹桥梁悬臂板端部厚度，按满足横向预应力钢筋和防撞护栏钢筋锚固尺寸要求取值，腹板中心至悬臂板端部的悬臂板长度，不宜超过腹板中心间距的0.45倍。

条文说明

组合折腹梁悬臂端的厚度除满足腹板支点位置横向负弯矩计算要求外，还应满足横向预应力及防撞竖向钢筋的锚固构造要求。悬臂板长度按照普通预应力混凝土箱梁要求不超过中心间距的0.45倍。

13.2 折形钢腹板

13.2.1 折形钢腹板形状的选取，应综合考虑结构受力、工厂的制作能力、运输限制尺寸、现场吊装和拼装要求、经济性、景观等因素确定。

条文说明

折形钢腹板的形状尺寸，应当根据工程实际来选定最合适的弯折形状。在确保抗剪承载力及稳定性的条件下，应从景观效果、经济合理性等因素进行综合考虑，不局限于选用给定的尺寸规格。

13.2.2 折形钢腹板的最小板厚一般为8mm，在焊接性能可保证的情况下，可取板厚6mm。

条文说明

折形钢腹板相对平钢板具有很大的抗剪承载力，在跨径较小的桥梁中，一般不需要使用较厚的腹板，在实桥中也有使用厚度6mm的钢板。钢腹板板厚加大，材料费用增加的同时，对加工设备的能力要求提高。

13.2.3 折形钢腹板冷弯加工弯曲半径，一般不宜小于15倍的板厚。

条文说明

折形钢腹板的弯曲加工半径一般要求不小于板厚的15倍，但也有弯曲半径选用7倍的实桥，应考虑各方面因素进行确定。

13.2.4 折形钢腹板间的连接，可采用焊接和高强螺栓连接，在选用贴角焊接连接时，一般宜设置临时固定螺栓。

条文说明

折形钢腹板一般由于加工、运输及施工上的要求，在纵向分割成节段，运到现场后再拼装。各节段纵桥向通常采用焊接与高强螺栓连接，折形钢腹板间搭接焊接时，可设置临时焊接固定。

13.2.5 组合折腹桥梁钢腹板与顶底板混凝土间采用翼缘型结合时，连接处的翼缘板纵向连接间宜留一定的间隙，同时折形钢腹板顶面切圆角，以避免焊缝与翼缘板焊缝相交。

条文说明

折形钢腹板与混凝土顶、底板采用翼缘型结合方式时，翼缘板在腹板纵向连接位置处留有一定的间隙，且钢腹板顶面切圆角，均为了避免应力集中，提高疲劳性能[37]。

13.2.6 当排水管通过折形钢腹板或多室箱梁各室之间在折形钢腹板上设置检查孔时，应对钢板开孔部位双面焊接钢板进行加强，不可在冷弯部位焊接。

条文说明

为了对组合折腹梁桥进行维护，通常需要对结构进行周期性检查，当折形钢腹板设置检查过人孔时，通常采用双面焊接钢板加强，并满足焊接评定要求。

13.3 结合部构造

13.3.1 组合折腹桥梁钢与混凝土结合部，主要有钢腹板与混凝土的顶底板、支点横隔梁以及跨内横隔板等的结合，应合理选用结合构造和连接件形式。

条文说明

组合折腹桥梁结合部主要包括钢腹板与混凝土的顶底板、支点横隔梁以及跨内横隔板等的结合。

折形钢腹板与混凝土顶、底板的连接，是组合折腹梁桥中最重要的构造部位，必须能够准确传递作用于其连接部的纵桥向水平剪力及抵抗因轮载所导致的与桥轴成直角方向的桥面板角隅弯矩。

折形钢腹板与支点横隔梁以及跨内横隔板的连接，应确保整个箱梁截面成为一体，提高横向抗弯和抗扭能力。

组合折腹桥梁钢与混凝土结合部，其结合形式与连接件形式应综合考虑构造的合理性、施工可行性、结构耐久性等综合因素进行选取。

13.3.2 折形钢腹板与支点横隔梁(板)的结合方式,应根据横隔梁构造、结构受力、耐久性等因素综合确定。

条文说明

折形钢腹板与支点横隔梁(板)结合,应确保支点剪力有效传递至下部结构,且提高截面横向抗弯和抗扭能力。折形钢腹板与支点横隔梁(板)的结合方式有翼缘型连接和嵌入型连接(图 13.3.2)。连接部应采用硅胶等止水材料密封,防止水分渗入,提高耐久性能[35]。

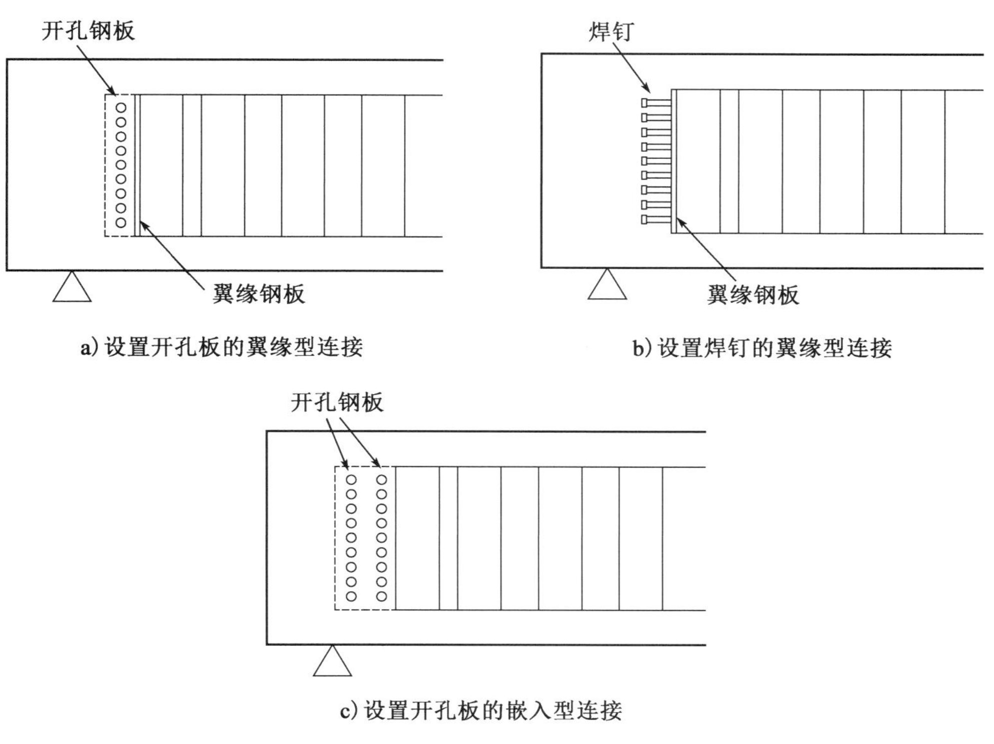

a) 设置开孔板的翼缘型连接

b) 设置焊钉的翼缘型连接

c) 设置开孔板的嵌入型连接

图 13.3.2 钢腹板与支点横隔梁的结合形式

13.3.3 折形钢腹板与跨内横隔梁(板)的结合方式,应考虑横隔梁(板)是否兼作转向结构等因素,合理选用结合构造。

条文说明

折形钢腹板与跨内横隔梁(板)的连接方式有焊钉连接、开孔板连接

(图 13.3.3)。结合部应采用硅胶等止水材料密封,防止水分渗入。

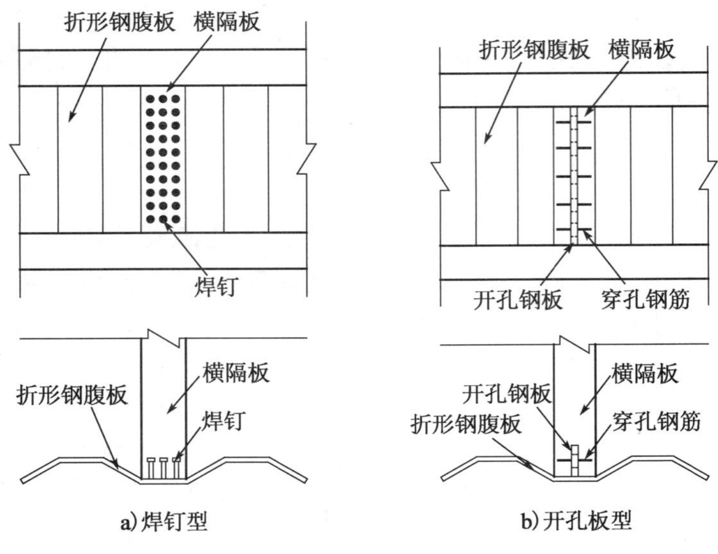

图 13.3.3　钢腹板与跨内横隔板的结合形式

13.3.4　组合折腹桥梁支点两侧的折形钢腹板内侧,应在一定长度范围内内衬混凝土,并合理布置钢筋和连接件。

条文说明

组合折腹桥梁支点附近折形钢腹板内衬浇筑混凝土,可改善受力性能。内衬混凝土厚度通常依据分担的剪力大小来确定,但是需要保证连接可靠以及施工可行。内衬混凝土长度通常依据受力大小以及施工节段长度确定,实桥经验表明,内衬混凝土长度一般在梁高的 1 ~2 倍范围。

内衬混凝土组合腹板梁段的构造特点为:

1)组合折腹梁宜在桥墩台顶端横隔梁外一定范围内,采用折形钢腹板内衬混凝土的组合腹板结构形式,其内衬厚度一般不宜小于 200mm;

2)对连续梁桥和连续刚构桥,当桥梁各跨跨径相差很大时,小跨径可采用折形钢腹板内衬混凝土来平衡大跨径的内力;

3)折形钢腹板与内衬混凝土的连接主要采用焊钉连接件。

13.3.5　焊钉连接件的构造应符合下列要求:

1　焊钉连接件的材料、机械性能以及焊接要求应满足现行《电弧螺柱焊用圆柱头焊钉》(GB/T 10433)的规定。

2　焊钉连接件的间距不宜超过 300mm。

3 焊钉连接件剪力作用方向上的间距不应小于焊钉直径的 5 倍,且不得小于 100mm。

4 剪力作用垂直方向的间距不应小于焊钉直径的 2.5 倍,且不得小于 50mm。

5 焊钉连接件的外侧边缘与钢板边缘的距离不应小于 25mm。

条文说明

焊钉连接件的选用要求应参照现行《电弧螺柱焊用圆柱头焊钉》(GB/T 10433)[23]中的有关规定。

13.3.6 开孔板连接件的构造应符合下列要求:

1 多列布置的相邻开孔板连接件间距不宜小于开孔直径的 3 倍。

2 开孔板连接件的钢板厚度不宜小于 10mm。

3 开孔板连接件孔径应大于孔中钢筋直径与混凝土集料最大粒径之和。

4 开孔板连接件孔中钢筋应采用带肋钢筋,其直径不宜小于 12mm。

条文说明

开孔板连接件作为近几年开始在桥梁结构中使用的连接形式,随着研究的深入,其构造要求将不断得到细化。作者研发了设置长孔及槽口的开孔板连接件,主要是为了降低施工中的难度[59,60]。

进一步对多列布置的相邻开孔板连接件的间距进行了研究,得出了该间距与开孔直径有关系的结论[61]。为此,可建议多列布置的相邻开孔板连接件间距不宜小于开孔直径的 3 倍。

13.4 锚固构造

13.4.1 体内预应力筋在混凝土顶、底板的锚固应合理分散配置,避免应力集中。

条文说明

体内预应力筋锚固位置张拉力较大,应分散锚固。同时,为了使预应力筋不承受轴方向以外的力,应将距锚具承压面一定距离的筋材做成直线状。

13.4.2 体外预应力筋锚固及转向结构的位置,应综合考虑跨内横隔梁(板)位置、预应力张拉顺序及方法等合理确定。

条文说明

体外预应力筋的锚固构造,应考虑主梁构造、主梁所配置的体外预应力筋的规格以及根数来选定合理的锚固、转向的构造。对可能产生的局部应力等要进行精细化分析以确保所要求的承载能力以及耐久性。

组合折腹桥梁一般集中配置体外预应力筋,为了保证体外预应力筋锚固结构的可靠性,有必要利用支点横梁或横隔板、横肋板等有较大刚度的横向构件进行锚固。体外预应力筋与有黏结的体内预应力筋不同,其张力变化被直接传递到锚固构造,通常因初张拉较大,宜采用能使预应力有效地分散于主梁的锚固构造的同时,对于承压、劈裂、背面拉应力等的局部应力或局部的弯曲、剪力,应进行应力分析,以确保安全性。

13.5 预应力筋布置

13.5.1 组合折腹梁桥采用体内及体外预应力筋混合配置形式时,应合理确定体内、体外配置的比例。

条文说明

可设定自重、施工荷载及二期恒载等永久荷载由体内预应力筋承受,车辆等可变荷载由体外预应力筋承受。

组合折腹梁桥体内、外预应力筋的构造基本上与预应力混凝土梁桥相同,体外预应力筋应设计为一种更换可能的构造,且锚具与转向块设计中考虑更换的要求。

13.5.2 体外预应力筋的锚固结构与转向结构间或者两个转向结构间的自由段长度不宜过大,否则应考虑设置减震装置。

条文说明

车辆通行时,主梁的振动频率与体外预应力筋的固有振动频率相近时,体外预应力筋会发生共振,从而使锚固区附近产生大的弯曲应力,有可能会造成疲劳问题。为此,宜以合适的间隔设置减震装置支撑体外预应力筋,以增大体外预应力筋固有振动频率。

混凝土梁桥体外预应力筋的跨距长在主梁跨径的1/4长度以下时,索体上发生有害共振的可能性就会较小。组合折腹梁固有振动频率通常比同等跨径混凝土梁桥小,因此可参考混凝土梁桥的相应规定。

13.5.3 体外预应力筋在转向结构处的弯折转角不宜大于15°,转向结构鞍座处最小曲率不能超过现行《无粘结预应力混凝土结构技术规程》(JGJ 92)的相关规定。

条文说明

由车辆通行或风载等引起的主梁振动或索体的张力变动,转向位置处体外预应力筋间会产生摩擦,有可能导致疲劳强度下降。为此,宜采取限制体外预应力筋转向处的转角等措施,以抑制疲劳强度的下降。具体要求可参照现行《无粘结预应力混凝土结构技术规程》(JGJ 92)的有关内容[62]。

14 施　　工

14.1 一般要求

14.1.1 组合折腹桥梁施工总体要求与预应力混凝土桥梁对施工的要求基本一致，可参照现行《公路桥涵施工技术规范》(JTG/T F50)的相关规定。

条文说明

组合折腹桥梁施工总体要求，可参照现行《公路桥涵施工技术规范》(JTG/T F50)[4]的相关规定，折形钢腹板的制作、安装质量控制可参照现行《钢结构工程施工质量验收规范》(GB 50205)[63]；折形钢腹板的涂装可参照现行《公路桥梁钢结构防腐涂装技术条件》(JT/T 722)[64]。

14.1.2 组合折腹桥梁的施工，应充分考虑该桥型为钢腹板与混凝土顶、底板组合结构的特有技术特点，有针对性地采取合理的施工措施。

条文说明

组合折腹梁桥已有支架现浇、逐孔吊装、顶推、悬臂施工以及折形钢腹板先行架设施工等实例。组合折腹梁桥施工总体类似预应力混凝土梁桥，其特别关注点在于：折形钢腹板的制作；折形钢腹板与混凝土顶底板的连接；折形钢腹板的涂装；折形钢腹板的安装以及施工过程中的挠度控制等。

14.2 混凝土浇筑

14.2.1 混凝土用料包括水泥、细集料、粗集料、水及配合比，应符合现行《公路桥涵施工技术规范》(JTG/T F50)的有关规定。

条文说明

混凝土的原材料及配合比，应在正式施工前的混凝土试配工作中，通过混凝土工作性、强度和耐久性指标的测定，并通过抗裂性能的对比试验后确定。

混凝土用料中可掺入适量的外加剂，但不得掺入氯化钙、氯化钠等氯盐。从各种组成材料引进混凝土中的氯离子总含量，不宜超过水泥用量的0.06%，当超过0.06%时，宜采取掺加阻锈剂、增加保护层厚度、提高混凝土密实度等防锈措施。对于干燥环境中的小型构件，氯离子含量可提高1倍。混凝土的水泥用量不宜超过500kg/m^3，特殊情况下不应超过550kg/m^3。

14.2.2 浇筑混凝土时，宜根据结构的不同形式选用插入式、附着式或平板式等振动器进行振捣。对箱梁底板及顶板连接处的承托、预应力筋锚固区以及其他钢筋密集部位，宜特别注意振捣。

条文说明

混凝土振捣采用插入式振捣器为主，浇筑顶板时辅以平板振捣器。振捣时，应避免振捣器碰撞模板、钢筋、连接件、波纹管及其他预埋件。混凝土振捣应密实，不漏振、欠振或过振。当混凝土浇筑临近结束时，严格控制其顶面的高程。箱梁顶表面的混凝土应压实抹平，并在其初凝前进行拉毛处理。

浇筑混凝土时，对先张构件应避免振动器碰撞预应力筋；对后张结构应避免振动器碰撞预应力筋的管道、预埋件等。并应经常检查模板、管道、锚固端垫板及支座预埋件等，以保证其位置及尺寸符合设计要求。

14.2.3 浇筑钢腹板与混凝土板结合部时，应采取措施确保混凝土的密实，同时应避免因振捣而损伤焊钉等连接件。

条文说明

钢腹板与混凝土板结合部混凝土施工，应预先制定适当的操作工艺，使混凝土浇筑过程既能保证混凝土充分密实，又避免混凝土振捣损伤焊钉等连接件，影响结合部的受力性能及耐久性能。

14.2.4 混凝土分次浇筑时，宜先底板及横梁，其次浇筑顶板及翼板，同时应符合现行《公路桥涵施工技术规范》(JTG/T F50)的有关规定。

条文说明

梁体混凝土宜采用水平分层或倾斜分层方法连续浇筑。水平分层浇筑时，上下层错开距离应保持1.5m以上，倾斜分层浇筑时，倾斜面与水平面夹角不得大于25°。

14.2.5 混凝土浇筑完成并初凝后,须立即进行养护,并应符合现行《公路桥涵施工技术规范》(JTG/T F50)的相关规定。

条文说明

浇筑混凝土应有充分的潮湿养护时间,在整个潮湿养护过程中,应根据混凝土温度与气温的差别及变化,及时采取措施控制混凝土的升温和降温速率。

混凝土养护期间,混凝土内部的最高温度不宜高于65℃,混凝土表面的养护水温度与混凝土表面温度之间的温差不得大于15℃。混凝土结构或构件在任一养护时间内的内部最高温度与表面温度之差不宜大于20℃。当周围大气温度与养护中混凝土表面温度之差超过20℃时,混凝土表面必须考虑保温。

为了保证混凝土的施工质量,应根据施工季节调整混凝土拌和物的入模温度、养护时间和方式。冬季施工的情况,还应采用蓄热保温措施进行养护。在炎热气候下浇筑混凝土时,应避免模板和新浇混凝土受阳光直射,入模前的模板与钢筋温度以及附近的局部气温不应超过40℃。

14.2.6 浇筑折形钢腹板与混凝土底板的翼缘型结合部时,应采取适当措施确保翼缘板下面混凝土的密实性。

条文说明

混凝土底板与折形钢腹板采用翼缘型连接时,翼缘板下面的混凝土浇筑方向由下至上,其浇筑的密实性与混凝土流动性影响结合部的性能,施工中应采取适当的措施进行振捣与排气,保证翼缘板下混凝土的浇筑质量。

14.3 折形钢腹板制作

14.3.1 折形钢腹板加工成型应采用冷弯成型制作,成型工艺可选用模压法和冲压法。

条文说明

折形钢腹板的加工可参照现行《组合结构桥梁用波形钢腹板》(JT/T 784)[65]的相关要求。折形钢腹板的加工通常是冷加工,但钢板经过冷加工,可能会降低韧性、发生龟裂。因此,在进行钢板的冷弯加工时,为了不发生局部性的大变形，原则上宜把弯曲半径控制在板厚的15倍以上，但如果能满足附加的钢板的冲击试验要求，弯曲半径可相应减小。

14.3.2 折形钢腹板的加工精度，可参照现行《组合结构桥梁用波形钢腹板》(JT/T 784)的相关规定。

条文说明

折形钢腹板的加工精度直接影响到组合折腹梁的几何线形与力学性能。带翼缘的折形钢腹板梁，其翼缘板宽度、平整度与直角度、腹板高度与高度方向的平整度、折形高度、折形长度以及整个折形钢腹板梁平面外挠曲量等的制作精度可参照表14.3.2的要求[65]。

表 14.3.2　折形钢腹板制作精度

序号	项　目	精　度	测试位置
1	翼缘板宽 b_f	±2mm	h_w, b_f
2	腹板高度 h_w	±2mm	
3	节段长 L	±3mm	L
4	翼缘板平整度 Δ	$\pm L_w/1\,000$	Δ, L_w
5	腹板高度方向平整度 e	$\pm h_w/750$	e, h_w

续上表

序号	项　目	精　度	测试位置
6	折形高度 d_w	±3mm	d_w
7	折形长度 L_w	±5mm	L_w
8	平面挠曲量 a	±3mm	b_f a
9	翼缘板直角度 k	$\pm b_f/200$	k h_w b_f

14.3.3 折形钢腹板与翼缘板以及翼缘板与连接件的焊接应参照现行《公路桥涵施工技术规范》(JTG/T F50)的要求,特别应确保折形钢腹板与翼缘板的密贴度。

条文说明

折形钢腹板的焊接应参照现行《公路桥涵施工技术规范》(JTG/T F50)[4]的相关规定。翼缘板宽度应当考虑到其与折形钢腹板的焊接、折形钢腹板间的连接构造以及连接件来决定其尺寸。

通常是在折形钢腹板的折形高度基础上至少增加100mm作为翼缘板宽度。对翼缘的板厚选取,要考虑到由于折形钢腹板或连接件的焊接,不会在翼缘上发生明显的焊接变形,且在折形钢腹板梁架设时翼缘板不会发生局部屈曲。焊缝的检验应按现行《公路桥涵施工技术规范》(JTG/T F50)的相关要求执行。

14.3.4 折形钢腹板的涂装,可参照现行《公路桥涵施工技术规范》(JTG/T F50)与现行《公路桥梁钢结构防腐涂装技术条件》(JT/T 722)的有关规定执行。

条文说明

根据现行《公路桥梁钢结构防腐涂装技术条件》(JT/T 722)[64]的相关要求,按照涂装部位、腐蚀环境、防腐年限、工况条件,合理设计涂层。

耐候结构钢用于组合桥梁,可延长对钢腹板的维护周期,大幅度的减少维护成本,可在远离海洋性气候、干燥潮湿交替变化的地区积极推广使用。

14.4 折形钢腹板的运输与架设

14.4.1 折形钢腹板的存放和运输,应考虑钢腹板面内外刚度较小、极易变形的特点,采取措施合理存放和运输。

条文说明

折形钢腹板的运输,应综合考虑构件的形状、尺寸、质量,运输的路径,以及相关的法令,采取合理的存放方式与运输手段,即:

1)运输、储存时折形钢腹板可以多层叠放,层数一般不超过六层,每层钢腹板应支承在与其外形相同的木材或混凝土存放垫上,避免折形钢腹板的整体变形;

2)为确保折形钢腹板的运输,对于构件的形状、尺寸、质量,以及运输的路线等,应事先在设计阶段进行考虑并确定。

14.4.2 折形钢腹板的架设,应考虑钢腹板纵向刚度较小,采取措施防止架设过程中钢腹板纵桥向的变形。

条文说明

为了能够充分确保折形钢腹板精度,必须注意保持架设时的形状,施工中避免产生不利的应力。移动作业车进行悬臂施工时,考虑到因混凝土浇筑会导致移动作业车的变形,防止混凝土与折形钢腹板的连接部产生不利影响。

移动作业车的锚固,在充分考虑其拉拔力对混凝土或折形钢腹板所产生的影响的同时,其安全性必须得到满足。

14.4.3 折形钢腹板面外刚度较小,架设过程时应对钢腹板间设置临时支撑。

条文说明

为了防止折形钢腹板面外方向的变形,架设时最好设置防倾斜的支撑结构等。如果在连接折形钢腹板之前浇筑混凝土,由于其后浇新节段所形成的挠度施加在折形钢腹板之间的焊接处,引起折形钢腹板自身发生残余应力。因此,组合折腹梁桥的承载力受到各种附加应力的影响,且有时无法预测,为了防止不利应力的发生,宜做充分的计算分析。

14.5 架设变形控制

14.5.1 组合折腹桥梁架设中,应当进行施工荷载作用挠度的预测计算,主梁产生的挠曲变形中应考虑剪切变形的影响。

条文说明

由于折形钢腹板的剪切刚度比较小,组合折腹梁不可以忽略剪切变形对挠度的影响。尤其架设过程中悬臂段剪跨比较小,剪切变形影响更为显著[44]。因此,对通常框架分析中的轴力以及弯曲所导致的挠曲变形,必须考虑折形钢腹板的剪切所引起的附加值。

14.5.2 组合折腹桥梁的架设中,由于预应力荷载或桥墩转动引起的主梁变形,在工厂制作确定折形钢腹板的尺寸时应进行考虑。

条文说明

组合折腹桥梁,作为现场浇筑混凝土与工厂制品的折形钢腹板的组合,不仅包括以往的挠度控制,梁的桥轴方向的长度控制也是必要的。工厂制作折形钢腹板时,必须恰当分析架设时主梁长度方向的变形,反映到折形钢腹板制作尺寸上。

14.5.3 组合折腹桥梁架设时主梁可能发生扭转变形或截面变形,宜采用合理的方法进行预测,在采取对策的同时,在施工中应慎重处理。

条文说明

组合折腹桥梁截面的扭转刚度比较小,在曲线桥、斜桥等架设中,主梁的扭转变形以及截面的畸变翘曲有可能变得突出。因此在架设中,对于主梁的扭转变形以及畸变控制较重要,应通过设置适当间隔的横向联系,以提高主梁的扭转刚度,避免翘曲的产生。

15 耐 久 性

15.1 一般规定

15.1.1 组合折腹桥梁耐久性应根据结构的设计使用年限及其对应的极限状态、环境类别及其作用等级进行设计。

条文说明

桥梁结构耐久性能是结构在外界环境及设计预期正常荷载共同作用下，在同样(或等效的)的建设和运营维护总成本(寿命周期总成本)下，在给定使用寿命期内，保持预期的安全性、适用性的能力。材料特性、结构和构造设计、桥址周边环境作用、施工和维护质量等都可能对结构耐久性能产生影响。

组合折腹桥梁的耐久性设计，可参照现行《公路桥梁混凝土结构耐久性设计指南》[66]相应的要求，同时对其特有的折形钢腹板以及钢腹板与混凝土板结合构造等的耐久性应重点考虑。

15.1.2 耐久性能设计是在给定桥梁结构设计寿命的前提下，基于性能设计方法对结构及其构件寿命期内，结构状态与功能需求的符合状况，进行动态分析的过程。

条文说明

结构耐久性能是指在同样(或等效)的建设和运营维护总成本(寿命周期总成本)条件下，结构在外界环境及设计预期正常荷载共同作用下，在给定使用寿命期内，保持预期的安全性、适用性的能力。材料特性、结构和构造设计、桥址周边环境作用、施工和维护质量等都可能对结构耐久性能产生影响，造成耐久性能退化。

桥梁结构耐久性能的退化与结构寿命密切相关，因此，开展耐久性能设计的首要条件即为对结构耐久性能设计的要求进行研究和明确，确定结构及其构件设计寿命。另一方面,耐久性问题形式多样,原因和机理复杂,而合理的对策又与设计、施工、管养等多个阶段有密切联系,结构的耐久性能设计也就需要从给定寿命设计过程的角度出发,基于性能设计的基本原理,根据不同的阶段有针对性地采用提高或保证结构耐久性能的措施。

15.1.3 基于耐久性的概念设计是桥梁混凝土结构耐久性能设计过程的核心内容,其实施过程应重视桥梁结构的可持续性以及对结构性能、环境作用及荷载作用的综合考虑。

条文说明

桥梁结构性能要求表征了建设单位对结构服役性能的预期,是基于耐久性概念设计的直接影响因素。桥址处环境作用情况对基于耐久性的概念设计影响十分显著,针对不同的环境作用类型,需在概念设计中考虑采用不同的措施以减少环境侵蚀作用。

桥梁结构在荷载作用下,将无可避免地出现性能的退化,对结构的耐久性能造成不利影响,在概念设计过程中应对此充分考虑。

15.1.4 组合折腹桥梁各构件或各部位所处的环境类别及其作用等级不同时,应按照相应要求分别进行耐久性设计。

条文说明

组合桥梁的不同结构部位所处的环境类别和作用等级不同时,其耐久性要求也有所不同,采取的技术措施应不同。组合桥梁的不同部位,如桥面板、钢腹板及结合部会有不同的耐久性要求,对应的技术措施应有所差别。

15.2 耐久性设计要求

15.2.1 混凝土材料的选用,要求在满足设计的材料性能的基础上,原材料的选取宜考虑以下的基本要求:

1 宜选用低水化热和含碱量偏低的水泥,尽可能避免使用早强水泥和高 C_3A 含量的水泥;

2 用坚固耐久、级配合格、粒形良好的洁净集料;

3 使用优质粉煤灰、矿渣等矿物掺和料或复合矿物掺和料,除特殊情况外,矿物掺和料应作为耐久混凝土的必须组分;

4 使用优质的外加剂,根据使用环境,合理选用具有减水、引气、阻锈作

用的外加剂,并将其作为配制耐久性混凝土的常规手段;

5 尽量降低拌和水用量,为此,应外加高效减水剂或有高效减水剂功能的复合外加剂;

6 限制单位混凝土中胶凝材料的最低和最高用量,为此应特别重视混凝土集料的级配以及粗集料的粒形要求;

7 尽可能减少混凝土凝胶材料中的硅酸盐水泥用量,且胶凝材料的总量不能过高。

条文说明

混凝土是多组分的混合材料,各个组分在硬化混凝土整体中协同工作。原材料的质量控制是混凝土质量控制的重要环节,原材料性能的优良和稳定性直接影响着混凝土拌和物工作性能和力学性能,并最终影响到混凝土结构的耐久性。

水泥、沙、石和水是传统混凝土的基本组成材料,原材料的品质优选和质量控制是桥梁结构混凝土耐久性提升的首要任务和关键措施。因此,要获得耐久性好的混凝土,应了解不同组分的特点和作用,细致地选择,力求性能最优化。

15.2.2 钢板耐久性的保障措施,可包括采用耐候钢、热浸锌、热喷涂铝(锌)复合涂层、涂层法、牺牲阳极阴极保护法、外加电流阴极保护法等。

条文说明

钢板耐久性保障措施,可以根据实际情况进行选择。组合桥梁钢腹板防腐可以通过周期性涂装或者采用高耐候性能的钢板。现场涂装必须充分考虑对涂装质量产生较大影响的气候、温度、湿度等涂装环境以及涂装工序间隔等,涂装质量应满足相应标准的要求[64]。

耐候钢的应用需考虑桥址处的温度、湿度以及空气中的氯离子浓度等环境因素[15,16],满足现行《耐候性结构钢》(GB/T 4171)[17]的要求。

15.2.3 钢板—混凝土结合面的构造细节设计,可考虑以下的基本要求:

1 除去接触面钢板的氧化皮;

2 从混凝土配制、构造要求及施工工艺等方面防止接触面脱空;

3 折形钢腹板的防腐范围伸入钢板—混凝土结合面不宜小于20mm;

4 钢板—混凝土接触面应做好防排水,必要时可设置密封胶等防水填塞料；

5　结合面连接件的表面应无锈蚀、氧化皮、油脂和毛刺等缺陷。

条文说明

组合折腹桥梁由钢板与混凝土材料结合而成，两种材料弹性模量不同，在温度、收缩、徐变作用下相互约束，容易导致结合面产生附加变形。为此，保证钢板—混凝土结合面接触密实，确保结合面及其焊钉连接件的耐久性极为重要。

15.2.4　施工过程的设计，可从材料、结构和构造三个方面出发，提出以下的基本要求：

1　严格控制混凝土、钢板的原材料质量；

2　确定合理的钢筋绑扎、钢板加工等工艺；

3　在钢板—混凝土结合部的施工过程中，应采取特别的耐久性保障措施；

4　特殊情况下的施工，应采取相应的有效措施保障施工质量。

条文说明

组合折腹桥梁的施工过程要尽量保证结构和构件几何尺寸的准确，从而保证桥梁结构的实际退化过程与耐久性设计中预测的退化过程保持一致。

混凝土的原材料及配合比，应在正式施工前的混凝土试配工作中，通过混凝土工作性、强度和耐久性指标的测定，并通过抗裂性能的对比试验后确定。重要的工程应在现场进行模拟构件试浇筑。

为保证钢筋保护层厚度尺寸及钢筋定位的准确性，宜采用工程塑料制作的保护层定位夹或定型生产的纤维砂浆块。预应力混凝土孔道灌浆施工应在专业工程师的指导下，由受过专业培训的技工操作。

在混凝土施工中，需要重点保证质量并采取专门措施的部位是钢板—混凝土结合面，特别是混凝土位于钢板下方时，应在钢板上合理设置出气孔、压浆孔，在混凝土流动性、振捣方法上采取措施，确保钢板与混凝土间不发生分离。

15.2.5　管养设计要求应基于总成本优化的原则，针对不同的构件制定不同的管养对策；在管养设计中，应明确寿命周期中各项管养工作的类型，并明确基本工作范围和目标。

条文说明

组合折腹桥梁管养设计,要求针对不同的桥梁类型制订不同的管养对策,根据不同的构件类型采取不同的管养方针。

在管养设计中,应考虑到桥梁性能在运营期间存在的不确定性,并根据结构构件的重要程度、性能要求、寿命周期等因素制订相应的额外对策,以保障桥梁性能的稳定性。

应定期对桥梁结构在运营期间构件出现的裂缝、钢板—混凝土结合面的分离进行检查,在发现裂缝、分离之后,应对其形成原因做出分析,并有针对性地采用管养策略进行控制与修复。

16　本指南用词说明

为便于在参照本指南时区别对待,对要求严格程度的用词说明如下:

1)表示很严格,非这样做不可的用词:
正面词采用"必须",反面词采用"严禁"。

2)表示严格,在正常情况下均应这样做的用词:
正面词采用"应";反面词采用"不应"或"不得"。

3)表示允许稍有选择,在条件许可时首先应这样做的用词:
正面词采用"宜";反面词采用"不宜"。

4)表示有选择,在一定条件下可以这样做的,采用"可"。

附录A　设计计算实例

A.1　设计说明

A.1.1　工程概况

辽宁省交通规划设计院与同济大学联合于2005年承担了辽宁省交通科研项目,即《波折腹板组合箱梁桥成套技术研究》,并建设了一座依托桥梁工程。该设计计算案例以该桥为工程背景,介绍依据本模式指南的设计过程。

图A.1.1为宽甸互通式立交桥,该桥位于辽宁省鹤大高速公路辽吉界(新开岭)至丹东(古城子)段,为我国采用耐候钢的第一座公路桥。桥梁全长117.40m,上部结构形式为体外预应力连续组合折腹箱梁。其中第二孔上跨高速公路主线,要求桥下净空不小于5.5m。下部结构桥墩采用柱式墩、桩基础,桥台采用肋板台、桩基础。

图A.1.1　宽甸互通式立交桥

A.1.2　技术标准

(1)设计荷载:公路—Ⅰ级;

(2)桥面宽度:净14.0m;

(3)设计安全等级:一级;

(4)设计基准期:100 年;

(5)环境类别:Ⅱ类;

(6)地震动峰值加速度:0.05g。

A.1.3 设计标准

(1)《公路工程技术标准》(JTG B01—2003)[67];

(2)《公路桥涵设计通用规范》(JTG D60—2004)[2];

(3)《公路钢筋混凝土及预应力混凝土桥涵设计规范》(JTG D62—2004)[1];

(4)《组合结构桥梁用波形钢腹板》(JT/T 784—2010)[65];

(5)《公路桥梁抗震设计细则》(JTG/T B02-01—2008)[68]。

A.1.4 主要工程材料

1 混凝土

(1)C50 混凝土:箱梁顶、底板,梁底垫块,横隔梁,转向块;

(2)C50 聚丙烯纤维混凝土:伸缩缝槽口;

(3)C40 混凝土:桥墩顶部、支座垫石;

(4)C30 混凝土:墩身(除墩顶)、桥台台身、耳墙、背墙、桥台盖梁、挡块、承台、承台系梁、墩身系梁;

(5)C25 混凝土:桩基、搭板;

(6)C15 素混凝土:搭板垫层。

2 钢材

(1)结构钢材:折形钢腹板、翼缘板采用 Q345NH 耐候钢,其主要性能符合现行标准《耐候结构钢》(GB/T 4171—2008)[17]的规定。

(2)其他钢材:其他未注明钢材采用 Q235C,其技术性能符合现行标准《桥梁用结构钢》(GB/T 714)[69]的规定和要求。

(3)普通钢筋:主要受力钢筋采用 HRB335,构造及其他钢筋采用 HRB335 及 HPB235,其主要性能符合标准《钢筋混凝土用钢 第 1 部分:热轧光圆钢筋》(GB 1499.1—2008)[7]和《钢筋混凝土用钢 第 2 部分:热轧带肋钢筋》(GB 1499.2—2007)[8]的规定。

(4)预应力钢绞线:编束为 $\phi^S15.2$-27(体外束)、$\phi^S15.2$-12(顶、底板钢束)及 $\phi^S15.2$-3(横向预应力钢束)三种,采用低松弛钢绞线,公称直径 15.2mm(7ϕ5.0),公称面积 140.0mm^2,标准强度 f_{pk} = 1 860MPa,弹性模量

$E_p = 1.95 \times 10^5$MPa,其技术性能符合《预应力混凝土用钢绞线》(GB/T 5224—2014)[11]的要求。

(5)锚具:其技术性能符合现行标准《预应力筋用锚具、夹具和连接器》(GB/T 14370—2007)[70]、《公路桥梁预应力钢绞线用锚具、夹具和连接器》(JT/T 329—2010)[71]的要求,体内预应力管道采用塑料波纹管。

A.2 总体设计

A.2.1 总体布置

如图 A.2.1-1 所示,本实例桥梁全长 117.40m,跨径布置为 30m + 48m + 30m,桥宽 15m。该桥为曲率半径为 1 000m 的三跨连续梁桥,纵断面布置如图 A.2.1-2 所示,在边支点区域3.5m 范围内以及中支点左右 4.5m 范围内布置 30 ~ 60cm 的内衬混凝土。

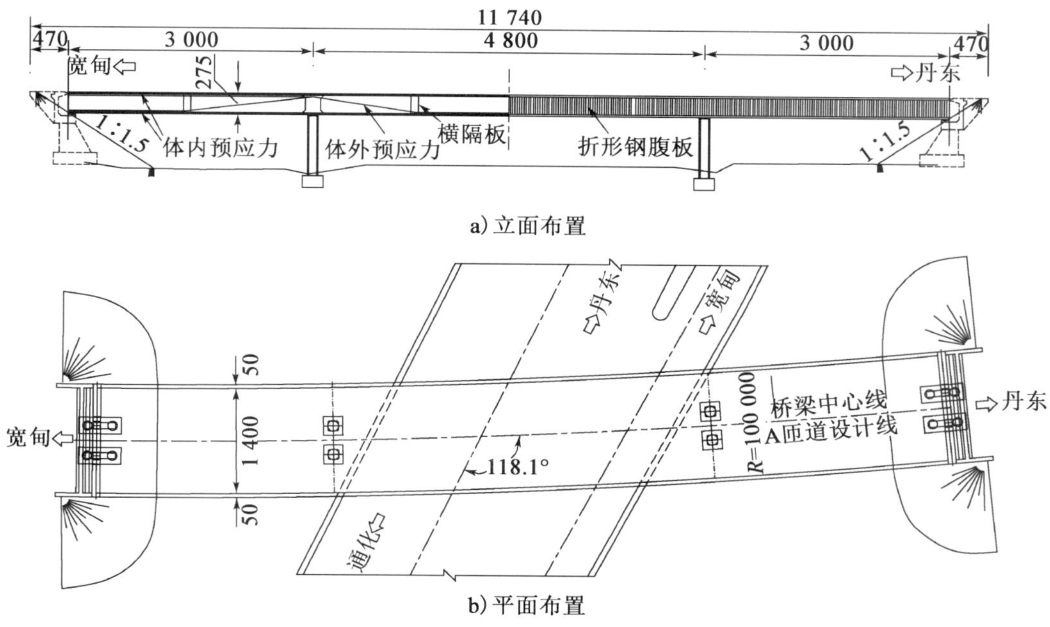

a)立面布置

b)平面布置

图 A.2.1-1　总体布置(尺寸单位:cm)

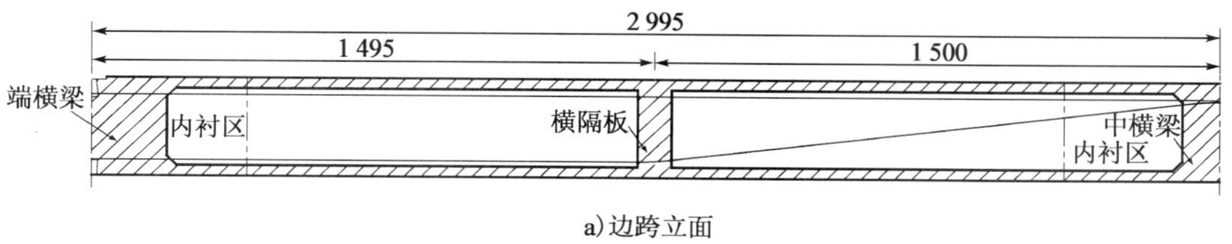

a)边跨立面

图　A.2.1-2

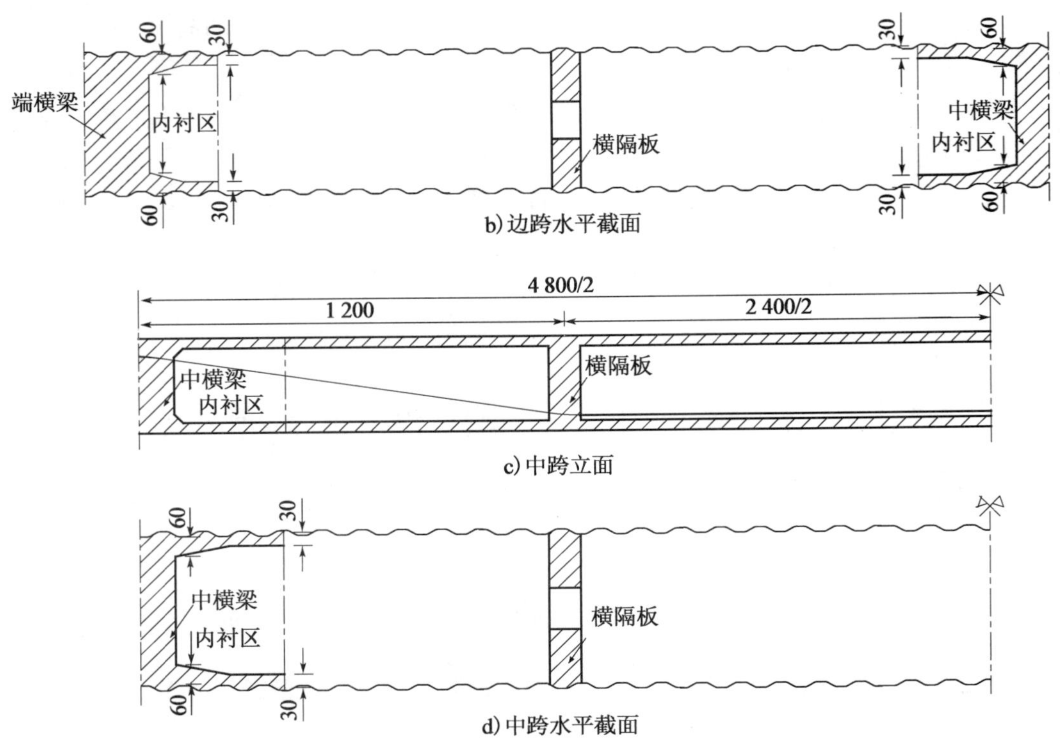

图 A.2.1-2 纵断面布置(尺寸单位:cm)

A.2.2 截面形式

如图 A.2.2 所示,本桥采用单箱单室截面形式。等高度连续组合折腹梁桥截面高度一般为(1/30 ~ 1/15)L,本桥跨径 48m,计算所得梁高范围为 1.6 ~ 3.2m,取 2.75m。桥面宽 15m,以腹板中心线计算,顶板腹板间距 7.555m,悬臂长度 3.722 6m,底板 5.444m。

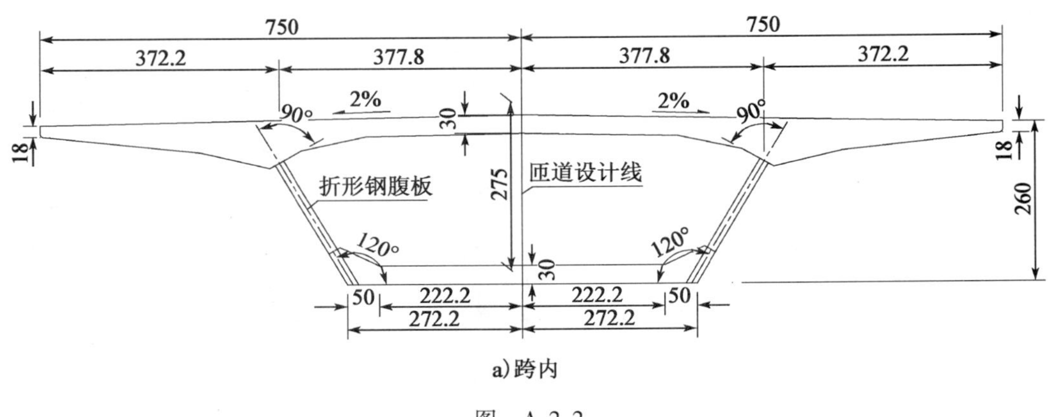

图 A.2.2

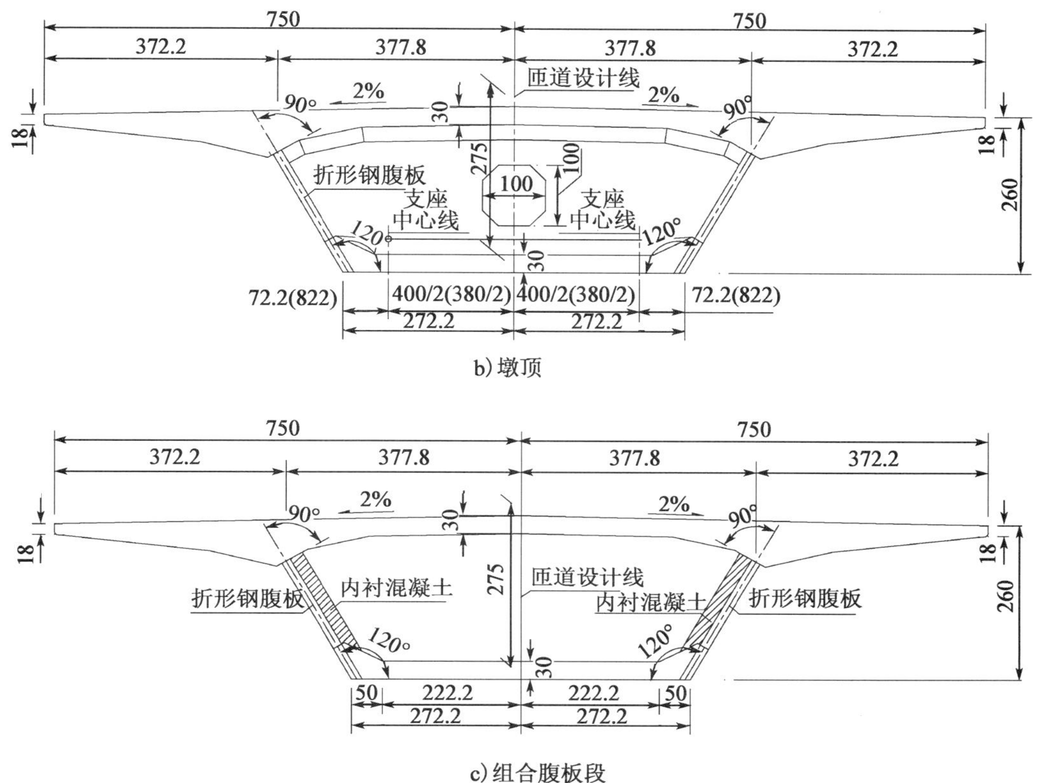

图 A.2.2　箱梁横截面(尺寸单位:cm)

参照《公路钢筋混凝土及预应力混凝土桥涵设计规范》(JTG D62—2004),箱形截面梁顶、底板的中部厚度,不应小于板净跨径的 1/30,且不应小于 200mm,本桥顶板和底板均取 300mm;当配置横桥向预应力筋时,悬臂端部厚度不应小于 140mm,本桥取 180mm。

桥面两侧横坡均为 2%,底板宽度随折形钢腹板变化,变化范围为 5.098 ~ 5.444m,腹板倾斜角度为 120°。

A.2.3　腹板布置

如图 A.2.3 所示,箱梁腹板采用折形钢腹板,钢板厚度为 16mm,为了减小弯折部分的应力集中,采用曲线过渡,弯曲半径为 180mm。

A.2.4　预应力体系

如图 A.2.4 所示,本桥采用体内外混合配束的形式,并配以横向预应力筋。体外索、体内索和横向预应力筋均采用 ASTM270 级 $\phi^J 15.24$ 低松弛钢绞线,体外索 W1 ~ W8 每束为 27 根钢绞线,体内索 T1 ~ T8 每束为 12 根钢绞线，横向预应力筋每束为3根钢绞线。钢索锚固在端横隔梁上，以较大间距设置少量的转向块或者通过横隔板达到转向的目的。

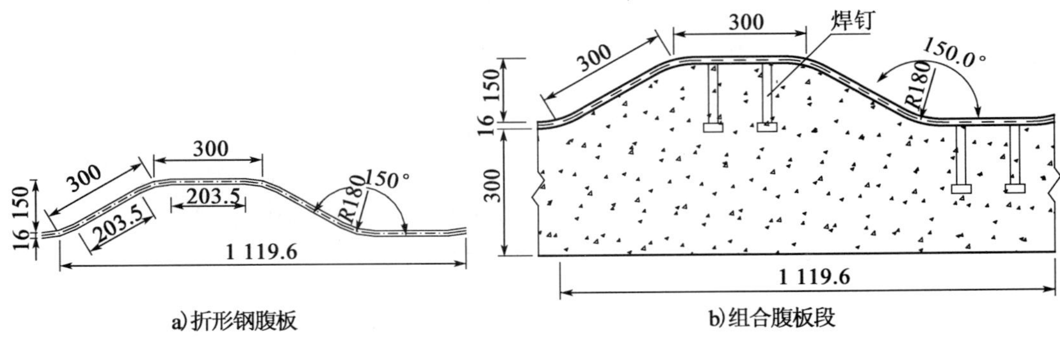

图 A.2.3　腹板构造（尺寸单位：mm）

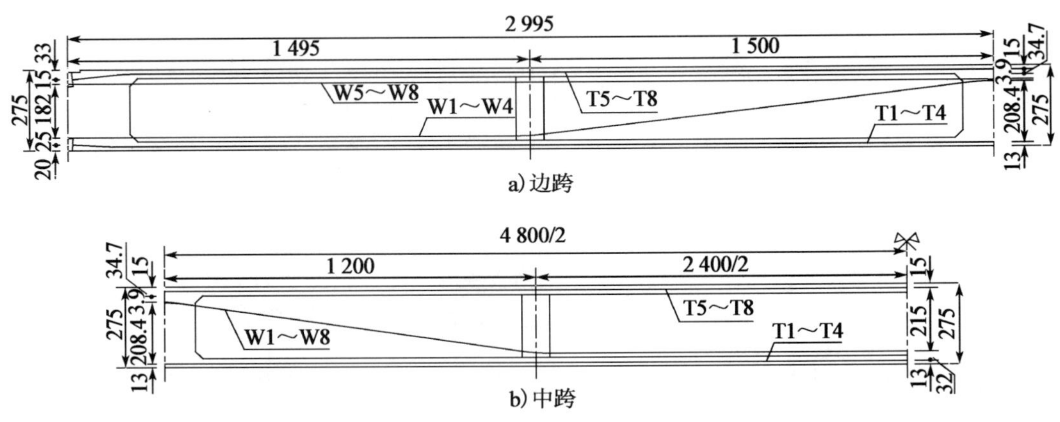

图 A.2.4　纵向预应力筋布置（尺寸单位：cm）

A.2.5　横隔梁及横隔板

如图 A.2.5 所示，在边支点处及中支点分别设置厚度为200cm的横隔梁。同时，在边跨跨中设置一道厚度为90cm的横隔板，在中跨设置两道厚度为90cm的横隔板，中跨横隔板间距24m，距中支点12m。

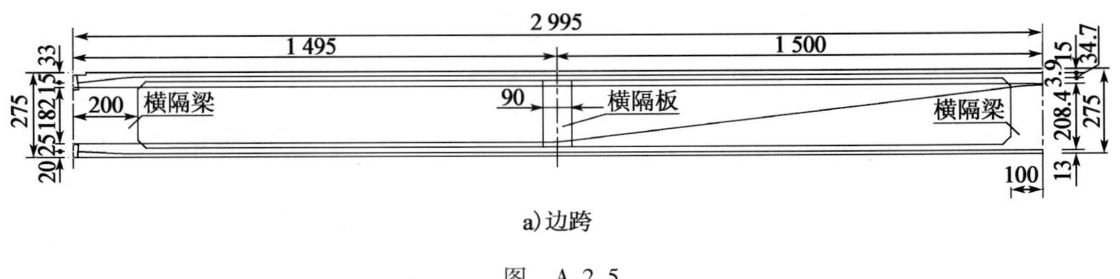

图　A.2.5

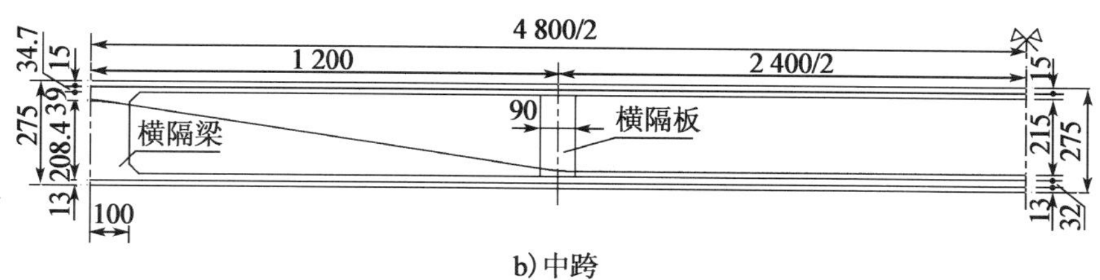

b）中跨

图 A.2.5　纵向横隔梁（板）布置（尺寸单位：cm）

A.2.6　连接构造

1　折形钢腹板同顶、底板连接

折形钢腹板与混凝土顶底板之间的连接是最重要的结合部位，要确保桥梁纵向水平剪力能够有效地传递，同时要确保箱梁横截面各部分能够构成一体承担荷载。

如图 A.2.6-1 所示，本桥折形钢腹板与混凝土顶板采用焊钉连接件的翼缘型结合方式，焊钉间距 90mm。如图 A.2.6-2 所示，本桥折形钢腹板与混凝土底板采用布置焊钉的外包型结合方式，焊钉间距 100mm。

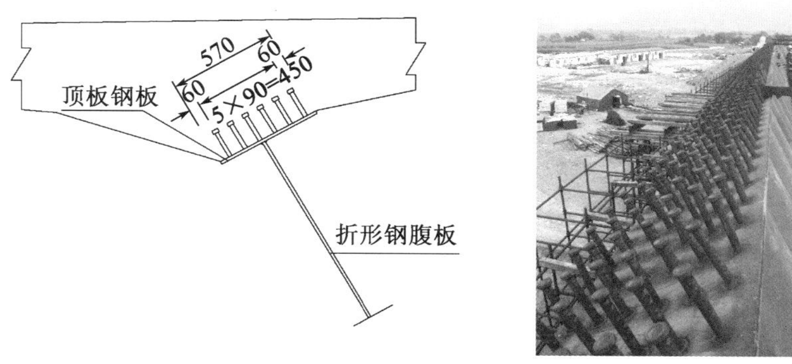

图 A.2.6-1　腹板与顶板连接（尺寸单位：mm）

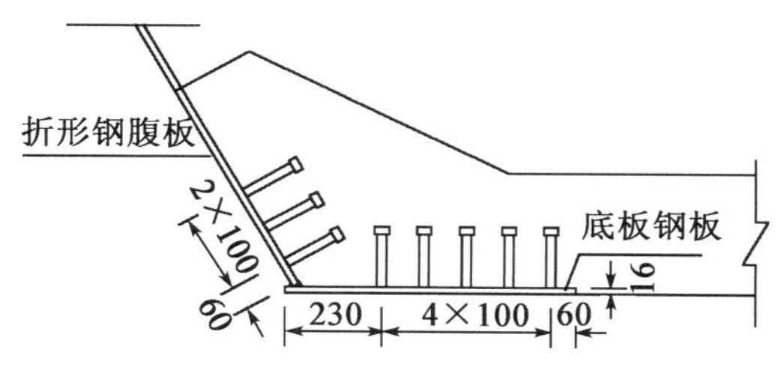

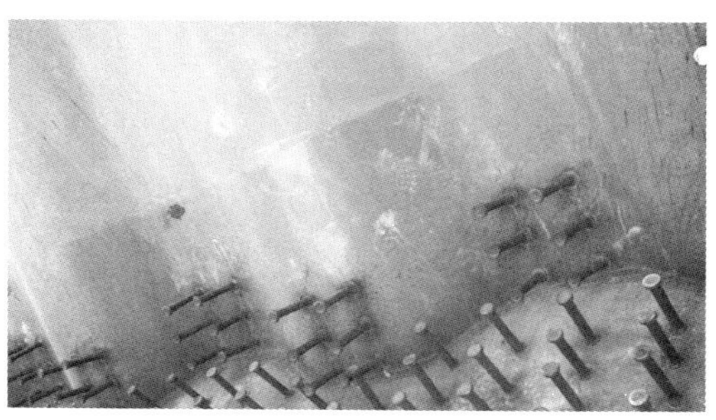

图 A.2.6-2　腹板与底板连接（尺寸单位：mm）

2　折形钢腹板间纵向连接

折形钢腹板一般由于加工、运输及其施工上的要求在纵向分割成节段，运到现场后再拼装，各块腹板间的连接通常是焊接或用高强螺栓连接。如图 A.2.6-3 所示，本桥采用双面贴角焊接，焊脚尺寸 $h_f \geq 12$mm。

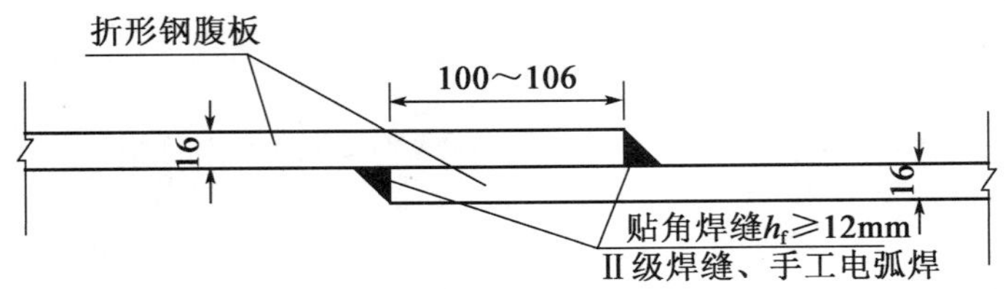

图 A.2.6-3　波折腹板纵向连接（尺寸单位：mm）

3　折形钢腹板与横隔梁（板）连接

折形钢腹板与墩上混凝土横隔梁的安全结合，能确保折形钢腹板所受到的剪力有效地传给下部结构。折形钢腹板与混凝土横隔板的安全结合，能限制结构畸变应力。如图 A.2.6-4 所示，折形钢腹板全桥连续，腹板与横隔梁以及横隔板通过焊钉连接。

A.2.7　下部结构

1　桥墩

桥墩为双柱式桥墩、桩基础，墩身截面尺寸为 130cm × 130cm，桩基直径为 140cm，承台高度为 1.5m。

2　桥台

桥台采用肋板台、桩基础，桩基直径 1.2m，台帽顶端留有体外预应力张拉操作空间。

A.2.8　附属结构

1　桥面铺装

箱梁顶板设 9.0cm 厚沥青混凝土铺装层，沥青混凝土与水泥混凝土之间设防水层。

2　支座

箱梁采用 GPZ（Ⅱ）5.0（DX、SX）、GPZ（Ⅱ）10.0（DX、SX、GD）五种类型支座，盆式支座符合现行《公路桥梁盆式橡胶支座》（JT/T 391—2009）的要求，所有支座均为耐寒型支座。

3　伸缩缝

本桥伸缩缝参照 XFII80 型伸缩缝设计，伸缩缝预留槽内浇筑 C50 聚丙烯纤维混凝土,伸缩缝的安装定位值按 15 ~ 20℃安装状况给出,施工中如安装温度与此不同,应按实际安装温度重新计算。

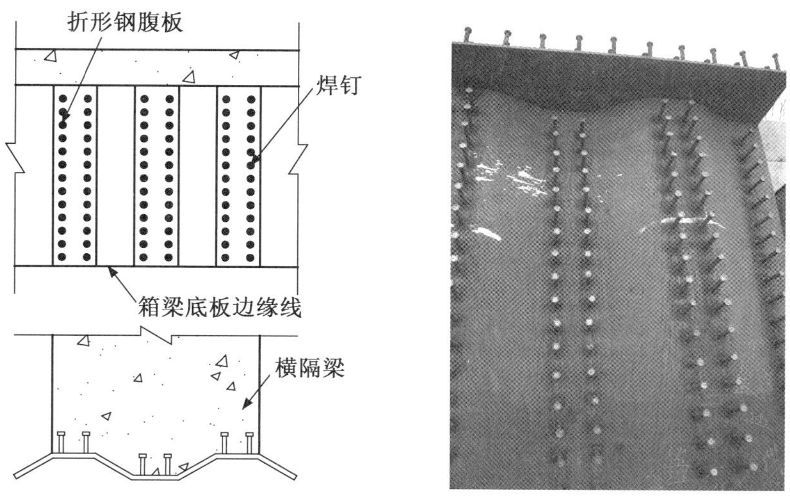

a)腹板与横隔梁连接

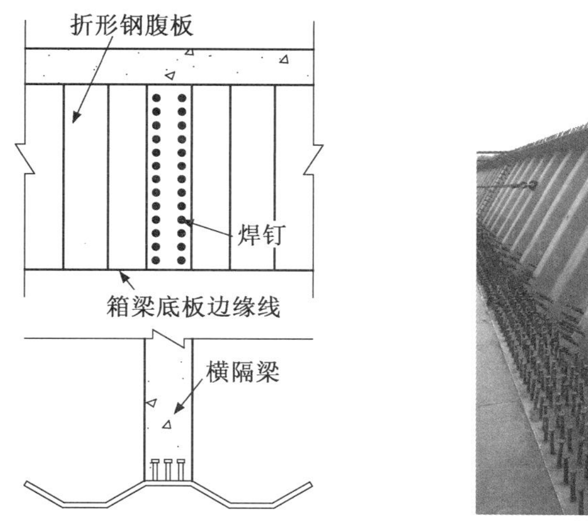

b)腹板与横隔板连接

图 A.2.6-4　腹板与横隔梁(板)连接

A.3　截面刚度计算

组合折腹梁截面刚度按本模式指南第 5.3 节计算。如图 A.3-1 所示,选取组合腹板截面 *A-A*、中支点截面 *B-B*、中跨横隔板所在截面 *C-C* 以及跨中截面 *D-D* 四个典型截面计算各截面刚度。相应的有限元截面如图 A.3-2 所示。

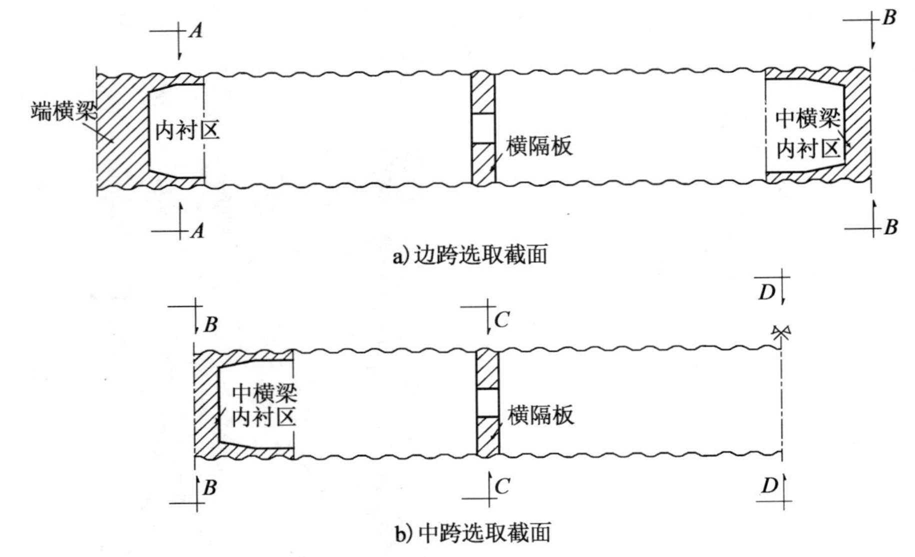

图 A.3-1　截面选取图式

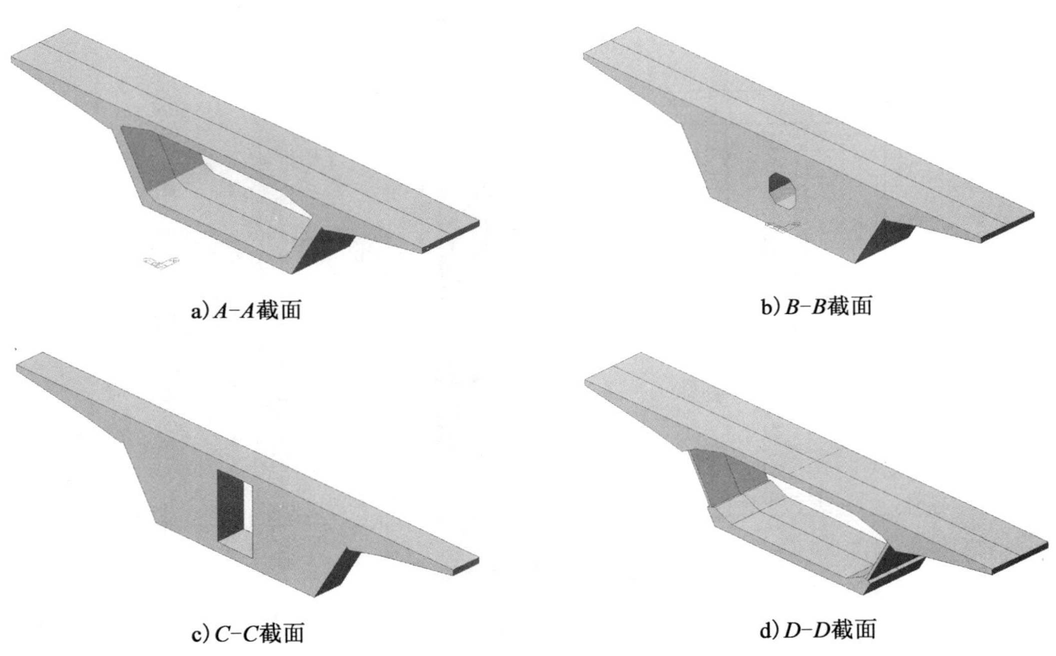

图 A.3-2　有限元模型横截面

A.3.1　轴向刚度

组合折腹梁跨中截面及横隔板截面轴向刚度按式(5.3.1-1)计算,即:

$$EA = E_c A_c$$

支点截面按混凝土箱梁截面计算,其中折形钢腹板换算成相应混凝土板;内衬组合腹板截面按式(5.3.2-1)计算,即:

$$EA = E_c A_c + n_w E_c h_w (t_c + \alpha_w n_E t_w)$$

A.3.2 抗弯刚度

组合折腹梁跨中截面及横隔板截面弯曲刚度按式(5.3.1-2)计算,即:

$$EI = E_c I_c$$

支点截面按混凝土箱梁截面计算,其中折形钢腹板换算成相应混凝土板;内衬组合腹板截面按式(5.3.2-2)计算,即:

$$EI = E_c I_c + \frac{1}{12} n_w E_c h_w^3 (t_c + \alpha_w n_E t_w) + n_w E_c h_w (t_c + \alpha_w n_E t_w)(y_c - y_w)^2$$

A.3.3 抗剪刚度

组合折腹梁跨中截面及横隔板截面抗剪刚度按式(5.3.3)计算,即:

$$GA = n_w \alpha_w G h_w t_w$$

支点截面按混凝土箱梁截面计算,其中折形钢腹板换算成相应混凝土板;内衬组合腹板截面按式(5.3.4)计算,即:

$$GA = n_w (t_c + \alpha_w n_E t_w) G_c h_w$$

A.3.4 抗扭刚度

组合折腹梁跨中截面及横隔板截面抗扭刚度按式(5.3.5-1)计算;支点截面按混凝土箱梁截面计算,其中折形钢腹板换算成相应混凝土板;内衬组合腹板截面按式(5.3.6)计算。

A.3.5 截面特性计算结果

1 主梁截面特性

主梁典型截面特性如表 A.3.5-1 所示,表中 Y_c 表示截面形心到截面梁底的距离,Y'_c表示截面形心到截面梁顶的距离。

表 A.3.5-1 主梁典型截面特性

截面特性 \ 截面位置	组合腹板截面 A-A	支点截面 B-B	横隔板处截面 C-C	跨中截面 D-D
截面面积 A_c(m^2)	9.78	20.73	19.03	7.89
顶板面积 A_{cu}(m^2)	5.96	5.96	5.96	5.96
底板面积 A_{cl}(m^2)	1.93	1.93	1.93	1.93
截面惯性矩 I_c(m^4)	8.99	13.45	12.49	7.67

续上表

截面特性 \ 截面位置		组合腹板截面 A-A	支点截面 B-B	横隔板处截面 C-C	跨中截面 D-D
截面形心	Y_c(m)	1.88	1.60	1.61	1.89
	Y'_c(m)	0.87	1.16	1.14	0.86
梁高 h(m)		2.75	2.75	2.75	2.75

2　折形钢腹板截面特性

折形钢腹板截面特性如表 A.3.5-2 所示。

表 A.3.5-2　折形钢腹板截面特性

平板长度	a_w(mm)	300.0
斜板长度	c_w(mm)	300.0
斜板水平投影长度	b_w(mm)	259.8
折形高度	d_w(mm)	150.0
折形长度	L_w(mm)	1 119.6
钢腹板厚度	t_w(mm)	16.0
钢腹板高度	h_w(mm)	2 293.3 ~ 2 302.5
形状系数	α_w	0.933

3　截面刚度计算结果

典型截面刚度计算结果如表 A.3.5-3 所示。

表 A.3.5-3　截面刚度计算结果汇总

截面刚度 \ 截面位置	组合腹板截面 A-A	支点截面 B-B	横隔板处截面 C-C	跨中截面 D-D
轴向刚度($\times 10^8$kN)	3.26	7.15	2.72	2.72
抗弯刚度($\times 10^8$kN·m^2)	2.98	4.64	2.65	2.65
抗剪刚度(kN)	123.20	310.45	4.01	4.01
扭转刚度($\times 10^8$kN·m^2)	2.98	26.26	1.73	1.73

A.3.6　预应力筋布置

预应力筋在各验算截面的特性布置如表 A.3.6 所示。表中 A'_{p1}、A'_{p2}、A_{p1}、A_{p2}分别为受压区体内预应力筋、受压区体外预应力筋、受拉区体内预应力筋及受拉区体外预应力筋在各截面的钢筋面积；h'_{y1}、h'_{y2}、h_{y1}、h_{y2}分别为受压区体内预应力筋、受压区体外预应力筋、受拉区体内预应力筋及受拉区体外预应力筋重心相距受压区普通钢筋重心的距离。

表 A.3.6　预应力筋截面特性

设计参数	单位	边跨端支点截面	边跨 L/4 截面	边跨跨中截面	边跨 3L/4 截面	边跨中支点截面	中跨端部截面	中跨 L/4 截面	中跨跨中截面
A'_{p1}	mm^2	6 720.0	6 720.0	6 720.0	6 720.0	6 720.0	6 720.0	6 720.0	6 720.0
A'_{p2}	mm^2	15 120.0	15 120.0	15 120.0	15 120.0	0.0	0.0	0.0	0.0
A_{p1}	mm^2	6 720.0	6 720.0	6 720.0	6 720.0	6 720.0	6 720.0	6 720.0	6 720.0
A_{p2}	mm^2	15 120.0	15 120.0	15 120.0	15 120.0	30 240.0	30 240.0	30 240.0	30 240.0
h'_{y1}	mm	0.0	0.0	0.0	0.0	0.0	0.0	0.0	0.0
h'_{y2}	mm	330.0	330.0	330.0	330.0	—	—	—	—
h_{y1}	mm	2 470.0	2 470.0	2 470.0	2 470.0	2 470.0	2 470.0	2 470.0	2 470.0
h_{y2}	mm	2 150.0	2 150.0	2 150.0	1 203.0	2 140.0	2 140.0	2 150.0	2 150.0

A.4　荷载作用

1　恒载

混凝土重度为 $w_c = 26kN/m^3$；折形钢腹板重度为 $w_s = 76kN/m^3$。沥青混凝土铺装材料重度 $w_a = 23kN/m^3$，厚度 90mm，全桥净宽 14m；单位长度重量为 28.98kN/m；栏杆按单位长度重量 23kN/m 考虑。

2　预应力

本桥采用后张法施加预应力，体外预应力张拉控制应力为 σ_{con} = 1 209MPa，体内预应力张拉控制应力为 σ_{con} = 1 350MPa，预应力有效值计算结果如表 A.4 所示。

表 A.4　预应力有效值

截面位置	T1 ~ T4 (MPa)	T5 ~ T8 (MPa)	W1 ~ W4 (MPa)	W5 ~ W8 (MPa)
边跨端支点截面	1 047.9	1 044.0	1 096.1	1 120.3
边跨 L/4 截面	1 149.1	1 149.7	1 127.5	1 146.9
边跨跨中截面	1 148.9	1 149.8	1 123.2	1 110.7
边跨 3L/4 截面	1 149.2	1 149.7	1 146.9	1 146.9
中支点左截面	1 150.0	1 150.0	1 118.5	1 118.3
中支点右截面	1 150.0	1 150.0	1 088.9	1 127.9
中跨 L/4 截面	1 148.3	1 150.0	1 096.1	1 133.6
中跨跨中截面	1 148.3	1 150.0	1 096.1	1 133.6

表 A.4 中 T1 ~ T4 为底板体内预应力筋，T5 ~ T8 为顶板体内预应力筋，W1 ~ W4 为底板体外预应力筋，W5 ~ W8 为顶板体外预应力筋。

3　活载

本桥活载为公路一级汽车荷载，计算跨径为 48m，按照《公路桥涵设计通用规范》(JTG D60—2004)，$q_k = 10.5\text{kN/m}$，$P_k = 352\text{kN}$，计算剪力效应时，集中荷载 P_k 乘以 1.2。横向四车道，横向折减系数为 0.67，无纵向折减。

活载冲击系数的计算参考《公路桥涵设计通用规范》(JTG D60—2004)，结构基频为 2.09，冲击系数取 0.115。

4　温度荷载

由于桥梁顺桥向可自由变形，整体温度荷载产生的内力很小，故不予考虑。梯度升、降温按照《公路桥涵设计通用规范》(JTG D60—2004)进行取值，A 取 300mm，T_1 取 14℃，T_2 取 5.5℃，负温差为正温差乘以 -0.5。

5　支座沉降

支座沉降 5mm，采用两种最不利组合，即顺桥向第一个支座和第三个支座、第二个支座和第四个支座发生沉降两种工况。

A.5　截面内力计算

A.5.1　计算模型

组合折腹梁桥通常采用梁单元模型整体线性分析。如图 A.5.1 所示，边界条件为一中支点(支座 2)约束竖向、横向和顺桥向平动自由度，其他三个支座只约束竖向及横向平动自由度。

图 A.5.1　结构计算模型

A.5.2　内力计算结果

表 A.5.2 为验算截面在不同荷载工况下的内力计算结果。选取验算截面有边支点截面、边跨 $L/4$ 截面、边跨跨中截面、边跨 $3L/4$ 截面、中支点左截面、中支点右截面、中跨 $L/4$ 截面、中跨跨中截面。表中 M、V、N 分别为截面弯矩、剪力和轴力。

表 A.5.2　截面内力计算结果

截面	内力	单位	自重	桥面荷载	预应力初效应	预应力次效应	梯度升温	梯度降温	活载max	活载min	支座沉降1	支座沉降2	收缩徐变
边跨端支点截面	M	kN·m	0.0	0.0	-2 989.0	0.0	0.0	0.0	0.0	0.0	0.0	0.0	2.0
	V	kN	-2 855.0	-495.0	0.0	-236.0	-143.0	71.0	213.0	-1 047.0	126.0	-126.0	-146.0
	N	kN	0.0	0.0	-10 365.0	0.0	0.0	0.0	0.0	0.0	0.0	0.0	0.0
边跨 $L/4$ 截面	M	kN·m	10 537.0	2 258.0	-7 437.0	2 321.0	1 077.0	-538.0	5 525.0	-1 740.0	-952.0	952.0	1 111.0
	V	kN	-525.0	-103.0	0.0	-308.0	-143.0	71.0	346.0	-627.0	126.0	-126.0	-146.0
	N	kN	0.0	0.0	-11 732.0	0.0	0.0	0.0	0.0	0.0	0.0	0.0	0.0
边跨跨中截面	M	kN·m	8 001.0	1 583.0	-3 104.0	4 614.0	2 140.0	-1 070.0	5 782.0	-3 460.0	-1 893.0	1 893.0	2 200.0
	V	kN	1 303.0	284.0	-626.0	-308.0	-143.0	71.0	630.0	-374.0	126.0	-126.0	-146.0
	N	kN	0.0	0.0	-10 179.0	0.0	0.0	0.0	0.0	0.0	0.0	0.0	0.0
边跨 $3L/4$ 截面	M	kN·m	-8 212.0	-1 863.0	-1 687.0	6 852.0	3 178.0	-1 589.0	4 460.0	-5 139.0	-2 812.0	2 812.0	3 270.0
	V	kN	3 034.0	663.0	-668.0	-308.0	-143.0	71.0	900.0	-152.0	126.0	-126.0	-146.0
	N	kN	0.0	0.0	-11 329.0	0.0	0.0	0.0	0.0	0.0	0.0	0.0	0.0

续上表

截面	内力	单位	自重	桥面荷载	预应力初效应	预应力次效应	梯度升温	梯度降温	活载 max	活载 min	支座沉降 1	支座沉降 2	收缩徐变
中支点左截面	M	kN·m	-33 715.0	-7 492.0	6 090.0	8 920.0	4 138.0	-2 069.0	551.0	-7 720.0	-3 660.0	3 660.0	4 250.0
	V	kN	4 957.0	1 012.0	-632.0	-308.0	-143.0	71.0	1 265.0	-18.0	126.0	-126.0	-146.0
	N	kN	0.0	0.0	-10 553.0	0.0	0.0	0.0	0.0	0.0	0.0	0.0	0.0
中支点右截面	M	kN·m	-32 906.0	-7 309.0	-5 096.0	9 228.0	4 280.0	-2 140.0	697.0	-7 220.0	-3 628.0	3 628.0	4 396.0
	V	kN	-5 406.0	-1 196.0	1 590.0	0.0	0.0	0.0	67.0	-1 442.0	-158.0	158.0	0.0
	N	kN	0.0	0.0	-10 500.0	0.0	0.0	0.0	0.0	0.0	0.0	0.0	0.0
中跨 $L/4$ 截面	M	kN·m	12 425.0	2 697.0	-13 359.0	9 227.0	4 280.0	-2 140.0	5 616.0	-1915.0	-1 893.0	1 893.0	4 395.0
	V	kN	-2 773.0	-624.0	0.0	0.0	0.0	0.0	206.0	-940.0	-158.0	158.0	0.0
	N	kN	0.0	0.0	-11 112.0	0.0	0.0	0.0	0.0	0.0	0.0	0.0	0.0
中跨跨中截面	M	kN·m	28 325.0	6 440.0	-18 957.0	9 227.0	4 280.0	-2 140.0	8 847.0	-1 568.0	0.0	0.0	4 396.0
	V	kN	0.0	0.0	0.0	0.0	0.0	0.0	486.0	-486.0	-158.0	158.0	0.0
	N	kN	0.0	0.0	-12 594.0	0.0	0.0	0.0	0.0	0.0	0.0	0.0	0.0

A.5.3　内力最不利组合

表 A.5.3-1 ~ 表 A.5.3-6 分别为承载能力极限状态与正常使用极限状态最不利弯矩、剪力及扭矩组合，其中承载能力极限状态不考虑预应力初效应，正常使用极限状态不考虑预应力初效应和次效应。

表 A.5.3-1　承载能力极限状态最不利弯矩组合

设计参数	单位	边跨端支点截面	边跨 L/4 截面	边跨跨中截面	边跨 3L/4 截面	中支点左截面	中支点右截面	中跨 L/4 截面	中跨跨中截面
M_{dmax}	kN·m	2.0	24 121.0	21 326.0	-3 277.0	-45 343.0	-43 753.0	30 414.0	59 460.0
M_{dmin}	kN·m	2.0	13 949.0	8 387.0	-16 714.0	-56 923.0	-54 838.0	19 871.0	44 879.0

表 A.5.3-2　正常使用极限状态最不利弯矩组合

设计参数	单位	边跨端支点截面	边跨 L/4 截面	边跨跨中截面	边跨 3L/4 截面	中支点左截面	中支点右截面	中跨 L/4 截面	中跨跨中截面
M_{smax}	kN·m	2.0	16 848.0	13 732.0	-6 804.0	-40 638.0	-39 379.0	21 143.0	44 944.0
M_{smin}	kN·m	2.0	11 762.0	7 262.0	-13 523.0	-46 428.0	-44 922.0	15 872.0	37 654.0
M_{kmax}	kN·m	2.0	18 721.0	15 894.0	-4 831.0	-39 645.0	-38 314.0	23 684.0	48 454.0
M_{kmin}	kN·m	2.0	791.0	11 543.0	6 652.0	-12 422.0	-20 900.0	-20 478.0	29 994.0
M_{lmax}	kN·m	2.0	15 191.0	11 997.0	-8 142.0	-40 804.0	-39 589.0	19 459.0	42 290.0
M_{lmin}	kN·m	2.0	12 284.0	8 300.0	-11 981.0	-44 112.0	-42 756.0	16 446.0	38 124.0

表 A.5.3-3　承载能力极限状态最不利剪力组合

设计参数	单位	边跨端支点截面	边跨 L/4 截面	边跨跨中截面	边跨 3L/4 截面	中支点左截面	中支点右截面	中跨 L/4 截面	中跨跨中截面
V_{dmax}	kN	-3 837.0	-316.0	2 671.0	5 582.0	8 388.0	10 020.0	-3 866.0	601.0
V_{dmin}	kN	-5 602.0	-1 678.0	1 266.0	4 109.0	6 590.0	7 907.0	-5 471.0	-759.0

表 A.5.3-4　正常使用极限状态最不利剪力组合

设计参数	单位	边跨端支点截面	边跨 L/4 截面	边跨跨中截面	边跨 3L/4 截面	中支点左截面	中支点右截面	中跨 L/4 截面	中跨跨中截面
V_{smax}	kN	-3 207.0	-335.0	2 022.0	4 321.0	6 489.0	7 769.0	-3 410.0	182.0
V_{smin}	kN	-4 090.0	-1 016.0	1 319.0	3 584.0	5 590.0	6 713.0	-4 213.0	-498.0
V_{kmax}	kN	-3 172.0	-260.0	2 182.0	4 563.0	6 840.0	6 692.0	-3 348.0	328.0
V_{kmin}	kN	-4 433.0	-4 249.0	-1 162.0	1 178.0	3 353.0	3 981.0	-6 958.0	-2 822.0
V_{lmax}	kN	-3 271.0	-439.0	1 833.0	4 051.0	6 109.0	7 337.0	-3 472.0	37.0
V_{lmin}	kN	-3 776.0	-828.0	1 431.0	3 630.0	5 596.0	6 733.0	-3 931.0	-352.0

表 A.5.3-5 承载能力极限状态最不利扭矩组合

设计参数	单位	边跨端支点截面	边跨 L/4 截面	边跨跨中截面	边跨 3L/4 截面	中支点左截面	中支点右截面	中跨 L/4 截面	中跨跨中截面
M_{tdmax}	kN·m	4 249.9	2 700.5	1 701.1	663.0	22.1	5 214.3	3 490.6	1 753.0
M_{tdmin}	kN·m	-0.2	-536.1	-1 429.2	-2 578.3	-4 165.4	-13.1	-662.9	-1 817.0

表 A.5.3-6 正常使用极限状态最不利扭矩组合

设计参数	单位	边跨端支点截面	边跨 L/4 截面	边跨跨中截面	边跨 3L/4 截面	中支点左截面	中支点右截面	中跨 L/4 截面	中跨跨中截面
M_{tsmax}	kN·m	2 125.0	1 350.3	850.6	331.5	11.0	2 607.1	1 745.3	876.5
M_{tsmin}	kN·m	-0.1	-268.0	-714.6	-1 289.2	-2 082.7	-6.5	-331.5	-908.5
M_{tkmax}	kN·m	3 035.6	1 929.0	1 215.1	473.5	15.8	3 724.5	2 493.3	1 252.1
M_{tkmin}	kN·m	-0.1	-382.9	-1 020.9	-1 841.7	-2 975.3	-9.3	-473.5	-1 297.9
M_{tlmax}	kN·m	1 214.3	771.6	486.0	189.4	6.3	1 489.8	997.3	500.9
M_{tlmin}	kN·m	-0.1	-153.2	-408.4	-736.7	-1 190.1	-3.7	-189.4	-519.2

表中 M_{dmin}、M_{dmax}、V_{dmin}、V_{dmax}、M_{tdmin}、M_{tdmax} 分别为承载能力极限状态下截面最大及最小弯矩、剪力和扭矩，表中 M_s、M_k、M_l、V_s、V_k、V_l、M_{ts}、M_{tk}、M_{tl} 分别为正常使用极限状态荷载效应短期组合、标准组合及长期组合下的弯矩、剪力和扭矩。

由于轴力值只由预应力初效应引起，故直接从表 A.5.2 中取值。

A.6 承载能力极限状态验算

A.6.1 抗弯承载能力验算

截面抗弯承载力计算参照本模式指南 6.2.3 及 6.2.4 进行计算，折形钢腹板梁段截面忽略折形钢腹板的抗弯作用按式(6.2.3-2)计算，内衬混凝土组合腹板梁段截面按式(6.2.4-6)计算。

折形钢腹板梁段截面正弯矩承载力计算公式为：

$$f_{sd}A_s + f_{pd1}A_{p1} + f_{pd2}A_{p2} = f_{cd}b_e x + f'_{sd}A'_s + \sigma'_{pa}A'_p \qquad (A.6.1\text{-}1)$$

$$M_{ud} = f_{sd}A_s(h_s - h'_s) + f_{pd1}A_{p1}(h_{p1} - h'_s) + f_{pd2}A_{p2}(h_{p2} - h'_s) - \sigma'_{pa}A'_p(h'_p - h'_s) - f_{cd}b_m x\left(\frac{x}{2} - h'_s\right) \qquad (A.6.1\text{-}2)$$

式中：A_s、A'_s——受拉区与受压区普通钢筋面积；
A'_p——受压区预应力筋面积；
A_{p1}、A_{p2}——受拉区体内、体外预应力筋面积；
f_{sd}、f'_{sd}——受拉区与受压区普通钢筋的设计强度；
f_{pd1}——受拉区体内预应力筋的抗拉设计强度；
f_{cd}——混凝土轴心抗压设计强度；
f_{pd2}——受拉区体外预应力筋的抗拉设计强度；
σ'_{pa}——受压区预应力筋的计算应力，$\sigma'_{pa}=f'_{pd}-\sigma'_{p0}$，其中，$f'_{pd}$为预应力筋设计抗压强度，$\sigma'_{p0}$为受压区预应力筋的消压应力；
h_s、h'_s——受拉区与受压区普通钢筋形心至梁上缘的距离；
h_{p1}、h_{p2}——受拉区体内、体外预应力筋形心至梁上缘的距离；
h'_p——受压区预应力筋形心至梁上缘的距离；
b_m——顶、底板有效分布宽度；
x——等效矩形应力分布的受压区高度。

内衬混凝土组合腹板梁段截面正弯矩承载力计算公式为：

$$T_w+f_{sd}A_s+f_{pd1}A_{p1}+f_{pd2}A_{p2}=C_w+C_c+f'_{sd}A'_s+\sigma'_{pa}A'_p \quad (A.6.1\text{-}3)$$

$$T_w=2f_yt_w(h+t_{c1}-t_{c2}-2x_0) \quad (A.6.1\text{-}4)$$

$$C_c=f_{cd}b_et_{c1}+2f_{cd}t_c(x-t_{c1}) \quad (A.6.1\text{-}5)$$

$$C_w=f_yt_w(x_0-t_{c1}) \quad (A.6.1\text{-}6)$$

$$x=\beta x_0 \quad (A.6.1\text{-}7)$$

$$\begin{aligned}M_d=&f_{sd}A_s(h_s-h'_s)+f_{pd1}A_{p1}(h_{p1}-h'_s)+f_{pd2}A_{p2}(h_{p2}-h'_s)+\\&T_w\left(\frac{h}{2}-\frac{t_{c1}}{2}-\frac{t_{c2}}{2}+x_0-h'_s\right)-C_w\left(\frac{2x_0}{3}+\frac{t_{c1}}{3}-h'_s\right)-f_{cd}b_mt_{c1}\left(\frac{t_{c1}}{2}-h'_s\right)-\\&2f_{cd}t_c(x-t_{c1})\cdot\left(\frac{x}{2}+\frac{t_{c1}}{2}-h'_s\right)-\sigma'_{pa}A'_p(h'_p-h'_s)\end{aligned} \quad (A.6.1\text{-}8)$$

式中：h——梁高；
t_c、t_{c1}、t_{c2}——内衬混凝土及混凝土顶底、板厚度；
x_0——混凝土受压区高度；
β——矩形应力图高度系数。

表 A.6.1-1 及表 A.6.1-2 为各最不利验算截面正、负弯矩截面承载力计算结果，表中 h'_{y1}、h'_{y2}、h_{y1}、h_{y2} 分布为受压区体内、外预应力筋及受拉区体内、外预应力筋重心距受压区普通钢筋重心的距离，h_0 为截面有效高度，ξ_b 为组合折腹梁相对界限受压区高度。

表 A.6.1-1　截面正弯矩承载力计算结果

设计参数	单位	边跨端支点截面	边跨 $L/4$ 截面	边跨跨中截面	边跨 $3L/4$ 截面	中支点左截面	中支点右截面	中跨 $L/4$ 截面	中跨跨中截面
t_w	mm	16.0	16.0	16.0	16.0	16.0	16.0	16.0	16.0
t_c	mm	300.0	300.0	300.0	300.0	300.0	300.0	300.0	300.0
t_{c1}	mm	300.0	300.0	300.0	300.0	300.0	300.0	300.0	300.0
t_{c2}	mm	300.0	300.0	300.0	300.0	300.0	300.0	300.0	300.0
β	—	0.8	0.8	0.8	0.8	0.8	0.8	0.8	0.8
A'_s	mm²	31 420.0	31 420.0	31 420.0	31 420.0	31 420.0	31 420.0	31 420.0	31 420.0
A_s	mm²	21 214.6	21 214.6	21 214.6	21 214.6	21 214.6	21 214.6	21 214.6	21 214.6
A'_p	mm²	6 720.0	6 720.0	6 720.0	6 720.0	6 720.0	6 720.0	6 720.0	6 720.0
A_{p1}	mm²	6 720.0	6 720.0	6 720.0	6 720.0	6 720.0	6 720.0	6 720.0	6 720.0
A_{p2}	mm²	15 120.0	15 120.0	15 120.0	15 120.0	0.0	0.0	30 240.0	30 240.0
h'_y	mm	0.0	0.0	0.0	0.0	0.0	0.0	0.0	0.0
h_{y1}	mm	2 470.0	2 470.0	2 470.0	2 470.0	2 470.0	2 470.0	2 470.0	2 470.0
h_{y2}	mm	2 150.0	2 150.0	2 150.0	1 203.0	—	—	2 150.0	2 150.0
f_{sd}	MPa	300.0	300.0	300.0	300.0	300.0	300.0	300.0	300.0
f'_{sd}	MPa	300.0	300.0	300.0	300.0	300.0	300.0	300.0	300.0
σ'_{p0}	MPa	1 251.5	1 261.6	1 275.1	1 289.5	1 275.5	1 280.9	1 258.2	1 237.9
f'_{pd}	MPa	390.0	390.0	390.0	390.0	390.0	390.0	390.0	390.0
f_{pd1}	MPa	1 260.0	1 260.0	1 260.0	1 260.0	1 260.0	1 260.0	1 260.0	1 260.0
f_{pd2}	MPa	1 260.0	1 260.0	1 260.0	1 260.0	1 260.0	1 260.0	1 260.0	1 260.0
b_m	mm	15 000.0	15 000.0	15 000.0	15 000.0	15 000.0	15 000.0	15 000.0	15 000.0
f_y	MPa	310.0	310.0	310.0	310.0	310.0	310.0	310.0	310.0
f_{cd}	MPa	23.1	23.1	23.1	23.1	23.1	23.1	23.1	23.1
x	mm	135.0	87.5	87.7	88.0	80.5	80.6	142.4	142.0
实取 x	mm	144.8	97.3	97.5	97.8	90.3	90.4	152.2	151.8
$M_{u正}$	kN·m	81 360.2	80 883.3	80 888.1	62 851.7	39 786.6	39 788.8	122 324.2	118 426.9

表 A.6.1-2 截面负弯矩承载力计算结果

设计参数	单位	边跨端支点截面	边跨 L/4 截面	边跨跨中截面	边跨 3L/4 截面	中支点左截面	中支点右截面	中跨 L/4 截面	中跨跨中截面
t_w	mm	16.0	16.0	16.0	16.0	16.0	16.0	16.0	16.0
t_c	mm	300.0	300.0	300.0	300.0	300.0	300.0	300.0	300.0
t_{c1}	mm	300.0	300.0	300.0	300.0	300.0	300.0	300.0	300.0
t_{c2}	mm	300.0	300.0	300.0	300.0	300.0	300.0	300.0	300.0
β	—	0.8	0.8	0.8	0.8	0.8	0.8	0.8	0.8
A'_s	mm^2	21 214.6	21 214.6	21 214.6	21 214.6	21 214.6	21 214.6	21 214.6	21 214.6
A_s	mm^2	31 420.0	31 420.0	31 420.0	31 420.0	31 420.0	31 420.0	31 420.0	31 420.0
A'_p	mm^2	6 720.0	6 720.0	6 720.0	6 720.0	6 720.0	6 720.0	6 720.0	6 720.0
A_{p1}	mm^2	6 720.0	6 720.0	6 720.0	6 720.0	6 720.0	6 720.0	6 720.0	6 720.0
A_{p2}	mm^2	15 120.0	15 120.0	15 120.0	15 120.0	30 240.0	30 240.0	0.0	0.0
h'_y	mm	0.0	0.0	0.0	0.0	0.0	0.0	0.0	0.0
h_{y1}	mm	2 470.0	2 470.0	2 470.0	2 470.0	2 470.0	2 470.0	2 470.0	2 470.0
h_{y2}	mm	2 150.0	2 150.0	2 150.0	1 203.0	2 140.0	2 140.0	—	—
f_{sd}	MPa	300.0	300.0	300.0	300.0	300.0	300.0	300.0	300.0
f'_{sd}	MPa	300.0	300.0	300.0	300.0	300.0	300.0	300.0	300.0
σ'_{p0}	MPa	1 263.0	1 273.0	1 287.0	1 302.0	1 297.0	1 295.0	1 268.0	1 248.0
f'_{pd}	MPa	390.0	390.0	390.0	390.0	390.0	390.0	390.0	390.0
f_{pd1}	MPa	1 260.0	1 260.0	1 260.0	1 260.0	1 260.0	1 260.0	1 260.0	1 260.0
f_{pd2}	MPa	1 260.0	1 260.0	1 260.0	1 260.0	1 260.0	1 260.0	1 260.0	1 260.0
b_m	mm	5 444.0	5 444.0	5 444.0	5 444.0	5 444.0	5 444.0	5 444.0	5 444.0
f_y	MPa	310.0	310.0	310.0	310.0	310.0	310.0	310.0	310.0
f_{cd}	MPa	23.1	23.1	23.1	23.1	23.1	23.1	23.1	23.1
x	mm	337.0	290.4	291.1	291.9	459.6	459.6	138.6	137.5
实取 x	mm	705.4	290.4	291.1	291.9	1 135.2	1 134.9	149.4	148.3
$M_{u负}$	kN · m	−99 113.6	−84 644.3	−84 644.3	−66 602.8	−111 956.6	−111 981.5	−43 684.2	−43 684.2

承载能力极限状态抗弯承载力验算结果如表 A.6.1-3 所示，γ_0 为结构安全系数取为 1.1，作为算例给出中跨跨中截面抗弯承载力的详细验算过程。

表 A.6.1-3 承载能力极限状态抗弯验算结果

设计参数	单位	边跨端支点截面	边跨 L/4 截面	边跨跨中截面	边跨 3L/4 截面	中支点左截面	中支点右截面	中跨 L/4 截面	中跨跨中截面
$M_{u负}$	kN·m	-99 113.6	-84 644.3	-84 644.3	-66 602.8	-111 956.6	-111 981.5	-43 684.2	-43 684.2
$\gamma_0 M_{dmin}$	kN·m	2.0	15 344.0	9 226.0	-18 385.0	-62 615.0	-60 322.0	21 858.0	49 367.0
$M_{u正}$	kN·m	81 360.2	80 883.3	80 888.1	62 851.7	39 786.6	39 788.8	122 324.2	118 426.9
$\gamma_0 M_{dmax}$	kN·m	2.0	26 533.0	23 459.0	-3 605.0	-49 877.0	-48 128.0	33 455.0	65 406.0

中跨跨中截面底板受拉区有两层 HRB335 普通筋，分别为 40 ϕ 12、34 ϕ 25。顶板受压区有两层 HRB335 普通筋，分别为 100 ϕ 16、100 ϕ 12。将 A_s、A_s' 代入式(A.6.1-1)计算截面矩形受压区高度 x：

$$A_s = 113.1 \times 40 + 490.9 \times 34 = 21\,214.6(\text{mm}^2)$$

$$A_s' = 113.1 \times 100 + 201.1 \times 100 = 31\,420.0(\text{mm}^2)$$

$$f_{sd}A_s + f_{pd1}A_{pd1} + f_{pd2}A_{p2} = f_{cd}b_e x + f_{sd}'A_s' + \sigma_{p1a}'A_{p1}' + \sigma_{p2a}'A_{p2}'$$

$$\Rightarrow x = 142.0\text{mm}$$

由于顶板第二层钢筋位于所求得的受压区高度以下，故不考虑其对截面承载力的贡献，顶板普通钢筋只考虑 100 ϕ 16 筋，$A_s' = 201.1 \times 100 = 20\,110.0\text{mm}^2$，将 A_s' 重新代入式(A.6.1-2)计算截面受压区高度得 $x = 151.8\text{mm}$。

忽略顶板第二层钢筋计算承载力，对底板体内预应力筋取矩：

$$\begin{aligned} M_{ud} &= f_{sd}A_s(h_s - h_s') + f_{pd1}A_{p1}(h_{p1} - h_s') + f_{pd2}A_{p2}(h_{p2} - h_s') - \\ &\quad \sigma_{pa}'A_p'(h_p' - h_s') - f_{cd}b_e x\left(\frac{x}{2} - h_s'\right) \\ &= 300.0 \times 16\,663.6 \times 2\,450.0 + 1\,260.0 \times 6\,720.0 \times 2\,470.0 + \\ &\quad 1\,260.0 \times 30\,240.0 \times 2\,150.0 - (390.0 - 1\,238.0) \times 6\,720.0 \times 0.0 - \\ &\quad 23.1 \times 150\,000.0 \times 152.0 \times \left(\frac{152.0}{2} - 150.0\right) \\ &= 118\,427.0(\text{kN}\cdot\text{m}) \end{aligned}$$

$M_{ud} > \gamma_0 M_d = 65\,406.0\text{kN}\cdot\text{m}$，满足抗弯承载力要求。

A.6.2 抗剪承载能力验算

截面抗剪承载力计算参照本模式指南 6.3.1 及 6.3.2 进行计算，折形钢腹板梁段截面仅考虑钢腹板和截面剪力，按式(6.3.1-1)计算，内衬混凝土组合腹板梁段截面按式(6.3.2-1)计算。

折形钢腹板梁段截面抗剪承载力计算公式为：

$$V_{ud} = V_{wd} + V_{ped} = n_w f_{vd} h_w t_w + F_{pe}\sin\theta_p \qquad (\text{A.6.2-1})$$

式中：f_{vd}——钢板抗剪强度设计值；

h_w——钢腹板高度；

t_w——钢腹板厚度；

n_w——钢腹板个数；

F_{pe}——有效预应力；

θ_p——预应力筋轴向倾角。

内衬混凝土组合腹板梁段截面抗剪承载力计算公式为：

$$V_{ud} = V_{wcd} + V_{cd} + V_{ped} \tag{A. 6. 2-2}$$

其中：

$$V_{wcd} = \frac{n_w f_{vd} h_w t_w}{\alpha_w}$$

$$V_{cd} = n_w \beta_1 f_{cd} b_e t_{ce} \sin\theta$$

$$V_{ped} = F_{pe} \sin\theta_p$$

式中：f_{vd}、t_w、h_w——折形钢腹板的抗剪强度设计值、厚度与高度；

n_w——钢腹板个数；

α_w——折形钢腹板形状系数，取$\frac{a_w + b_w}{a_w + c_w}$；

f_{cd}——内衬混凝土抗压强度设计值；

b_e——内衬混凝土受压有效高度，即 $b_e = k_e h_w$；

k_e——腹板有效高度同实际高度的比值，可取 0.3；

t_{ce}——内衬混凝土的平均厚度；

β_1——考虑斜压主应力沿厚度方向分布不均匀性系数，可取 0.5；

F_{pe}——有效预应力；

θ_p——预应力筋轴向倾角；

θ——斜压区倾角，即 $\sin\theta = h_w / \sqrt{h_w^2 + L_m^2}$；

L_m——长衬混凝土长度。

表 A. 6. 2-1 为各最不利验算截面抗剪承载力计算结果。

表 A. 6. 2-1　截面抗剪承载力计算结果

设计参数	单位	边跨端支点截面	边跨 L/4 截面	边跨跨中截面	边跨 3L/4 截面	中支点左截面	中支点右截面	中跨 L/4 截面	中跨跨中截面
h_w	mm	1 663.0	1 663.0	1 663.0	1 663.0	1 663.0	1 663.0	1 663.0	1 663.0
t_w	mm	16.0	16.0	16.0	16.0	16.0	16.0	16.0	16.0
b_e	mm	1 663.0	—	—	—	1 331.0	499.0	—	—
t_c	mm	300.0	—	—	—	300.0	300.0	—	—

续上表

设计参数	单位	边跨端支点截面	边跨 L/4 截面	边跨跨中截面	边跨 3L/4 截面	中支点左截面	中支点右截面	中跨 L/4 截面	中跨跨中截面
L_m	mm	3 125.0	—	—	—	3 125.0	3 125.0	—	—
α_w	—	0.933	—	—	—	0.933	0.933	—	—
θ_p	°	—	0	6.92	6.92	—	—	8.63	0
f_{vd}	MPa	160.0	160.0	160.0	160.0	160.0	160.0	160.0	160.0
f_{cd}	MPa	22.4	22.4	22.4	22.4	22.4	22.4	22.4	22.4
F_{pe}	kN	—	0.0	16 982.8	17 341.1	17 341.1	33 518.0	33 713.1	0.0
V_{wd}	kN	—	5 256.4	5 256.4	5 256.4	—	—	5 256.4	5 256.4
V_{ped}	kN	—	0.0	2 046.1	2 089.3	2 089.3	5 029.5	5 058.8	0.0
V_{wcd}	kN	7 464.9	—	—	—	7 464.9	7 464.9	—	—
V_{cd}	kN	5 864.4	—	—	—	4 691.5	1 759.3	—	—
$V_{ud,max}$	kN	10 706.7	5 256.0	7 303.0	7 346.0	12 796.0	15 736.2	10 286.0	5 256.0
$V_{ud,min}$	kN	-10 706.7	-5 256.0	-3 210.0	-3 167.0	-8 617.4	-5 667.2	-227.0	-5 256.0

承载能力极限状态下的截面抗剪承载力验算结果如表 A.6.2-2 所示，γ_0 为结构安全系数取为 1.1，作为算例，给出边跨 3L/4 截面与中支点右侧截面的详细验算过程。

表 A.6.2-2　承载能力极限状态截面抗剪验算结果

设计参数	单位	边跨端支点截面	边跨 L/4 截面	边跨跨中截面	边跨 3L/4 截面	中支点左截面	中支点右截面	中跨 L/4 截面	中跨跨中截面
$V_{ud,max}$	kN	10 706.7	5 256.0	7 303.0	7 345.7	12 796.0	15 736.2	10 286.0	5 256.0
$\gamma_0 V_{d,max}$	kN	-4 221.0	-348.0	2 938.0	6 140.0	9 227.0	11 022.0	6 018.0	661.0
$V_{ud,min}$	kN	-10 706.7	-5 256.0	-3 210.0	-3 167.0	-8 617.4	-5 667.2	-227.0	-5 256.0
$\gamma_0 V_{d,min}$	kN	-6 162.0	-1 846.0	1 393.0	4 520.0	7 249.0	8 698.0	4 253.0	-835.0

边跨 3L/4 截面处有效预应力包括 W1 ~ W4，预应力轴向倾角为 6.29°，该段截面抗剪承载力为：

$$
\begin{aligned}
V_{ud} &= V_{wd} + V_{ped} \\
&= n_w \times f_{vd} \times h_w \times t_w + F_{pe} \times \sin\theta_p \\
&= 171.0 \times 1\,663.8 \times 16.0 + 17\,341\,128 \times 0.12 \\
&= 7\,345.7(\text{kN})
\end{aligned}
$$

$V_{ud} > \gamma_0 V_d = 6\,140.0\text{kN}$，边跨 3L/4 截面满足抗剪承载力要求。

中支点右侧截面处截面抗剪承载力为：

$$
\begin{aligned}
V_{ud} &= V_{wcd} + V_{cd} + V_{ped} \\
&= \frac{n_w f_{vd} h_w t_w}{\alpha_w} + n_w \beta_1 f_{cd} b_e t_{ce} \sin\theta + F_{pe} \cdot \sin\theta_p \\
&= 261.63 \times 1\,663.8 \times 16/0.933 + \\
&\quad 0.5 \times 23.1 \times 499.14 \times 300 \times 0.47 + 33\,518.0 \times 0.15 \\
&= 15\,736.2(\text{kN})
\end{aligned}
$$

$V_{ud} > \gamma_0 V_d = 11\,022.0\text{kN}$，中支点右侧截面满足抗剪承载力要求。

A.6.3 抗扭承载能力验算

截面抗扭承载力验算参照本模式指南 6.4.2，折形钢腹板梁段截面可按式(6.4.2-1)～式(6.4.2-5)计算。

折形钢腹板梁段截面和内衬混凝土组合腹板截面的抗扭承载力 M_{tud} 取 M_{tcud} 与 M_{tyd} 中的较小值，M_{tcud}、M_{tyd} 分别按照顶底板扭矩斜压破坏及截面整体抗扭两种模态计算。

1 混凝土顶、底板扭矩对于斜压破坏状态：

$$M_{tcud} = k_t f_{tcd} \tag{A.6.3-1}$$

式中：f_{tcd}——$f_{tcd} = 1.25\sqrt{f'_{cd}}$(MPa)，且 $f_{tcd} \leqslant 7.8$MPa；

k_t——扭转相关系数，$k_t = 2A_m t_{ci}$；

A_m——扭转抵抗面积；

t_{ci}——顶底板厚度的最小值。

2 组合折腹梁断面整体扭转：

$$M_{tyd} = 2A_m V_{odi} \tag{A.6.3-2}$$

式中：A_m——扭转抵抗面积；

V_{odi}——混凝土顶、底板或折形钢腹板的单位长度断面内力最小值。

混凝土板情况 V_{od}，取纵桥向混凝土板钢筋设计屈服强度 T_{xyd}、横桥向混凝土板钢筋设计屈服强度 T_{yyd} 两者较小值：

$$T_{xyd} = p_x f_{sd} a_{c1} t_{c1} \tag{A.6.3-3}$$

$$T_{yyd} = p_y f_{sd} a_{c1} t_{c1} \tag{A.6.3-4}$$

式中：p_x、p_y——纵桥向与横桥向混凝土板的配筋率；

f_{sd}——钢筋的抗拉强度设计值；

a_{c1}——混凝土板的单位宽度；

t_{c1}——混凝土板的厚度。

折形钢腹板情况 V_{od}：

$$V_{od}=f_{vd}h_{w1}t_w \tag{A.6.3-5}$$

式中：f_{vd}——钢板的抗剪强度设计值；

h_{w1}——折形钢腹板的单位宽度；

t_w——折形钢腹板的厚度。

表 A.6.3-1 为各最不利验算截面抗扭承载力计算结果。

表 A.6.3-1　截面抗扭承载力计算结果

设计参数	单位	边跨端支点截面	边跨 L/4 截面	边跨跨中截面	边跨 3L/4 截面	中支点左截面	中支点右截面	中跨 L/4 截面	中跨跨中截面
h_w	mm	1 663	1 663	1 663	1 663	1 663	1 663	1 663	1 663
t_{c1}	mm	300	300	300	300	300	300	300	300
t_w	mm	16	16	16	16	16	16	16	16
A_m	m^2	16.803	16.803	16.803	16.803	16.803	16.803	16.803	16.803
b_{c1}	mm	1 000	1 000	1 000	1 000	1 000	1 000	1 000	1 000
h_{w1}	mm	1 000	1 000	1 000	1 000	1 000	1 000	1 000	1 000
k_t	m^3	10.080	10.080	10.080	10.080	10.080	10.080	10.080	10.080
f'_{cd}	MPa	−5.6	−9.0	−8.1	−9.1	−6.1	−5.9	−8.5	−11.1
f_{tcd}	MPa	6.0	6.0	6.0	6.0	6.0	6.0	6.0	6.0
f_{vd}	MPa	160.0	160.0	160.0	160.0	160.0	160.0	160.0	160.0
f_{sd}	MPa	280.0	280.0	280.0	280.0	280.0	280.0	280.0	280.0
f_{cd}	MPa	23.1	23.1	23.1	23.1	23.1	23.1	23.1	23.1
p_x	%	0.698	0.698	0.698	0.698	0.698	0.698	0.698	0.698
p_y	%	0.754	0.754	0.754	0.754	0.754	0.754	0.754	0.754
T_{xyd}	kN/m	586.5	586.5	586.5	586.5	586.5	586.5	586.5	586.5
T_{yyd}	kN/m	633.4	633.4	633.4	633.4	633.4	633.4	633.4	633.4
V_{od}	kN/m	2 560.0	2 560.0	2 560.0	2 560.0	2 560.0	2 560.0	2 560.0	2 560.0
M_{tcud}	kN·m	29 822.4	37 806.8	35 866.6	38 016.2	31 125.3	30 610.8	36 741.6	41 986.5
M_{tyd}	kN·m	19 709.9	19 709.9	19 709.9	19 709.9	19 709.9	19 709.9	19 709.9	19 709.9
M_{tdmax}	kN·m	19 709.9	19 709.9	19 709.9	19 709.9	19 709.9	19 709.9	19 709.9	19 709.9
M_{tdmin}	kN·m	−19 709.9	−19 709.9	−19 709.9	−19 709.9	−19 709.9	−19 709.9	−19 709.9	−19 709.9

承载能力极限状态抗扭承载力验算结果如表 A.6.3-2 所示，γ_0 为结构安全系数取为 1.1，作为算例，给出扭矩最大的中支点右截面抗扭承载力详细验算过程。

表 A.6.3-2　承载能力极限状态抗扭验算结果

设计参数	单位	边跨端支点截面	边跨 L/4 截面	边跨跨中截面	边跨 3L/4 截面	中支点左截面	中支点右截面	中跨 L/4 截面	中跨跨中截面
$M_{tud,max}$	kN·m	19 709.9	19 709.9	19 709.9	19 709.9	19 709.9	19 709.9	19 709.9	19 709.9
$\gamma_0 M_{td,max}$	kN·m	4 675.0	2 971.0	1 871.0	729.0	24.0	5 736.0	3 840.0	1 928.0
$M_{tud,min}$	kN·m	−19 709.9	−19 709.9	−19 709.9	−19 709.9	−19 709.9	−19 709.9	−19 709.9	−19 709.9
$\gamma_0 M_{td,min}$	kN·m	0.0	−590.0	−1 572.0	−2 836.0	−4 582.0	−14.0	−729.0	−1 999.0

承载能力极限状态下最不利截面为中支点右截面，抗扭承载能力验算如下：

1）混凝土顶、底板扭矩

对于斜压破坏状态：

$$
\begin{aligned}
M_{tcud} &= K_t f_{tcd} \\
&= 2 \times 2\,450 \times \frac{5\,444 + 8\,273}{2} \times 300 \times 1.25 \times \sqrt{6.0} \\
&= 30\,863.6(\mathrm{kN \cdot m})
\end{aligned}
$$

2）组合折腹梁闭合断面抗扭承载力

（1）混凝土板 V_{od}

参照配筋图，可得到顶板顺桥向配筋率最低，故只需计算顶板 p_x。顶板顺桥向钢筋为双层分别为ϕ12 和ϕ16，间距 150mm，则：

$$
p_x = \frac{(113.1 + 201.1) \times \frac{1\,000}{150}}{1\,000 \times 300} = 0.006\,98
$$

$$
T_{xyd} = p_x f_{sd} a_{c1} t_{c1} = 0.006\,98 \times 280 \times 300 \times 1\,000 = 586.51(\mathrm{kN/m})
$$

参照配筋图，可得到顶、底板桥轴直角方向配筋率一致。顶板顺桥向钢筋为双层ϕ12，间距 100mm，则：

$$
p_y = \frac{2 \times 113.1 \times \frac{1\,000}{100}}{1\,000 \times 300} = 0.007\,54
$$

$$
T_{yyd} = p_y f_{sd} a_{c1} t_{c1} = 0.007\,54 \times 280 \times 300 \times 1\,000 = 633.4(\mathrm{kN/m})
$$

（2）折形钢腹板情况 V_{od}

$$
V_{od} = f_{vd} h_{w1} t_w = 160 \times 16 \times 1\,000 = 2\,560(\mathrm{kN})
$$

混凝土顶板取得$(V_{odi})_{min}$，组合折腹梁闭合断面设计扭转抗力 M_{tyd}如下：

$$M_{tyd} = 2A_m(V_{odi})_{min}$$
$$=2\times 2.450\times\frac{5.444+8.273}{2}\times 586.5$$
$$=19\,709.9(kN\cdot m)$$

远大于 $\gamma_0 M_{td}=5\,736.0kN\cdot m$,满足要求。

A.7 持久状况应力及正常使用极限状态验算

A.7.1 持久状况应力验算

1 混凝土法向应力

正常使用极限状态下,预应力混凝土 A 类受弯构件正截面受压区混凝土最大压应力应满足一定限制,参照本模式指南条文 7.2.2,即:

$$\sigma_{cc}=\sigma_{kc}+\sigma_{pt}\leqslant 0.50f_{ck} \tag{A.7.1-1}$$

式中:σ_{cc}——正常使用极限状态下受压区最大压应力;

σ_{kc}——荷载标准组合(不包括初效应和次效应)下混凝土受压边缘最大压应力;

σ_{pt}——预加力(包括初效应和次效应)产生的混凝土拉应力。

表 A.7.1-1 为计算相关参数取值以及计算结果。表中应力负号表示压应力,正号表示拉应力,y_{0max}、y_{0min}代表最大弯矩及最小弯矩下换算截面重心至计算主应力点的距离,I_0 为换算截面惯性矩。由计算结果可知,各最不利验算截面受压区混凝土最大压应力满足应力要求。

表 A.7.1-1 受压区混凝土最大压应力计算结果

设计参数	单位	边跨端支点截面	边跨 L/4 截面	边跨跨中截面	边跨 3L/4 截面	中支点左截面	中支点右截面	中跨 L/4 截面	中跨跨中截面
M_{kmax}	kN·m	2.0	18 721.0	15 894.0	-4 831.0	-39 645.0	-38 314.0	23 684.0	48 454.0
M_{kmin}	kN·m	2.0	791.0	11 543.0	6 652.0	-12 422.0	-20 900.0	-20 478.0	29 994.0
I_0	m^4	8.080	8.080	8.080	8.080	8.080	8.080	8.080	8.080
y_{0max}	m	0.893	0.893	0.893	1.857	1.857	0.893	0.893	0.893
y_{0min}	m	0.893	0.893	0.893	1.857	1.857	1.857	0.893	0.893
σ_{kcmax}	MPa	-4.2	-5.0	-4.7	-2.6	-4.8	-4.6	-5.5	-7.5
σ_{kcmin}	MPa	-4.2	-5.7	-5.4	-3.5	-5.6	-5.4	-6.1	-8.4
σ_{ptmax}	MPa	-0.9	-2.7	-1.3	-0.9	3.3	3.0	-0.5	-1.5

续上表

设计参数	单位	边跨端支点截面	边跨 L/4 截面	边跨跨中截面	边跨 3L/4 截面	中支点左截面	中支点右截面	中跨 L/4 截面	中跨跨中截面
σ_{ptmin}	MPa	-2.5	-7.2	-1.9	-5.3	-4.9	-4.6	-3.4	-9.8
$(\sigma_{kc}+\sigma_{pt})_{max}$	MPa	-5.1	-7.7	-6.6	-7.9	-5.5	-5.4	-6.0	-9.0
$(\sigma_{kc}+\sigma_{pt})_{min}$	MPa	-5.1	-8.3	-7.3	-8.7	-6.0	-5.9	-6.5	-10.0
$0.5f_{ck}$	MPa	-16.2	-16.2	-16.2	-16.2	-16.2	-16.2	-16.2	-16.2

2　预应力筋最大拉应力

正常使用极限状态下,预应力混凝土 A 类受弯构件受拉区预应力筋最大拉应力应满足一定限制,参照本模式指南条文 7.2.3,即:

1)体内预应力钢束最大拉应力限值

$$\sigma_{p,i} \leqslant 0.65f_{pd,i} \tag{A.7.1-2}$$

2)体外预应力钢束最大拉应力限值

$$\sigma_{p,e} \leqslant 0.65f_{pd,e} \tag{A.7.1-3}$$

式中:$\sigma_{p,i}$、$\sigma_{p,e}$——体内、外预应力筋最大拉应力;

$f_{pd,i}$、$f_{pd,e}$——体内、外预应力筋的抗拉强度设计值。

表 A.7.1-2、表 A.7.1-3 为计算相关参数取值以及计算结果。表中应力负号表示压应力,正号表示拉应力,y_{0max}、y_{0min}代表最大弯矩及最小弯矩下换算截面重心至计算主应力点的距离,I_0 为换算截面惯性矩。

由计算结果可知,体内、外预应力筋最大拉应力满足应力要求。

表 A.7.1-2　受拉区体内预应力筋最大拉应力计算结果

设计参数	单位	边跨端支点截面	边跨 L/4 截面	边跨跨中截面	边跨 3L/4 截面	中支点左截面	中支点右截面	中跨 L/4 截面	中跨跨中截面
M_{kmax}	kN·m	2.0	18 721.0	15 894.0	-4 831.0	-39 645.0	-38 314.0	23 684.0	48 454.0
M_{kmin}	kN·m	2.0	791.0	11 543.0	6 652.0	-12 422.0	-20 900.0	-20 478.0	29 994.0
I_0	m^4	8.08	8.08	8.08	8.08	8.08	8.08	8.08	8.08
y_{0max}	m	1.727	1.727	1.727	1.727	1.727	1.727	1.727	1.727
y_{0min}	m	1.727	1.727	1.727	1.727	0.743	0.743	1.727	1.727
σ_{ktmax}	MPa	-0.4	4.0	1.5	-1.4	-0.6	-0.7	2.5	10.9
σ_{ktmin}	MPa	-0.4	2.4	0.4	-3.4	-1.2	-1.3	1.6	8.5
α_{EP}	—	5.7	5.7	5.7	5.7	5.7	5.7	5.7	5.7
σ_{pemax}	MPa	1 044.0	1 149.7	1 149.8	1 149.7	1 150.0	1 150.0	1 150.0	1 150.0

续上表

设计参数	单位	边跨端支点截面	边跨 L/4 截面	边跨跨中截面	边跨 3L/4 截面	中支点左截面	中支点右截面	中跨 L/4 截面	中跨跨中截面
σ_{pemin}	MPa	1 047.9	1 149.1	1 148.9	1 149.2	1 150.0	1 150.0	1 148.3	1 148.3
$(\sigma_{pe}+\sigma_{p})_{max}$	MPa	1 041.9	1 172.5	1 158.4	1 141.8	1 146.6	1 145.9	1 163.9	1 111.6
$(\sigma_{pe}+\sigma_{p})_{min}$	MPa	1 045.8	1 162.6	1 151.4	1 129.8	1 143.3	1 142.7	1 157.2	1 196.4
$0.65f_{pd}$	MPa	1 209.0	1 209.0	1 209.0	1 209.0	1 209.0	1 209.0	1 209.0	1 209.0

表 A.7.1-3　受拉区体外预应力筋最大拉应力计算结果

设计参数	单位	边跨端支点截面	边跨 L/4 截面	边跨跨中截面	边跨 3L/4 截面	中支点左截面	中支点右截面	中跨 L/4 截面	中跨跨中截面
M_{kmax}	kN · m	2.0	18 721.0	15 894.0	−4 831.0	−39 645.0	−38 314.0	23 684.0	48 454.0
M_{kmin}	kN · m	2.0	791.0	11 543.0	6 652.0	−12 422.0	−20 900.0	−20 478.0	29 994.0
I_0	m^4	8.08	8.08	8.08	8.08	8.08	8.08	8.08	8.08
y_{0max}	m	1.407	1.407	1.407	0.537	0.000	0.000	1.407	1.407
y_{0min}	m	1.407	1.407	1.407	0.537	0.343	0.377	1.407	1.407
σ_{ktmax}	MPa	−0.4	4.0	1.5	−1.4	—	—	2.5	10.9
σ_{ktmin}	MPa	−0.4	2.4	0.4	−3.4	−1.2	−1.3	1.6	8.5
α_{EP}	—	5.7	5.7	5.7	5.7	5.7	5.7	5.7	5.7
σ_{pemax}	MPa	1 096.1	1 127.5	1 123.2	1 146.9	—	—	1 096.1	1 096.1
σ_{pemin}	MPa	1 120.3	1 146.9	1 110.7	1 146.9	1 118.3	1 127.9	1 133.6	1 133.6
$(\sigma_{pe}+\sigma_{p})_{max}$	MPa	1 094.0	1 150.3	1 131.8	1 139.0	—	—	1 110.0	1 157.7
$(\sigma_{pe}+\sigma_{p})_{min}$	MPa	1 118.2	1 160.4	1 113.2	1 127.5	1 111.6	1 120.6	1 142.5	1 181.7
$0.65f_{pd}$	MPa	1 209.0	1 209.0	1 209.0	1 209.0	1 209.0	1 209.0	1 209.0	1 209.0

3　扭转应力验算

参照本设计指南进行扭转应力验算。仅对扭矩最大的中支座右截面进行验算，长期荷载组合下最不利扭矩为：

$$M_{tld} = 1\,489.79\text{kN} \cdot \text{m}$$

折形钢腹板与混凝土顶、底板由扭矩引起的剪应力按下列公式计算：

$$\tau_{wtd} = \frac{M_t}{2A_m t_w(1+\beta_w)} < f_{vd} \tag{A.7.1-4}$$

$$\tau_{ftd} = \frac{M_t}{2A_m t_f(1+\beta_w)} < f_{td} \tag{A.7.1-5}$$

式中：τ_{wtd}、τ_{ftd}——折形钢腹板及混凝土顶底板扭矩作用下的剪应力设计值；

t_w、t_f——折形钢腹板及混凝土顶底板的厚度；

A_m——组合箱梁截面面积，$A_m = h_m \cdot (b_{c1} + b_{c1})/2$；

h_m——组合截面顶、底板中心线间的距离；

β_w——组合截面扭转刚度修正系数；

f_{td}——混凝土抗拉强度设计值；

f_{vd}——钢板抗剪强度设计值。

即腹板扭转应力忽略内衬混凝土对抗扭的增强作用，仅验算钢腹板梁段剪扭复合作用下的剪应力，即计算如下：

$$A_m = \frac{h_m \times (b_{c1} + b_{c2})}{2} = \frac{2\ 450 \times (8\ 273 + 5\ 444)}{2} = 16.8(\mathrm{m}^2)$$

$$\tau_{wtd} = \frac{M_{tld}}{2A_m t_w(1 + \beta_w)} = \frac{1\ 489.8}{2 \times 16.8 \times 0.016 \times (1 + 0.083)} = 2.6(\mathrm{MPa})$$

$$\tau_{wsd} = \frac{V_{ld}}{2h_w t_w} = \frac{7\ 337.0 \times 1\ 000}{2 \times 1\ 663.0 \times 16} = 137.9(\mathrm{MPa})$$

$$\tau_{wt} + \tau_{ws} = 2.6 + 137.9 = 140.4(\mathrm{MPa}) < f_{vd} = 160\mathrm{MPa}$$

混凝土顶、底板扭转应力为：

$$\begin{aligned}\tau_{ftd} &= \frac{M_t}{2A_m t_f(1 + \beta_w)} \\ &= \frac{1\ 489.8}{2 \times 16.8 \times 0.3 \times (1 + 0.083)} \\ &= 0.14(\mathrm{MPa}) < f_{td} = 1.83\mathrm{MPa}\end{aligned}$$

以上计算可知，中支座右截面满足持久状况扭转应力的要求。

A.7.2　抗裂验算

组合折腹梁桥正常使用极限状态抗裂验算参照本模式指南条文 7.3。本桥为 A 类预应力混凝土构件，在作用短期效应组合下满足下式，即：

$$\sigma_t - \sigma_{pc} \leqslant 0.7 f_{tk} \tag{A.7.2-1}$$

在荷载长期效应组合下满足下式，即：

$$\sigma_t - \sigma_{pc} \leqslant 0 \tag{A.7.2-2}$$

式中：σ_t——在作用短期、长期组合下构件抗裂验算，混凝土边缘法向拉应力；

σ_{pc}——在扣除全部预应力损失后预加力在构件边缘产生的预压应力；

f_{tk}——混凝土的抗拉强度标准值。

表 A.7.2-1、表 A.7.2-2 为计算相关参数取值及计算结果。表中应力负号表示压应力,正号表示拉应力,y_{0max}、y_{0min}代表最大弯矩及最小弯矩下换算截面重心至计算主应力点的距离,I_0 为换算截面惯性矩。

由计算结果可知,各最不利验算截面抗裂性满足要求。

表 A.7.2-1 短期荷载组合下正常使用极限状态截面抗裂验算结果

设计参数	单位	边跨端支点截面	边跨 L/4 截面	边跨跨中截面	边跨 3L/4 截面	中支点左截面	中支点右截面	中跨 L/4 截面	中跨跨中截面
M_{smax}	kN·m	2.0	17 812.0	15 649.0	−3 952.0	−36 921.0	−35 535.0	24 980.0	48 779.0
M_{smin}	kN·m	2.0	12 726.0	9 180.0	−10 671.0	−42 711.0	−41 077.0	19 709.0	41 488.0
I_0	m^4	8.08	8.08	8.08	8.08	8.08	8.08	8.08	8.08
$\sigma_{pc顶板}$	MPa	−0.9	−2.7	−1.9	−5.3	−4.9	−4.6	−0.5	−1.5
$\sigma_{pc底板}$	MPa	−2.5	−7.2	−1.3	−0.9	3.3	3.0	−3.4	−9.8
y_{max}	m	1.857	1.857	1.857	0.893	0.893	0.893	1.857	1.857
y_{min}	m	1.857	1.857	1.857	0.893	0.893	0.893	1.857	1.857
f_{tk}	MPa	2.7	2.7	2.7	2.7	2.7	2.7	2.7	2.7
σ_{stmax}	MPa	−0.3	3.7	1.3	−1.8	0.3	0.0	2.2	10.1
σ_{stmin}	MPa	−0.3	2.5	0.6	−2.5	−0.2	−0.4	1.6	8.5
$(\sigma_{st}-\sigma_{pc})_{max}$	MPa	−2.8	−3.5	0.0	−2.7	−1.5	−1.6	−1.1	0.3
$(\sigma_{st}-\sigma_{pc})_{min}$	MPa	−2.8	−4.6	−0.8	−4.2	−2.1	−2.2	−1.8	−1.4
$0.7f_{tk}$	MPa	1.9	1.9	1.9	1.9	1.9	1.9	1.9	1.9

表 A.7.2-2 长期荷载组合下正常使用极限状态截面抗裂验算结果

设计参数	单位	边跨端支点截面	边跨 L/4 截面	边跨跨中截面	边跨 3L/4 截面	中支点左截面	中支点右截面	中跨 L/4 截面	中跨跨中截面
M_{lmax}	kN·m	5 514.0	17 626.0	17 516.0	−1 164.0	−29 341.0	−28 271.0	26 208.0	46 402.0
M_{lmin}	kN·m	3 232.0	8 607.0	2 575.0	−19 613.0	−49 751.0	−48 483.0	8 493.0	30 035.0
y_{max}	m	1.857	1.857	1.857	0.893	0.893	0.893	1.857	1.857
y_{min}	m	1.857	1.857	1.857	0.893	0.893	0.893	1.857	1.857
σ_{ltmax}	MPa	−0.3	3.3	1.1	−2.0	0.0	−0.1	2.0	9.5
σ_{ltmin}	MPa	−0.3	2.6	0.7	−2.4	−0.3	−0.4	1.7	8.6
σ_{pcmax}	MPa	−0.9	−2.7	−1.3	−0.9	3.3	3.0	−0.5	−1.5
σ_{pcmin}	MPa	−2.5	−7.2	−1.9	−5.3	−4.9	−4.6	−3.4	−9.8
$(\sigma_{lt}-\sigma_{pc})_{max}$	MPa	−2.8	−3.9	−0.2	−3.0	−1.5	−1.7	−1.3	−0.3
$(\sigma_{lt}-\sigma_{pc})_{min}$	MPa	−2.8	−4.6	−0.7	−3.9	−1.9	−2.0	−1.7	−1.3

A.7.3　挠度验算

参照本模式指南第 7.4 节计算，由于本桥高跨比为 1/17.5，介于 1/30 ~ 1/10 之间，所以可采用本模式指南 7.4.3 条文说明中的公式进行计算，考虑折形钢腹板剪切引起的变形，即：

1　集中荷载作用

$$f_{L/2} = \frac{PL^3}{48E_cI_c}(1+\beta_p) \tag{A.7.3-1}$$

2　均布荷载作用

$$f_{L/2} = \frac{5qL^4}{384E_cI_c}(1+\beta_q) \tag{A.7.3-2}$$

其中，修正系数 β_p、β_q 为高跨比 h/L 和抗弯、抗剪刚度比值 E_cI_c/G_wA_w 的关系式，即：

$$\beta_p = \left(0.67 - \frac{0.53h}{L}\right)\frac{12E_cI_c}{G_wA_wL^2}$$

$$\beta_q = 0.67\,\frac{48E_cI_c}{5G_wA_wL^2}$$

式中：$f_{L/2}$——跨中挠度；

P、q——集中荷载与均布荷载；

L——组合折腹梁的跨径；

h——组合折腹梁的梁高；

E_c——混凝土弹性模量；

I_c——混凝土顶、底板的惯性矩；

β_p、β_q——分别为集中荷载、均布荷载作用下的挠度修正系数。

表 A.7.3-1 和表 A.7.3-2 为集中荷载及均布荷载作用下的跨中挠度，经验算挠度小于跨径的 1/600。

表 A.7.3-1　集中荷载作用下的挠度计算结果

设计参数	E_c	I_c	G_w	A_w	L	h	P	β_p	$f_{L/2}$
单位	MPa	m^4	MPa	m^2	m	m	kN	—	mm
边跨跨中	34 500	7.672	73 900	0.073	29.950	2.750	943.4	0.466	3.0
中跨跨中	34 500	7.672	73 900	0.073	48.000	2.750	943.4	0.186	10.0

表 A.7.3-2　均布荷载作用下的挠度计算结果

设计参数	E_c	I_c	G_w	A_w	L	h	q	β_q	$f_{L/2}$
单位	MPa	m^4	MPa	m^2	m	m	kN/m	—	mm
边跨跨中	34 500	7.672	73 900	0.073	29.950	2.750	28.1	0.351	2.0
中跨跨中	34 500	7.672	73 900	0.073	48.000	2.750	28.1	0.137	8.0

A.8 钢腹板与混凝土顶底板结合部计算

A.8.1 钢腹板与顶底板结合面抗剪验算

1 连接件承载能力极限状态抗剪验算

全桥剪力连接件顺桥向布置形式相同,剪力连接件受力与所在截面剪力成正比,以验算剪力最不利的中跨支点截面为例。

参照本模式指南9.4.1,在承载能力极限状态下,连接件承受纵桥向水平剪力作用,应符合下式要求:

$$\gamma_0 V_{sd} \leq V_{sud} \tag{A.8.1-1}$$

式中:γ_0——组合桥梁结构重要性系数;

V_{sd}——承载能力极限状态下的连接件剪力组合设计值;

V_{sud}——连接件抗剪承载力设计值。

组合折腹梁桥钢腹板与混凝土顶底板结合面作用的单位长度剪力,可按下列公式计算:

$$q_{vd} = (V_d - V_p)\frac{S_c}{I_c} \tag{A.8.1-2}$$

式中:q_{vd}——结合面作用单位长度的剪力设计值;

I_c——混凝土顶、底板对全截面中性轴 n-n 的惯性矩;

S_c——混凝土顶板或混凝土底板对中性轴 n-n 的面积矩;

V_d——荷载组合作用下的截面设计剪力;

V_p——荷载组合作用下的预应力筋分担剪力。

焊钉连接件抗剪承载力设计值,可按下列公式计算:

$$V_{sud} = 0.4A_{st}\sqrt{E_c f_{cd}} \quad (\sqrt{E_c f_{cd}} \leq 700.0\text{MPa}) \tag{A.8.1-3}$$

$$V_{sud} = 0.16A_{st}\sqrt{E_c f_{cd}} + 168A_{st} \quad (\sqrt{E_c f_{cd}} > 700.0\text{MPa}) \tag{A.8.1-4}$$

式中:V_{sud}——焊钉连接件的抗剪承载力设计值;

A_{st}——焊钉截面的面积;

E_c——混凝土弹性模量;

f_{cd}——混凝土抗压强度设计值。

依据实际焊钉尺寸和布置形式,焊钉横桥向共6列,顺桥向间距140mm,则单位长度内两侧翼缘板共有焊钉42个;底板每一折形长度范围内的两侧共有 72 个焊钉,则单位长度内有 65 个焊钉,故纵桥向单位长度连接件抗剪承载力 $V_{sud}=q_{vd}/n_{st}$。

表 A.8.1-1 为承载能力极限状态下焊钉连接件剪力计算结果,表 A.8.1-2 为承载能力极限状态下结合面抗剪验算结果,表中 A_c 为混凝土顶、底板的面积,e_c 为混凝土顶、底板形心到截面形心的距离,$S_c=A_c\times e_c$,d_{st} 为焊钉直径。

表 A.8.1-1　承载能力极限状态下焊钉连接件剪力计算结果

设计参数	V_d	V_p	A_c	e_c	S_c	I_c	q_{vd}	n_{st}	V_{sd}	$\gamma_0 V_{sd}$
单位	kN	kN	m²	m	m³	m⁴	kN	个	kN	kN
顶板	10 020.0	5 028.0	5.959	0.591	3.523	7.937	2723.0	42	64.8	71.3
底板	10 020.0	5 028.0	1.93.0	1.672	3.226	7.937	2494.0	65	38.4	42.2

表 A.8.1-2　承载能力极限状态下结合面抗剪验算结果

设计参数	d_{st}	A_{st}	f_{cd}	E_c	V_{sud}	$\gamma_0 V_{sd}$
单位	mm	mm²	MPa	MPa	kN	kN
顶板	22	380	23.1	34 500	118.1	71.3
底板	22	380	23.1	34 500	118.1	42.2

2　连接件正常使用极限状态抗剪验算

正常使用极限状态下焊钉连接件在承受纵桥向水平剪力作用,应符合下式要求,即:

$$\gamma_0 V_{sd}\leqslant 0.5V_{sud} \tag{A.8.1-5}$$

式中:γ_0——组合桥梁结构重要性系数;

V_{sd}——正常使用极限状态下的连接件剪力设计值;

V_{sud}——连接件抗剪承载力设计值。

表 A.8.1-3 为正常使用极限状态下焊钉连接件剪力计算结果,表 A.8.1-4 为正常使用状态下焊钉连接件剪力验算结果。由计算结果可知,正常使用极限状态下连接件剪力满足要求。

表 A.8.1-3　正常使用极限状态下焊钉连接件剪力计算结果

设计参数	V_d	V_p	A_c	e_c	S_c	I_c	q_{sd}	n_{st}	V_{sd}	$\gamma_0 V_{sd}$
单位	kN	kN	m²	m	m³	m⁴	kN	个	kN	kN
顶板	7337.0	5 028.0	5.959	0.591	3.523	7.937	1058.6	42	25.2	27.7
底板	7337.0	5 028.0	1.930	1.672	3.226	7.937	969.4	65	14.9	16.4

表 A.8.1-4　正常使用状态焊钉连接件剪力验算结果

设计参数	d_{st}	A_{st}	f_{cd}	E_c	V_{sud}	$0.5V_{sud}$	$\gamma_0 V_{sd}$
单位	mm	mm^2	MPa	MPa	kN	kN	kN
顶板	22	380	23.1	34 500	118.1	59.1	27.7
底板	22	380	23.1	34 500	118.1	59.1	16.4

A.8.2　钢腹板与顶板结合面横桥的抗弯验算

参照本指南 9.7.2,结合面横向弯矩承载力设计值可按下式进行计算:

$$M_{ud} = n_{st} \cdot e_{st} \cdot N_{st} \tag{A.8.2-1}$$

$$N_{st} = \frac{\pi d_{st}^2}{4} f_d \tag{A.8.2-2}$$

式中:N_{st}——焊钉抗拉拔承载力设计值;

e_{st}——焊钉的横向间距,取横桥向最外侧两焊钉间距;

n_{st}——单位长度受拉侧配置的焊钉数;

d_{st}——焊钉直径;

f_d——焊钉抗拉强度设计值。

由于隅角弯矩 M_d 值在梁单元模型中无法计算,此处参照《公路钢筋混凝土及预应力混凝土桥涵设计规范》(JTG D62—2004)中计算桥面板支点弯矩的方式计算,详细计算过程可参见第 A.10 节内容,计算结果 $M_d = 164.5\text{kN} \cdot \text{m}$。

表 A.8.2 为焊钉连接件角隅弯矩承载力验算结果,A_{st} 为焊钉截面面积。由计算结果可知,钢腹板与顶板结合面横桥向弯矩 $\gamma_0 M_d = 205.7\text{kN} \cdot \text{m} < M_{ud} = 306.4\text{kN} \cdot \text{m}$,满足要求。

表 A.8.2　焊钉连接件角隅弯矩承载力验算结果

设计参数	d_{st}	A_{st}	n_{st}	e_{st}	f_d	N_{st}	M_{ud}	γ_0	M_d	$\gamma_0 M_d$
单位	mm	mm^2	个	mm	MPa	kN	kN · m	—	kN · m	kN · m
顶板	22	380	7	450	256.0	97.3	306.4	1.1	164.5	181.0

A.9　折形钢腹板设计

A.9.1　折形钢腹板验算

对于选定的折形钢腹板型号,需进行屈曲强度计算,以保证结构具有足够的局部屈曲、整体屈曲和合成屈曲强度,保证屈曲不先于屈服发生,折形钢腹板构造尺寸参见图 A.2.3。

1　正常使用极限状态剪应力验算

折形钢腹板梁段验算以剪力最不利的中跨 $L/4$ 截面进行验算，验算方法参照本模式指南 7.2.4，即腹板最不利剪应力计算：

$$\tau_{wsd} = \frac{V_l - V_p}{A_w} \leqslant f_{vd} \tag{A.9.1-1}$$

$$A_w = n_w h_w t_w \tag{A.9.1-2}$$

式中：V_l——正常使用状态长期荷载组合最不利截面剪力；

V_p——相应截面预应力筋分担剪力；

A_w——折形钢腹板的横截面面积；

n_w——钢腹板个数；

h_w——折形钢腹板高度；

t_w——折形钢腹板厚度；

τ_w——钢腹板截面剪应力；

f_{vd}——钢腹板剪切强度设计值。

组合腹板梁段验算以剪力最不利的中支点右截面进行验算，验算方法参照本模式指南，即腹板最不利剪应力计算：

$$V_{wcd} = \frac{(1+\nu_c)E \cdot t_w}{\alpha_w(1+\nu)E_c \cdot t_e + (1+\nu_c)E \cdot t_w} V_d \tag{A.9.1-3}$$

$$V_{cd} = \frac{\alpha_w(1+\nu)E_c \cdot t_e}{\alpha_w(1+\nu)E_c \cdot t_e + (1+\nu_c)E \cdot t_w} V_d \tag{A.9.1-4}$$

$$\tau_{wcd} = \frac{V_{wcd}}{n_w h_w t_w};\tau_{cd} = \frac{V_{cd}}{n_w h_w t_{ce}} \tag{A.9.1-5}$$

式中：V_{wcd}——折形钢腹板承担的剪力设计值；

V_{cd}——内衬混凝土承担的剪力设计值；

V_d——正常使用状态长期组合（考虑预应力）下组合腹板的剪力值；

E_c——内衬混凝土的弹性模量；

ν_c——内衬混凝土的泊松比；

E——钢板的弹性模量；

ν——钢板的泊松比；

t_{ce}——内衬混凝土的等效平均厚度；

t_w——折形钢腹板的厚度；

h_w——组合腹板的高度；

n_w——钢腹板个数；

α_w——折形钢板展开长度与投影长度比值。

由表 A.9.1-1 和表 A.9.1-2 可知，在正常使用极限状态下验算如下，满足要求，即：

钢腹板截面剪应力：

$$\tau_{wsd} = 21.7\text{MPa} < f_{vd} = 160\text{MPa}$$

组合腹板：

$$\tau_{cd} = 1.7\text{MPa} < f_{td} = 1.83\text{MPa}$$

$$\tau_{wcd} = 9.3\text{MPa} < f_{vd} = 160\text{MPa}$$

表 A.9.1-1　折形钢腹板剪应力验算

设计参数	n_w	h_w	t_w	f_{vd}	$V_1 - V_p$	τ_{wsd}
单位	—	mm	mm	MPa	kN	MPa
中跨 $L/4$ 截面	2	1 663.8	16	160	−1 154.9	21.7

表 A.9.1-2　组合腹板剪应力验算

设计参数	n_w	h_w	t_w	t_{ce}	f_{vd}	α_w	ν	ν_c	V_d	τ_{cd}	τ_{wcd}
单位	—	mm	mm	mm	MPa	—	—	—	kN	MPa	MPa
中支点右截面	2	1 663.8	16	600	160	0.933	0.3	0.167	−3 668.5	1.7	9.3

2　钢腹板屈曲强度验算

1）参照本模式指南 10.3 进行局部屈曲强度计算，即：

$$\tau_{cr,L} = k_L \frac{\pi^2 E}{12(1-\nu^2)}\left(\frac{t_w}{a_w}\right)^2 \tag{A.9.1-6}$$

式中：E——钢板弹性模量；

ν——钢板泊松比；

a_w——折形钢腹板板条宽度（当斜板宽度 c_w 比平板宽度 a_w 大时，取 c_w）；

t_w——钢腹板厚度；

k_L——局部剪切屈曲系数，依据边界条件不同而异，即简支边界条件下：

$$k_L = 5.34 + 4\left(\frac{a_w}{h_w}\right)^2 \tag{A.9.1-7}$$

局部屈曲应力应满足以下条件，即：

$$\tau_{cr,L} \geqslant \frac{f_{vy}}{0.64} \tag{A.9.1-8}$$

式中：f_{vy}——钢板的剪切屈服强度。

2）参照本模式指南 10.4 进行整体屈曲应力计算：

$$\tau_{cr,G} = 36\chi \frac{D_y^{1/4} D_x^{3/4}}{t_w h_w^2} \tag{A.9.1-9}$$

其中：

$$D_x = \frac{E t_w^3 \left[\left(\frac{d_w}{t_w} \right)^2 + 1 \right]}{6\alpha_w} \tag{A.9.1-10}$$

$$D_y = \frac{E t_w^3}{12(1-\nu^2)} \alpha_w \tag{A.9.1-11}$$

式中：t_w——折形钢腹板厚度；

h_w——折形钢腹板高度；

d_w——折形形状高度；

α_w——形状系数，取$\frac{a_w + b_w}{a_w + c_w}$；

χ——整体嵌固系数，简支边界条件为$\chi = 1.0$，固定边界条件为$\chi = 1.9$。

整体屈曲应力应满足以下条件：

$$\tau_{cr,G} \geqslant \frac{f_{vy}}{0.64} \tag{A.9.1-12}$$

3）参照本模式指南 10.5 进行合成屈曲应力计算，即：

$$\frac{1}{\tau_{cr,I}} = \frac{1}{\tau_{cr,L}} + \frac{1}{\tau_{cr,G}} \tag{A.9.1-13}$$

式中：$\tau_{cr,I}$——合成剪切屈曲应力；

$\tau_{cr,L}$——局部剪切屈曲应力；

$\tau_{cr,G}$——整体剪切屈曲应力。

表 A.9.1-3 为折形钢腹板屈曲强度验算结果，结果表明屈服先于屈曲发生，故只需验算屈服强度即可，计算结果参见表 A.9.1-1。

表 A.9.1-3　折形钢腹板屈曲强度验算

设计参数	E	ν	a_w	k_L	χ	α_w	f_{vy}	$\tau_{cr,L}$	$\tau_{cr,G}$	$\tau_{cr,I}$	$\frac{f_{vy}}{0.64}$
单位	MPa	—	mm	—	—	—	MPa	MPa	MPa	MPa	MPa
数值	206 000	0.3	300	5.34	1.0	0.933	199.2	4 945.3	3 006.7	1 869.9	311.3

A.9.2 折形钢腹板间连接

该桥折形腹板间连接采用搭接贴角焊缝连接，以距离中支点4m处剪力最大连接处为例进行验算。

参照本模式指南10.6.4，折形钢腹板搭接贴角焊缝作用的剪应力按下式进行验算，即：

$$\tau_{\mathrm{f}} = \frac{V_{\mathrm{fd}}}{0.7h_{\mathrm{f}}\sum l_{\mathrm{f}}} \leqslant f_{\mathrm{f}}^{\mathrm{w}} \tag{A.9.2}$$

式中：V_{fd}——焊缝承受的竖向剪力设计值，参见表A.8.1-1，则两道腹板 $V_{\mathrm{fd}} = V_{\mathrm{d}} - V_{\mathrm{p}} = 4\,992\mathrm{kN}$；

$f_{\mathrm{f}}^{\mathrm{w}}$——角焊缝的强度设计值，钢腹板厚度为16mm，强度为Q345，角焊缝尺寸16mm，手工焊，参照现行《钢结构设计规范》(GB 50017—2003)表3.4.1-3，取200MPa；

h_{f}——角焊缝的焊脚尺寸，取16mm；

l_{w}——焊缝的计算长度，对每条焊缝取其实际长度减去$2h_{\mathrm{f}}$，两侧腹板平均高度为2 297.9mm，则取值为2 265.9mm。

计算焊缝作用剪应力，即：

$$\tau_{\mathrm{f}} = \frac{V_{\mathrm{fd}}}{0.7h_{\mathrm{f}}\sum l_{\mathrm{f}}} = \frac{6\,135 \times 10^{3}}{2 \times 0.7 \times 16 \times 2\,265.9} = 98.4(\mathrm{MPa})$$

通过比较可知，$\tau_{\mathrm{f}} \leqslant f_{\mathrm{f}}^{\mathrm{w}} = 200\mathrm{MPa}$，满足相关要求。

A.10 混凝土桥面板计算

A.10.1 内力计算

设腹板间行车道板宽度为a，两横隔板间距为l，边跨行车道板l/a为1.7和1.853，中跨行车道板l/a为1.46和3.2。按照《公路钢筋混凝土及预应力混凝土桥涵设计规范》(JTG D62—2004)，$l/a>2$时按单向板计算，则基本都属于双向板，但是美国规范将此值放宽至1.5，且对于横向受力是偏于安全的，因此，仍按照单向板计算桥面板横向受力。腹板间按照四边支承单向板计算，可参照《公路钢筋混凝土及预应力混凝土桥涵设计规范》(JTG D62—2004)。

1 腹板间行车道板内力计算

$$a_1 = a_2 + 2 \times H = 0.2 + 2 \times 0.09 = 0.38(\mathrm{m})$$

$$a_2 = 0.2\mathrm{m}$$

$$a_{跨中} = a_1 + \frac{l}{3} = 2.898\mathrm{m} > 1.4\mathrm{m}$$

则：

$$a_{跨中}=a_1+\frac{l}{3}+d=4.298\text{m}<\frac{2l}{3}+d$$

$$a_{边}=a_1+t=0.68\text{m}<\frac{l}{3}$$

$$b_1=b_2+2\times H=0.6+2\times 0.09=0.78(\text{m})$$

$$b_2=0.6\text{m}$$

车辆荷载按最不利布载，如图 A.10.1-1 所示。

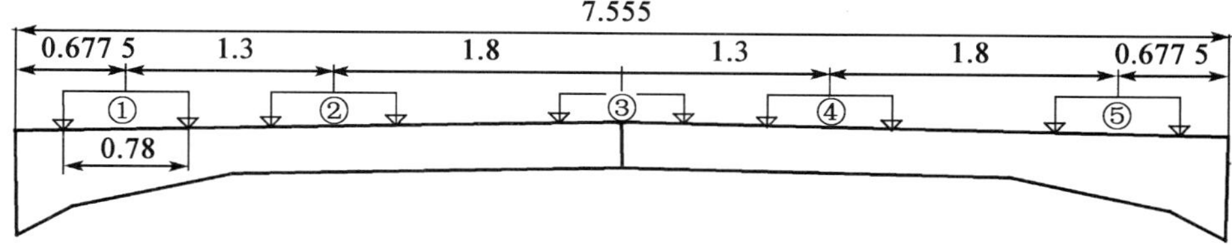

图 A.10.1-1　简支板活载最不利布载（尺寸单位：m）

由 $q_i=P_i/(2a_ib_i)$，得：

$$q_1=35.64\text{kN/m}$$
$$q_2=27.88\text{kN/m}$$
$$q_3=27.88\text{kN/m}$$
$$q_4=27.88\text{kN/m}$$
$$q_5=35.64\text{kN/m}$$

按照梁端简支，则桥轴向每米在自重作用下跨中弯矩 $M_{G1}=73.272\text{kN}\cdot\text{m}$；活载最不利布置作用下 $M_{Q1}=108.35\text{kN}\cdot\text{m}$。

则跨中弯矩组合为：

$$\begin{aligned}M_{中}&=1.2M_{G1}+1.4\times 1.3\times M_{Q1}\\&=1.2\times 73.272+1.4\times 1.3\times 108.35\\&=285.12(\text{kN}\cdot\text{m})\end{aligned}$$

2　悬臂板行车道板内力计算

悬臂长度为 3.7226m，相对于边跨和中跨均满足单向板要求，《公路钢筋混凝土及预应力混凝土桥涵设计规范》（JTG D62—2004）规定悬臂长度大于 2.5m 时，应该按规范计算值，提高 1.15 ~ 1.3 倍。计算如下：

$$a_1=a_2+2\times H=0.2+2\times 0.09=0.38(\text{m})$$

$$a_2=0.2\text{m}$$

$$a_{悬臂端} = a_1 + 2c = 0.38 + 2 \times 2.72 = 5.83(\mathrm{m})$$

$$a_{腹板端} = a_1 + 2c = 0.38 + 2 \times 0.92 = 2.23(\mathrm{m})$$

$$b_1 = b_2 + 2 \times H = 0.6 + 2 \times 0.09 = 0.78(\mathrm{m})$$

$$b_2 = 0.6\mathrm{m}$$

活载最不利布置如图 A.10.1-2 所示，其中纵桥向只布置后轴两轴，因为中轴 y 值较大，对结果影响很小。

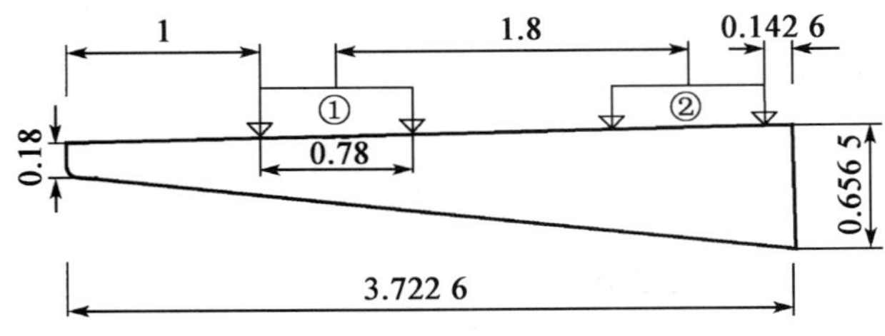

图 A.10.1-2　悬臂板活载最不利布载（尺寸单位：m）

由 $q_i = P_i/(2a_ib_i)$，得：

$$q_1 = 15.39\mathrm{kN/m}$$

$$q_2 = 40.24\mathrm{kN/m}$$

按照梁端简支，则桥轴向每米在自重作用下固支端弯矩 $M_{G2} = 62.084\mathrm{kN \cdot m}$；活载最不利布置作用下 $M_{Q2} = 49.43\mathrm{kN \cdot m}$。

则支点弯矩组合：

$$\begin{aligned} M_{支} &= 1.2M_{G2} + 1.4 \times 1.3 \times M_{Q2} \\ &= 1.2 \times 62.084 + 1.4 \times 1.3 \times 49.43 \\ &= 164.46(\mathrm{kN \cdot m}) \end{aligned}$$

综上，对于跨中正弯矩计算，参照《公路钢筋混凝土及预应力混凝土桥涵设计规范》（JTG D62—2004）第 4.1.2 条，偏安全取 $0.7M_{中} = 199.59\mathrm{kN \cdot m}$。为此，箱梁腹板支撑处取 $M_d = \max(0.7M_{中}, M_{支}) = 199.59\mathrm{kN \cdot m}$；计算角隅弯矩时，$M_d = \max(0.7M_{中}, M_{支}) = 199.59\mathrm{kN \cdot m}$。

A.10.2　承载能力极限状态验算

1　跨中截面桥面板验算

取单位板宽 1 000mm，截面高度 300mm；顶板普通筋每米 10ϕ22mm，重心距顶板 40mm，底板普通筋每米 10ϕ22mm，重心距底板 50mm；预应力筋每米 1 800mm^2，按照每 700mm 宽有三根钢束换算得到，张拉力 1 350MPa，距顶板 140mm。普通筋材料为 HRB335，混凝土材料为 C50。

承载力能力按式（A.10.2-1）、式（A.10.2-2）计算：

$$f_{sd}A_s + f_{pd1}A_{pd1} + f_{pd2}A_{p2} = f_{cd}b_e x + f'_{sd}A'_s + \sigma'_{p1a}A'_{p1} + \sigma'_{p2a}A'_{p2} \tag{A.10.2-1}$$

$$M_u = f_{sd}A_s(h_s - h'_s) + f_{pd1}A_{p1}(h_{p1} - h'_s) + f_{pd2}A_{p2}(h_{p2} - h'_s) - \sigma'_{p1a}A'_{p1}(h'_{p1} - h'_s) - \sigma'_{p2a}A'_{p2}(h'_{p2} - h'_s) - f_{cd}b_e x\left(\frac{x}{2} - h'_s\right) \tag{A.10.2-2}$$

假定预应力筋位于受拉区，简化考虑预应力损失20%，则：

$$f_{sd}A_s + f_{pd1}A_{pd1} + f_{pd2}A_{p2} = f_{cd}b_e x + f'_{sd}A'_s + \sigma'_{p1a}A'_{p1} + \sigma'_{p2a}A'_{p2}$$

$$\Rightarrow 280 \times 10 \times \frac{\pi}{4} \times 22^2 + 1\,800 \times 0.8 \times 1\,350 + 0$$

$$= 22.4 \times 1\,000 \times x + 280 \times 10 \times \frac{\pi}{4} \times 22^2 + 0 + 0$$

$$\Rightarrow x = 87\text{mm}$$

则 $x < 140\text{mm}$，符合预应力筋位于受拉区假定；$x > 2a'_s = 80\text{mm}$，满足受压区普通筋达到屈服强度的要求；$x < \xi_b h_0 = 0.55 \times 250 = 137.5\text{mm}$，满足受压区高度要求。

对受压区普通钢筋取矩，偏安全不考虑受拉区预应力筋预应力增量，即：

$$M_u = f_{sd}A_s(h_s - h'_s) + f_{pd1}A_{p1}(h_{p1} - h'_s) + f_{pd2}A_{p2}(h_{p2} - h'_s) - \sigma'_{p1a}A'_{p1}(h'_{p1} - h'_s) - \sigma'_{p2a}A'_{p2}(h'_{p2} - h'_s) - f_{cd}b_e x\left(\frac{x}{2} - h'_s\right)$$

$$= 280 \times 10 \times \frac{\pi}{4} \times 22^2 \times (250 - 40) + 1\,800 \times 0.8 \times 1\,350 \times (140 - 40) - 22.4 \times 1\,000 \times 87 \times \left(\frac{87}{2} - 40\right)$$

$$= 411(\text{kN} \cdot \text{m}) > M_d = 199.59\text{kN} \cdot \text{m}$$

2 支点截面桥面板验算

取单位板宽1 000mm，截面高度656.5mm；顶板普通筋每米10ϕ22mm，重心距顶板40mm，底板普通筋每米10ϕ22mm，重心距底板50mm；预应力筋每米1 800mm^2，按照每700mm宽有三根钢束换算得到，张拉力1 350MPa，距顶板100mm。普通筋材料为HRB335，混凝土材料为C50。

承载力能力按式（A.10.2-3）、式（A.10.2-4）计算：

$$f_{sd}A_s + f_{pd1}A_{pd1} + f_{pd2}A_{p2} = f_{cd}b_e x + f'_{sd}A'_s + \sigma'_{p1a}A'_{p1} + \sigma'_{p2a}A'_{p2} \tag{A.10.2-3}$$

$$M_u = f_{sd}A_s(h_s - h'_s) + f_{pd1}A_{p1}(h_{p1} - h'_s) + f_{pd2}A_{p2}(h_{p2} - h'_s) - \sigma'_{p1a}A'_{p1}(h'_{p1} - h'_s) - \sigma'_{p2a}A'_{p2}(h'_{p2} - h'_s) - f_{cd}b_e x\left(\frac{x}{2} - h'_s\right)$$

（A. 10. 2-4）

假定预应力筋位于受拉区，简化考虑预应力损失20%，则：

$$f_{sd}A_s + f_{pd1}A_{pd1} + f_{pd2}A_{p2} = f_{cd}b_e x + f'_{sd}A'_s + \sigma'_{p1a}A'_{p1} + \sigma'_{p2a}A'_{p2}$$

$$\Rightarrow 280 \times 10 \times \frac{\pi}{4} \times 22^2 + 1\,800 \times 0.8 \times 1\,350 + 0$$

$$= 22.4 \times 1\,000 \times x + 280 \times 10 \times \frac{\pi}{4} \times 22^2 + 0 + 0$$

$$\Rightarrow x = 87\text{mm}$$

则 $x < 556.5$mm，符合预应力筋位于受拉区假定；$x > 2a'_s = 80$mm，满足受压区普通筋达到屈服强度的要求；$x < \xi_b h_0 = 0.55 \times 250 = 137.5$mm，满足受压区高度要求。

对受压区普通钢筋取距，偏安全不考虑受拉区预应力筋预应力增量，即：

$$M_u = f_{sd}A_s(h_s - h'_s) + f_{pd1}A_{p1}(h_{p1} - h'_s) + f_{pd2}A_{p2}(h_{p2} - h'_s) - \sigma'_{p1a}A'_{p1}(h'_{p1} - h'_s) - \sigma'_{p2a}A'_{p2}(h'_{p2} - h'_s) - f_{cd}b_e x\left(\frac{x}{2} - h'_s\right)$$

$$= 280 \times 10 \times \frac{\pi}{4} \times 22^2 \times (616.5 - 50) + 1\,800 \times 0.8 \times 1\,350 \times (556.5 - 50) - 22.4 \times 1\,000 \times 87 \times \left(\frac{87}{2} - 50\right)$$

$$= 1\,600.27(\text{kN} \cdot \text{m}) > M_d = 199.59\text{kN} \cdot \text{m}$$

A.10.3 正常使用极限状态验算

1 跨中截面桥面板验算

1）截面正应力应力验算

按照荷载标准组合，设计弯矩为：

$$\begin{aligned} 0.7M_{中} &= 0.7 \times (1.0M_{G1} + 1.0 \times 1.3 \times M_{Q1}) \\ &= 0.7 \times (1.0 \times 73.272 + 1.0 \times 1.3 \times 108.35) \\ &= 149.89(\text{kN} \cdot \text{m}) \end{aligned}$$

换算截面惯性矩 $I_n = 2.635 \times 10^9\text{mm}^4$，$A_n = 3.383 \times 10^5$mm，重心轴距顶端距离149.38mm。预应力筋按照有效预应力为80%计算，作为一种外加力作用在截面上。为了简化计算，换算惯性矩偏安全按照净截面惯性矩取值，则：

$$\sigma_{kc}+\sigma_{pt}=\frac{M_d}{I_n}y_n+\frac{N_p}{A_n}+\frac{N_pe_p}{I_n}y_n$$

$$=\frac{149.89\times10^6}{2.635\times10^9}\times149.38+\frac{1\ 800\times0.8\times1\ 350}{338\ 300}+$$

$$\frac{1\ 800\times0.8\times1\ 350\times9.38}{2.635\times10^9}\times149.38$$

$$=15.28(\text{MPa})<0.5f_{ck}=16.2\text{MPa}\quad(\text{满足应力要求})$$

2)抗裂验算

正常使用极限状态短期作用组合下：

$$M_{sd}=0.7\times(1.0M_{G1}+0.7\times M_{Q1})$$

$$=0.7\times(1.0\times73.272+0.7\times108.35)$$

$$=104.38(\text{kN}\cdot\text{m})$$

$$\sigma_{st}-\sigma_{pc}=\frac{M_{sd}}{I_n}y_n-\left(\frac{N_p}{A_n}-\frac{N_pe_p}{I_n}y_n\right)$$

$$=\frac{104.38\times10^6}{2.635\times10^9}\times150.62-$$

$$\left(\frac{1\ 800\times0.8\times1\ 350}{338\ 300}-\frac{1\ 800\times0.8\times1\ 350\times9.38}{2.635\times10^9}\times150.62\right)$$

$$=1.26(\text{MPa})<0.7f_{tk}=1.855\text{MPa}$$

正常使用极限状态长期作用组合下：

$$M_{ld}=0.7\times(1.0M_{G1}+0.4\times M_{Q1})$$

$$=0.7\times(1.0\times73.272+0.4\times108.35)$$

$$=81.63(\text{kN}\cdot\text{m})$$

$$\sigma_{lt}-\sigma_{pc}=\frac{M_{ld}}{I_n}y_n-\left(\frac{N_p}{A_n}-\frac{N_pe_p}{I_n}y_n\right)$$

$$=\frac{81.63\times10^6}{2.635\times10^9}\times150.62-$$

$$\left(\frac{1\ 800\times0.8\times1\ 350}{338\ 300}-\frac{1\ 800\times0.8\times1\ 350\times9.38}{2.635\times10^9}\times150.62\right)$$

$$=-0.04(\text{MPa})<0$$

由此可见，按 A 类预应力混凝土构件，跨中截面桥面板抗裂性满足要求。

2　支点截面桥面板验算

1)截面正应力应力验算

按照荷载标准组合，设计弯矩为：

$$0.7M_{中}=0.7\times(1.0M_{G1}+1.0\times1.3\times M_{Q1})$$
$$=0.7\times(1.0\times73.272+1.0\times1.3\times108.35)$$
$$=149.89(\mathrm{kN\cdot m})$$
$$M_{支}=1.0M_{G2}+1.0\times1.3\times M_{Q2}$$
$$=1.0\times62.084+1.0\times1.3\times49.43$$
$$=126.34(\mathrm{kN\cdot m})$$
$$M_{d}=\max(0.7M_{中},M_{支})=149.89\mathrm{kN\cdot m}$$

换算截面惯性矩 $I_n=2.711\times10^{10}\mathrm{mm}^4$，$A_n=7.035\times10^5\mathrm{mm}$，重心轴距底端距离331.46mm。预应力筋按照有效预应力为80%计算，作为一种外加力作用在截面上。为了简化计算，换算惯性矩偏安全按照净截面惯性矩取值，则：

$$\sigma_{kc}+\sigma_{pt}=\frac{M_d}{I_n}y_n+\frac{N_p}{A_n}-\frac{N_pe_p}{I_n}y_n$$
$$=\frac{149.89\times10^6}{2.711\times10^{10}}\times331.46+$$
$$\frac{1\,800\times0.8\times1\,350}{703\,548}-\frac{1\,800\times0.8\times1\,350\times225.04}{2.711\times10^{10}}\times331.46$$
$$=-0.75(\mathrm{MPa})<0.5f_{ck}=16.2\mathrm{MPa}\quad(满足应力要求)$$

2）抗裂验算

正常使用极限状态短期作用组合下：

$$0.7M_{中}=0.7\times(1.0M_{G1}+0.7\times M_{Q1})$$
$$=0.7\times(1.0\times73.272+0.7\times108.35)$$
$$=104.38(\mathrm{kN\cdot m})$$
$$M_{支}=1.0M_{G2}+1.0\times0.7\times M_{Q2}$$
$$=1.0\times62.084+1.0\times0.7\times49.43$$
$$=96.685(\mathrm{kN\cdot m})$$
$$M_{sd}=\max(0.7M_{中},M_{支})=104.38\mathrm{kN\cdot m}$$

$$\sigma_{st}-\sigma_{pc}=\frac{M_{sd}}{I_n}y_n-\left(\frac{N_p}{A_n}+\frac{N_pe_p}{I_n}y_n\right)$$
$$=\frac{104.38\times10^6}{2.711\times10^{10}}\times325.04-$$
$$\left(\frac{1\,800\times0.8\times1\,350}{703\,548}+\frac{1\,800\times0.8\times1\,350\times225.04}{2.711\times10^{10}}\times325.04\right)$$
$$=-6.76(\mathrm{MPa})<0.7f_{tk}=1.855\mathrm{MPa}$$

正常使用极限状态长期作用组合下：

$$0.7M_{中} = 0.7\times(1.0M_{G1}+0.4\times M_{Q1})$$
$$=0.7\times(1.0\times73.272+0.4\times108.35)$$
$$=81.63(\mathrm{kN\cdot m})$$
$$M_{支}=1.0M_{G2}+1.0\times0.4\times M_{Q2}$$
$$=1.0\times62.084+1.0\times0.4\times49.43$$
$$=81.86(\mathrm{kN\cdot m})$$
$$M_{ld}=\max(0.7M_{中},M_{支})=81.86\mathrm{kN\cdot m}$$

$$\sigma_{lt}-\sigma_{pc}=\frac{M_{ld}}{I_n}y_n-\left(\frac{N_p}{A_n}+\frac{N_pe_p}{I_n}y_n\right)$$
$$=\frac{81.86\times10^6}{2.711\times10^{10}}\times325.04-$$
$$\left(\frac{1\,800\times0.8\times1\,350}{703\,548}+\frac{1\,800\times0.8\times1\,350\times225.04}{2.711\times10^{10}}\times325.04\right)$$
$$=-7.03(\mathrm{MPa})<0$$

由此可见，按 A 类预应力混凝土构件计算，支点截面桥面板抗裂性满足要求。

附录 B 设计施工实例

B.1 建设总体概况

B.1.1 发展由来

箱形梁的抗弯和抗扭刚度大,常作为中、大跨径桥梁的首选结构形式。混凝土箱梁具有较好的结构性能,在各种桥梁中得到广泛应用,但是在两方面存在比较难于克服的问题,即:

一方面是自重比较大,为进一步提高其抗弯、抗剪性能,一般在腹板及其顶板布置预应力钢筋,因而截面各部分厚度都比较大,不仅上部结构自重很大,同时又加重下部结构、地基和基础的负担。

另一方面是混凝土箱梁由腹板和顶底板形成一体,顶底板的温差及其腹板的干燥收缩、徐变等引起的应力集中问题比较突出,会出现各种裂缝,严重影响结构的承载性能和耐久性。

因此,要从根本上解决混凝土箱梁存在的问题,必须采用主动控制的设计方法,即设法解除腹板及其顶底板之间的相互约束,使各部分单独承担截面剪力或者弯矩、轴力。为此,法国的桥梁工程界在这方面做了许多开创性的工作,即通过用预制混凝土腹板或钢腹板来使截面分离,达到改善力学性能及减轻上部结构自重的目的。

法国曾完成一座采用预制混凝土腹板的箱梁桥,其每块腹板做成梯形并且互不连接。预制的混凝土腹板通常是在工厂浇筑,施工质量容易确保,在保持良好的抗剪性能的同时,又可以减轻自重,而且在架设时干燥收缩变形基本上已稳定。所以无论从结构性能,还是从施工性来看,相比完全现浇混凝土箱梁桥都具有诸多优点。但是,腹板与顶底板的连接比较困难,该桥的腹板与顶底板的连接是通过在腹板中设置预应力钢筋来实现的。

图 B.1.1 是法国完成的一座用平板钢腹板来代替混凝土腹板的简支箱梁桥,采用了体外索施加纵向预应力[72]。钢腹板与混凝土顶底板之间通过各种连接件比较容易结合在一起,但是在施加纵向预应力时钢腹板损失了部分预应力,并且为防止发生局部屈曲必须焊接纵向加劲肋。

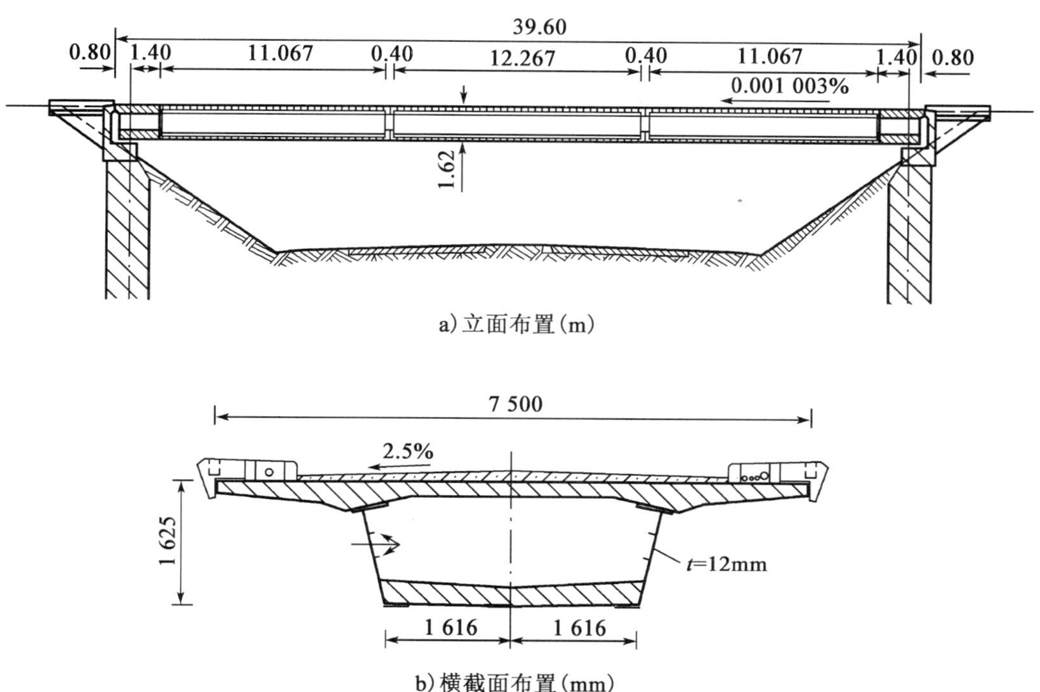

a)立面布置(m)

b)横截面布置(mm)

图 B.1.1 平板钢腹板组合桥

为此,法国工程界提出用弯成折形形状的钢板代替混凝土腹板,与混凝土顶底板形成组合箱梁结构,即由混凝土顶底板、波折钢腹板、横隔板、体内外预应力筋等构成。组合折腹箱梁主要利用折形钢腹板较高的抗剪承载性能承担截面剪力,混凝土顶、底板单独承担截面弯矩;通过折形钢板的自由压缩性减小预应力施加量。折形钢腹板箱梁合理地将钢板、混凝土两种不同材料结合起来,提高了结构的稳定性、强度及材料的使用效率。

这种结构在国外应用推广的初期,因为折形钢腹板的制作需要专门的轧制设备,所以制作成本较高。但随着折形钢板轧制设备的不断改进和制作工艺的进一步成熟,折形钢腹板制作成本降低,组合折腹梁桥的经济性就愈发凸现出来。Combault[73]对波折钢腹板在建筑和桥梁上应用的经济性进行了评价,通过对已建成的数座组合折腹梁桥的经济性能进行评价和分析,与相同跨径的传统预应力混凝土桥相比,成本可降低约 30%。

B.1.2 发展状况

折形钢板最早应用于船舶、集装箱以及机翼的制造中。后来开始应用在民用建筑中。瑞典早在 20 世纪 60 年代,就将冷压折形腹板钢梁用于较大跨径的屋顶主梁。20 世纪 70 年代,日本曾将折形腹板钢梁用于吊车梁。如图 B.1.2-1 所示,折形钢腹板梁的腹板折形形状可分为正弦、三角形、矩形及梯形等多种断面形式。

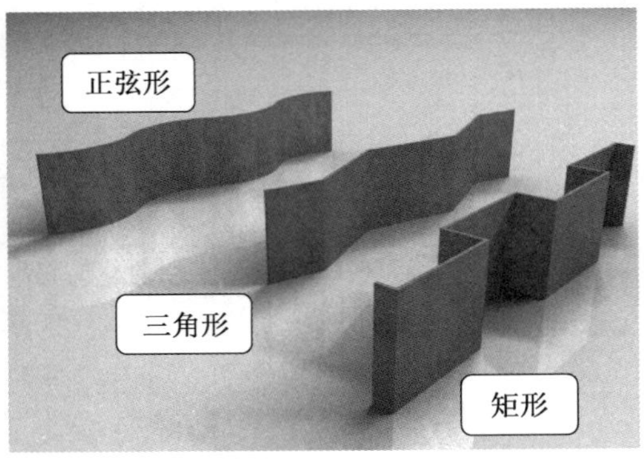

图 B.1.2-1　折形钢梁腹板形式

将折形钢板用作桥梁的腹板是法国 CB 公司的独创。CB 公司经过大量的理论分析和模型试验研究,于 1986 年在法国建成了世界上第一座用折形钢腹板的体外预应力组合梁桥,即 Cognac 桥[74]。该桥跨度为 31m + 43m + 31m,采用等截面单室箱梁,厚度为 8mm 的折形钢腹板以 35°的倾角通过连接件与混凝土顶、底板结合,截面高度与跨度的比为 1/19。折形钢腹板在工厂防锈处理后运到现场,用支架施工法进行架设,跨径布置及截面形式见图 B.1.2-2。

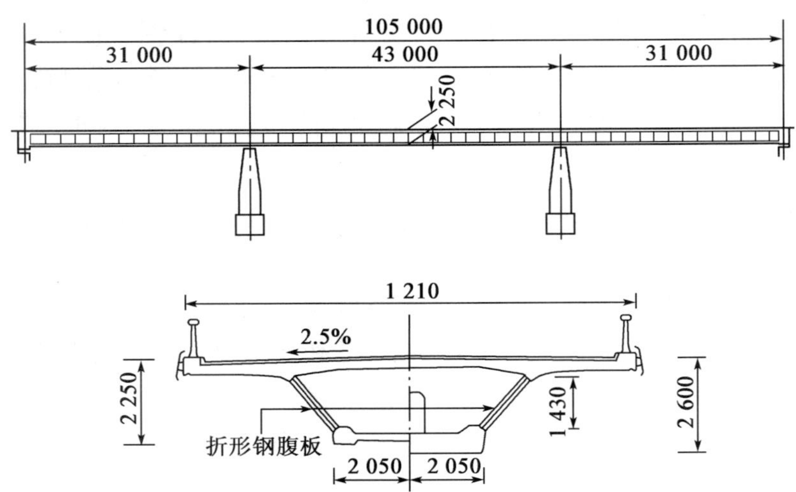

图 B.1.2-2　Cognac 桥(尺寸单位:mm)

在这之后,又相继建成了 Maupre 桥、Dole 桥等组合折腹梁桥。1987 年建成的 Maupre 桥为采用折形钢腹板的 7 跨连续箱梁桥,总长为 325m,最大跨度为 53.55m，桥面宽度为10.75m。该桥与其他折形钢腹板箱梁桥最大的不同是用钢管混凝土杆件来代替混凝土底板，与倾斜 45°的两块折形钢腹板及其混凝土顶板形成三角形或箱形截面，从而使得上部重量大幅度减轻，技术含量高、造型美观、设计新颖。

日本继法国之后开始对组合折腹桥梁进行比较系统的研究。继 1993 年、1995 年分别建成单跨简支梁的新开桥及 5 跨连续梁的银山御幸桥后，于 1998 年建成了 3 跨连续刚构的本谷桥，如图 B.1.2-3 所示[35]。其折形钢腹板组合结构研究会于 1998 年提出了相关设计指南，进一步促进了该型桥梁的应用[35]。

日本建成多座采用折形钢腹板的斜拉桥。第二名神高速公路上的栗东桥为上、下线分离低塔斜拉桥，最大跨度分别为 170m、160m，采用完全体外索的 3 室单箱组合折腹梁。另外，矢作川桥是一座折形钢腹板箱梁的普通斜拉桥，位于第二东名高速公路上，跨径组合为 174.7m + 2 × 235.0m + 174.7m。日见桥是采用单箱单室的组合折腹梁低塔斜拉桥，跨径组合为 91.75m + 180.0m + 91.75m，如图 B.1.2-4 所示[75]。

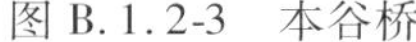

图 B.1.2-3　本谷桥

图 B.1.2-4　日见桥

近几年，组合折腹桥梁的设计与施工在瑞典、美国、韩国与德国等国家均有相关报道。德国于 2007 年在高速公路 A71 号线建成一座 3 跨连续组合折腹箱梁桥，跨径组合为 81.47m + 115.0m + 81.36m[76]。该桥是上、下线分离型，采用变截面单室箱梁，悬臂施工法架设，体外、体内索并用，同时设置 12 根横隔梁，用于体外索的转向及加强截面刚度。

韩国 Ilsun 桥位于国道 3 号线上，在与组合箱梁桥、混凝土箱梁桥从经济、美观、环境、施工等各方面比较后，最终采用单箱多室组合折腹箱梁[77]。该桥跨径组合为 50.0m + 10 × 60.0m + 50.0m + 2 × 50.5m，梁高 3.5m，钢板厚度为 8 ~ 22mm，使用贴角焊缝连接。

我国从 2003 年起，积极开展组合折腹桥梁的推广应用研究，从该型桥梁的建桥数量上来看仅次于日本。关于国内的发展状况，在 2014 年 9 月由桥梁杂志社主办的“波形钢腹板预应力组合箱梁桥设计、制造与安装论坛”上得到了比较全面的总结,可参阅该论坛的论文集[34]。

B.1.3 结构形式

目前世界上已建成超过百座以上组合折腹桥梁桥。桥跨形式包括简支梁、连续梁、连续刚构和斜拉桥等,截面形式多为箱形,也有三角形,施工方法包括悬臂拼装与浇筑、顶推和满堂支架以及利用折形钢板先行架设施工方法[78]。

组合折腹桥梁各种结构体系与最大跨径的关系如图 B. 1. 3-1 所示。简支梁桥的最大跨径 50m,连续梁桥现已做到 142m。T 形刚构桥的最大跨径在 95m 左右,连续刚构桥达到了 150m,斜拉桥达到 235m。不论是梁式桥还是刚构桥,都实现了多跨连续,表明组合折腹梁可以应用在多种桥型中。

图 B. 1. 3-2 为根据资料统计的不同结构形式桥型数量和比例的情况。可以看出,连续梁和连续刚构占了绝大多数,分别达到 38% 和 41% 。而且所建的组合折腹梁桥最大跨径一般在 50 ~ 150m 之间,说明该桥型特别适合于中等或大跨径的多跨连续梁桥或连续刚构。

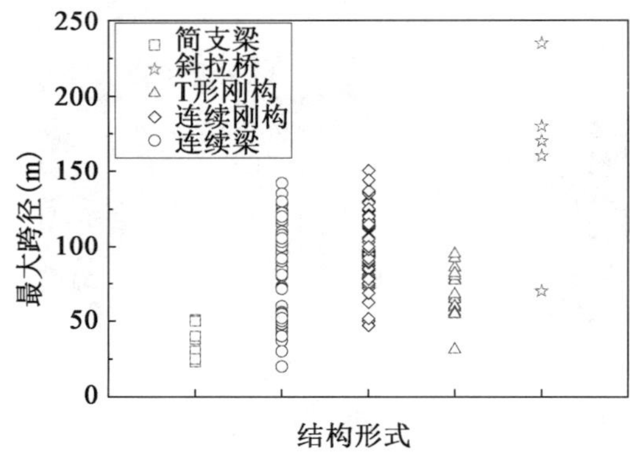

图 B. 1. 3-1 结构体系与最大跨径关系

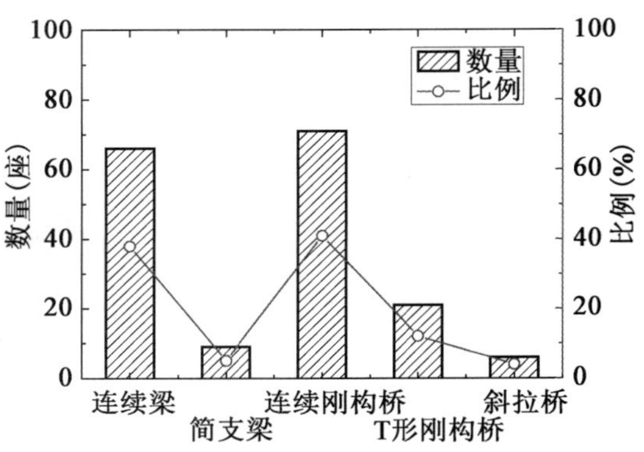

图 B. 1. 3-2 不同结构形式桥型数量及比例

如图 B. 1. 3-3 所示,以约占总量 80% 的连续梁和刚构桥为例,连续梁多数主跨跨径在 50 ~ 120m 之间,其中以分布在 80 ~ 120m 之间的比例最大,达 60% 以上;而刚构桥同样多数主跨跨径分布在 50 ~ 120m 之间,其中分布在 80 ~ 120m之间的比例最大,达 50% 左右。

通过总结连续梁与刚构桥主梁跨中截面高度(H_z)、墩顶截面高度(H_d)以及桥面宽度(W)与主跨跨径(L)的比值,为初步设计参数的选取提供工程经验。由图 B. 1. 3-4 可得,连续梁墩顶截面高度与主跨跨径的比值在 0. 06 ~ 0. 08 之间;刚构桥墩顶截面高度与主跨跨径的比值在 0. 06 ~ 0. 10 之间。

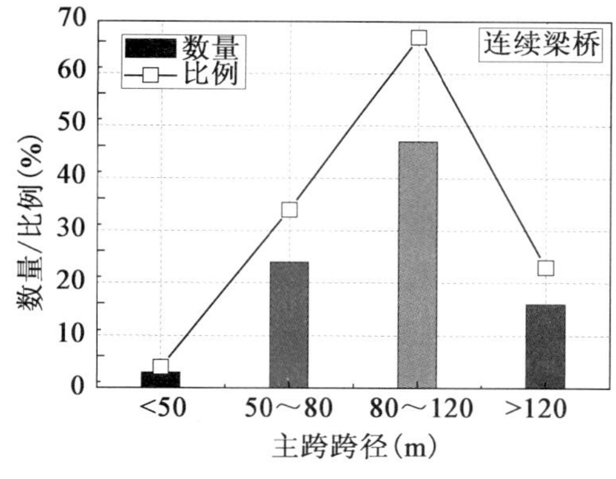

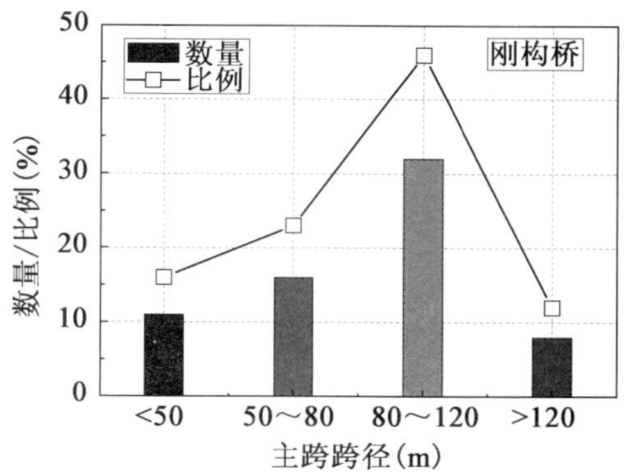

图 B.1.3-3　组合折腹梁桥主跨跨径分布

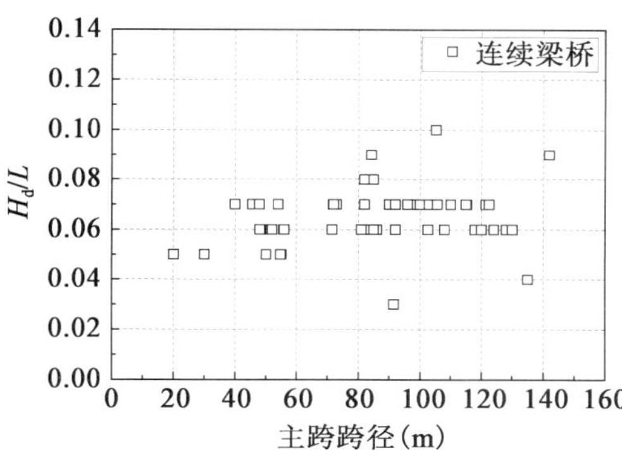

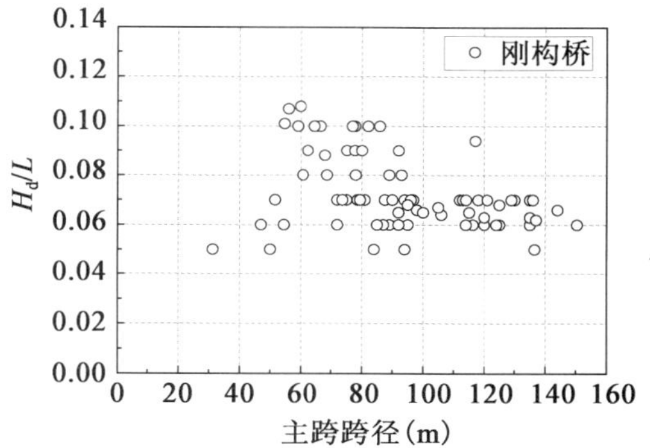

图 B.1.3-4　墩顶截面高度与主跨跨径关系

如图 B.1.3-5 所示，连续梁主跨跨中截面高度与主跨跨径的比值在 0.03 ~0.06 之间；刚构桥主跨跨中截面高度与主跨跨径的比值基本在 0.03 ~ 0.05 之间。由图 B.1.3-6 桥面宽度与主跨跨径的比值可以得出，连续梁桥面宽度与主跨跨径的比值基本在 0.1 ~0.3 之间；而连续刚构桥的桥面宽度与主跨跨径的比值基本在 0.1 ~0.2 之间。

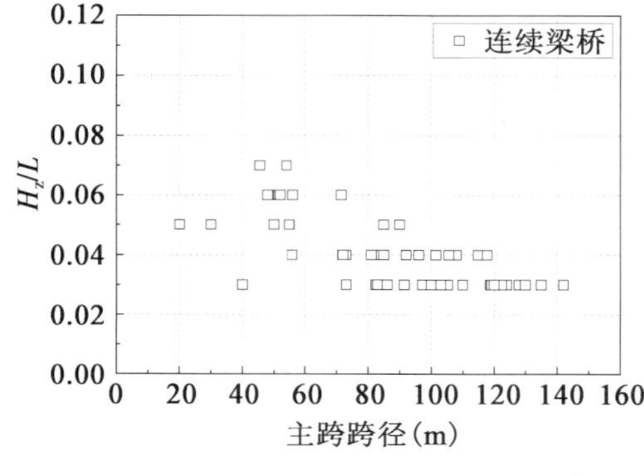

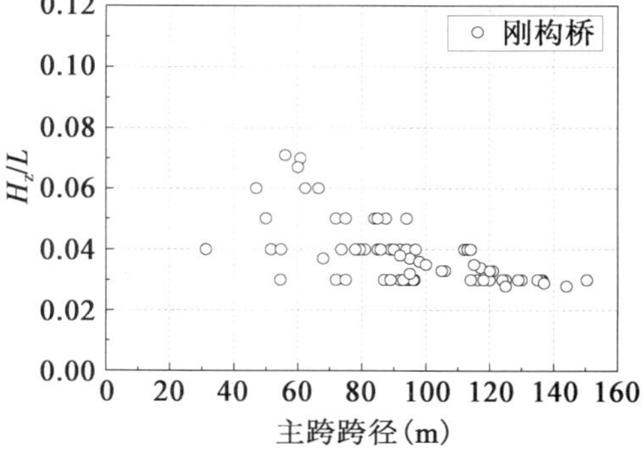

图 B.1.3-5　跨中截面高度与主跨跨径关系

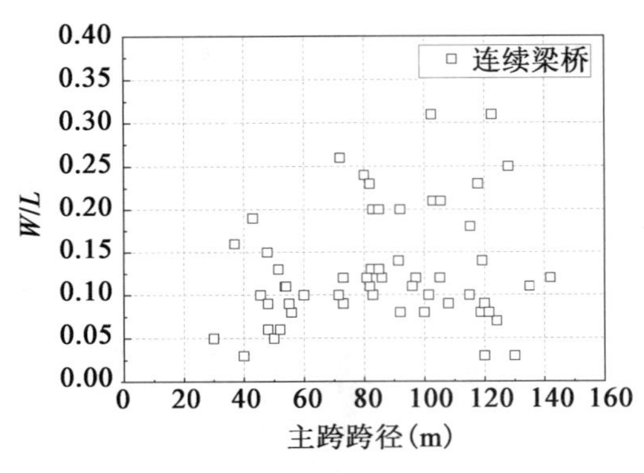

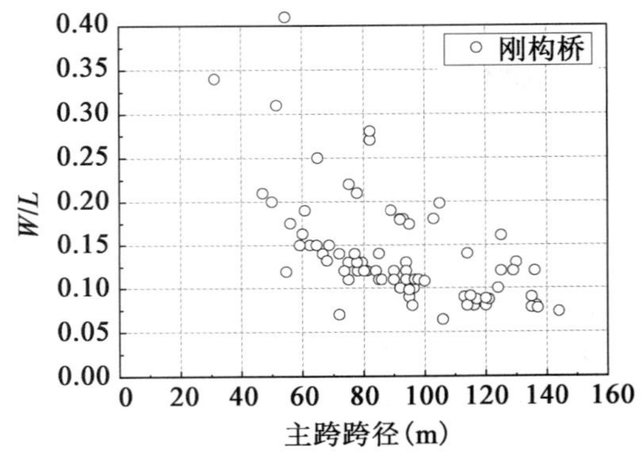

图 B.1.3-6 桥面宽度与主跨跨径关系

一般普通预应力变截面连续梁桥,主跨跨中截面高度与主跨跨径的比值在0.02～0.03之间,墩顶截面高度与主跨跨径的比值在0.05～0.06之间。连续组合折腹梁桥的墩顶截面高度和跨中截面高度均较普通预应力混凝土箱梁稍大,但随着跨径的增大,这两种桥型的截面高度逐渐接近。

通常普通预应力变截面连续刚构桥,主跨跨中截面高度与主跨跨径的比值在0.02～0.03之间,墩顶截面高度与主跨跨径的比值在0.06～0.07之间。组合折腹刚构桥的墩顶和跨中截面高度与普通预应力连续梁桥基本一致。一般而言,组合折腹刚构桥截面高度较普通预应力变截面连续刚构桥的截面高度要稍大,但当跨径大于110m时,两者之间的截面高度基本相当。

B.1.4 施工方法

组合折腹梁桥常用的施工方法有满堂支架法、顶推法和悬臂法。满堂支架法一般用在跨径较小的桥梁施工中。顶推法一般用在等高截面、中等跨径的多跨桥梁施工。对于大跨变截面折形钢腹板组合梁桥,常用的施工方法是悬臂法。

由于简支梁的跨径相对较小,因此折形钢腹板简支梁的施工方法有满堂支架法、预制拼装法、吊装架设法,对已经建成的7座简支梁的施工方法进行统计可知,采用满堂支架法施工的有5座、预制拼装法和吊装架设各1座,可见简支梁最常用的施工方法是满堂支架法;而折形钢腹板斜拉桥和部分斜拉桥由于跨径较大,在已建成的3座桥中,均使用悬臂施工法。

对收集到的63座折形钢腹板连续梁桥的施工方法进行统计可知,折形钢腹板连续梁桥使用的施工方法有满堂支架法、顶推法及悬臂法,其中以悬臂法施工最为常用。对84座折形钢腹板连续刚构桥(含T形刚构桥)的施工方法进行统计,其中的79座均采用悬臂法进行施工,仅5座使用满堂支架法进行施工,统计的结果如图 B.1.4-1 所示。

对于施工方法与主跨跨径的关系,根据主跨跨径的大小,将其分为 3 个区间,分别为跨径 <50m、跨径 50 ~ 100m、跨径 >100m,当主跨跨径大于 100m 时,组合折腹梁桥均使用悬臂法施工,当主跨跨径小于 50m 和 50 ~ 100m 时,使用的施工方法如图 B.1.4-2 所示。

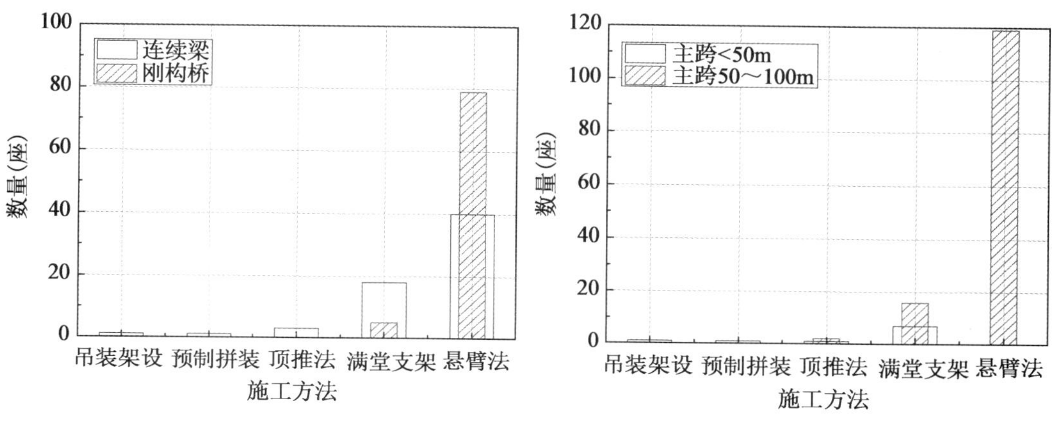

图 B.1.4-1 结构形式与施工法的关系

图 B.1.4-2 主跨跨径与施工法的关系

B.2 法国 Maupre 桥

B.2.1 概要

图 B.2.1 为法国于 1987 年建成的 Maupre 桥的立面布置及横截面[79]。采用最大跨径为 53.55m 的 7 跨连续箱梁桥,总长为 325m,桥面宽度为 10.75m。该桥与其他的组合折腹梁桥最大的不同,表现在用钢管混凝土杆件来代替混凝土底板,与倾斜 45°的两块折形钢腹板及混凝土顶板形成三角形箱形截面,从而上部质量得到大幅度减轻。

B.2.2 结构特点

图 B.2.2-1 为 Maupre 桥,该桥桥墩采用面向主梁逐渐缩小的 H 形截面形式,并在其顶部设置 V 形加劲肋固定主梁(图 B.2.2-2)。主梁的桥面板是在横向施加预应力的钢筋混凝土结构,用圆钢管代替底板与倾斜 45°的两块折形钢腹板连接在一起,与顶板共同形成主梁。钢管直径为 610mm,厚度为 20mm,内部填充混凝土,以加强在支座处的局部应力。

折形钢腹板的形状与尺寸如图 B.2.2-3 所示,其厚度为 8mm,下端与圆钢管焊接,上部端用型钢连接件与混凝土顶板结合。

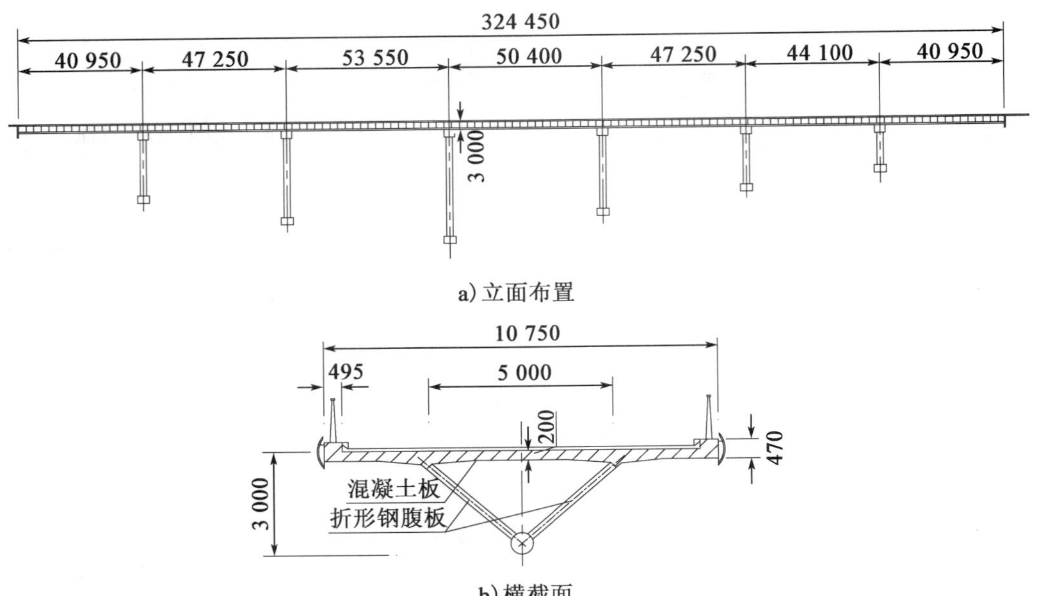

图 B.2.1　立面布置与横截面(尺寸单位:mm)

图 B.2.2-1　Maupre 桥

图 B.2.2-2　桥墩顶部

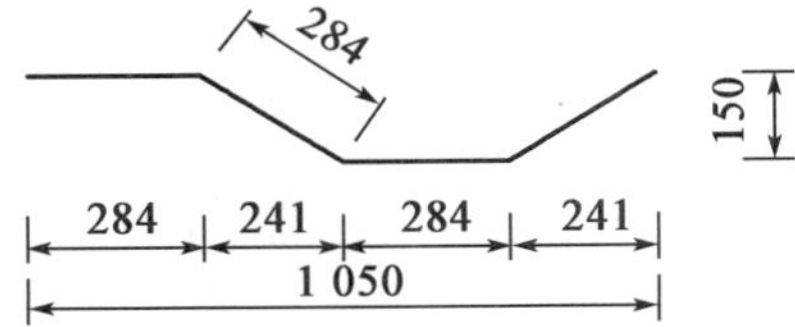

图 B.2.2-3　折形钢腹板的形状(尺寸单位:mm)

该型桥梁主梁的结构特点大致有以下几方面:

(1)用钢管代替底板构成三角形截面,使主梁成为安定的截面形式,并且对抗扭作用极为有利;

(2)桥面板沿横方向配置预应力钢筋,承担因三角形截面而在桥面板横方向上发生的较大拉伸应力；

（3）在箱梁内部沿纵向设置体外索，有利于预应力索的维护及其更换；

（4）主梁质量较轻，除去桥面铺装等的箱梁重为 77kN/m，另外与同等跨度的高强混凝土箱梁桥相比较，推算可以节省造价大约 30%。

B.2.3　施工特点

该桥采用顶推施工法架设主梁。图 B.2.3-1 是箱梁体外索的布置，分成沿着桥面板下侧布置的施工索、与通过转向块布置到钢管上面的结构索，通过设置体外索，使顶板在永久荷载作用下始终处于压缩状态。转向块是钢制的，焊接在钢管及其腹板上。

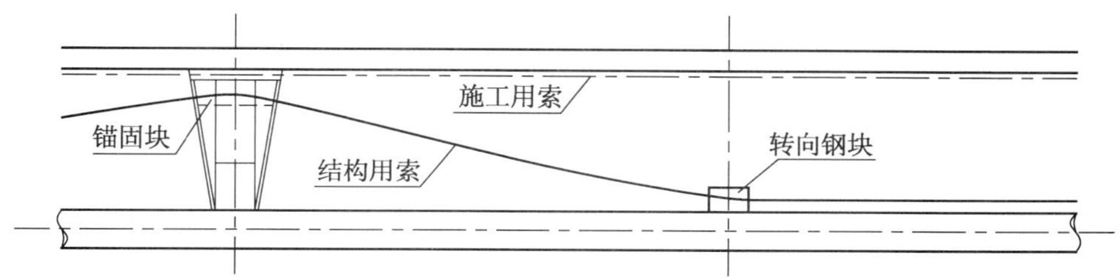

图 B.2.3-1　箱梁体外索的布置

钢管与折形钢腹板是在工厂加工并焊接成一体，每节段长度约为 12m，每跨分成 4 个节段，运到工地后将各节段焊接在一起。顶板配筋并浇筑混凝土，底钢管内填充混凝土。然后，将排水管及其铺装未完成的一跨主梁，通过设置在桥台上的千斤顶推出，最大的推力为 700kN。如图 B.2.3-2 所示，为了确保在推出施工过程中主梁的横向稳定，在桥墩顶部的左右侧设置三角形钢构架，加大主梁的支撑宽度。

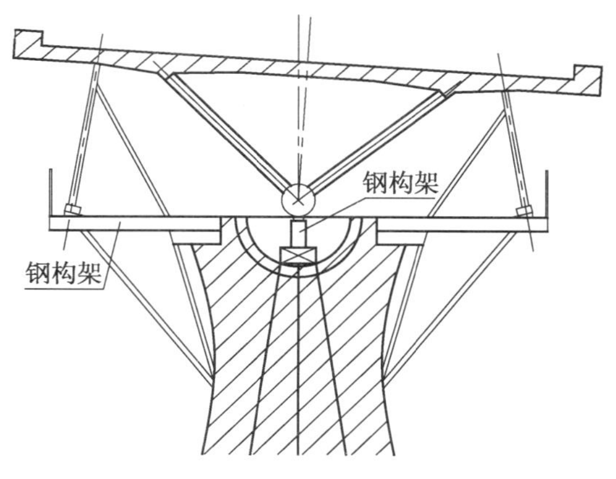

图 B.2.3-2　施工中的稳定装置

B.3　德国 Altwipfergrund 桥

B.3.1　概要

图 B.3.1 为德国 2001 年建成的 Altwipfergrund 桥的立面布置及横截面[80]。该桥为德国首座组合折腹梁桥，采用上、下行双幅 3 跨连续箱梁结构，总长为 279m，跨径组合为 82m + 115m + 82m，桥面宽度为 28.50m。该桥横跨山谷，上部结构采用变截面的折形钢腹板组合箱梁，主跨中间截面梁高 2.8m，墩上截面梁高 6m，边跨支点梁高 3.5m，下部结构采用柔性混凝土桥墩。

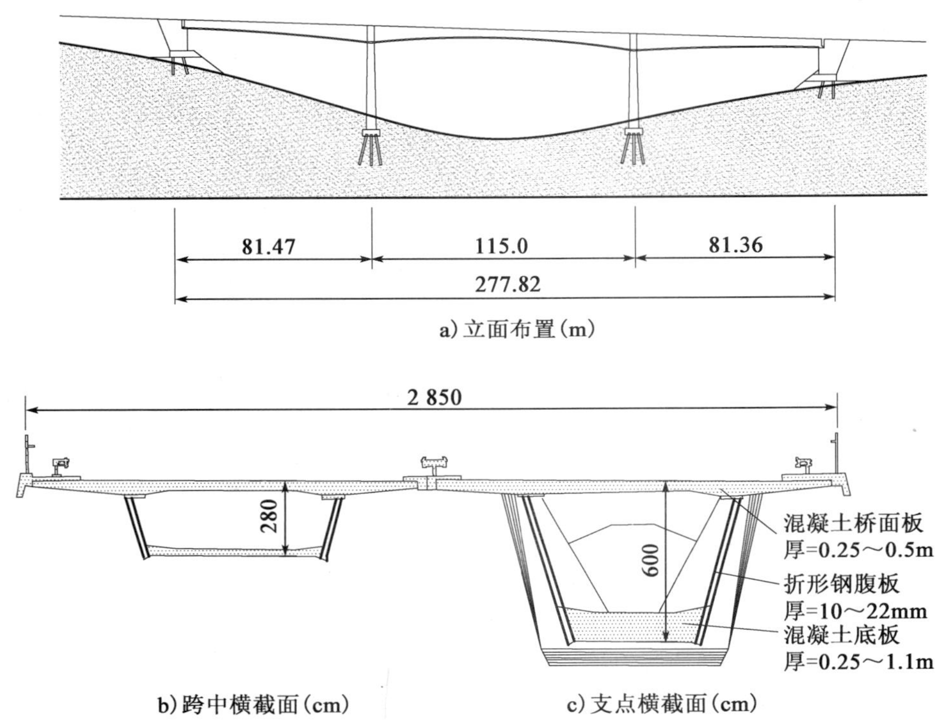

图 B.3.1　立面布置与横截面

B.3.2　结构特点

如图 B.3.2-1 和图 B.3.2-2 所示，该桥上部结构为分离式变截面折形钢腹板组合箱梁，桥墩采用纤细的变截面形式，在其顶部处截面增大，并设置支座[80]。

折形钢腹板的形状与尺寸如图 B.3.2-3 所示，其厚度为 10 ~ 22mm，斜板与直板间通过弯曲半径 240mm 的圆弧段过渡，以此防止应力集中。折形钢腹板连接选取水平板段，采用 15mm 的双盖板通过高强螺栓进行连接。

图 B.3.2-1　Altwipfergrund 桥

图 B.3.2-2　桥墩顶部

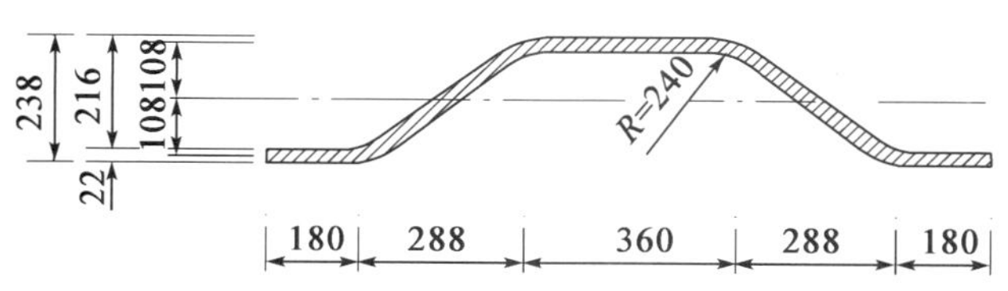

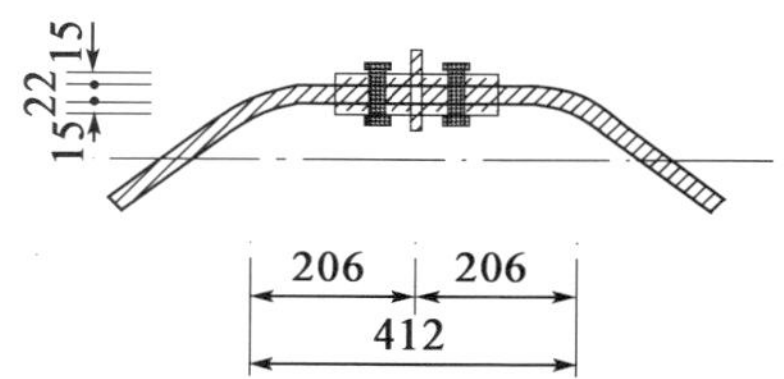

图 B.3.2-3　折形腹板形状(尺寸单位:mm)

折形钢腹板同混凝土顶、底板连接构造不仅需要满足受力要求,而且应考虑其施工性、耐久性。如图 B.3.2-4 所示,本桥折形钢腹板与混凝土顶板通过翼缘板上的焊钉与 U 形钢筋进行连接,其中 U 形钢筋主要用于抵抗横向弯矩与拉拔力。

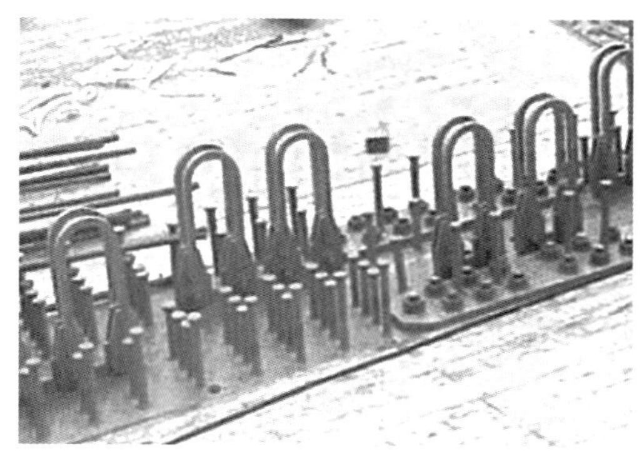

图 B.3.2-4　钢腹板与混凝土顶板连接

在设计初期阶段,提出如图 B.3.2-5 所示的折形钢腹板与混凝土底板连接构造的翼缘型和外包型两种方式。翼缘型构造是将折形钢腹板通过翼缘上焊接倒立的焊钉与底板连接,该方式翼缘下方混凝土浇筑质量以及倒立焊钉的连接性能均受到影响。为此,进一步提出将翼缘下移到混凝土板底部,通过腹板侧立与翼缘正立的焊钉与混凝土底板连接的外包型构造,该方式混凝土无须逆向浇筑,且下翼缘板可以替代临时支架方便混凝土底板施工。因此,结合部混凝土浇筑质量以及焊钉连接性能得到改善,最终为该桥所采用。

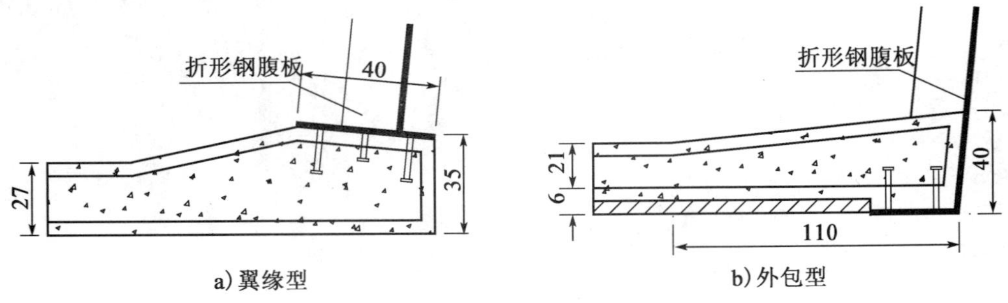

图 B.3.2-5 折形钢腹板与混凝土底板连接(尺寸单位:cm)

该桥采用体内外预应力混合配筋的预应力体系,以满足悬臂施工状态与成桥状态承载性能要求。其中桥墩部位顶板处布置 2 × 12 束体内预应力筋,张拉力为 2 600kN;跨中底板处布置 4 束,张拉力为 2 200kN。桥墩部位布置 8 束体外预应力筋,跨中与端部分别布置 20 束与 16 束,张拉力为 2 970kN。如图 B.3.2-6 所示,体外预应力通过横隔块转向和锚固,转向结构的钢构件在工厂制造,然后在施工现场与钢腹板进行焊接连接。

图 B.3.2-6 转向结构

B.3.3 施工特点

该桥采用悬臂施工法架设。如图 B.3.3-1 所示,首先在桥墩附近(中跨侧)搭设临时支架,并安装折形钢腹板与浇筑顶、底板混凝土,完成 0 号节段的施工,该节段长度为 8.23m,且非对称架设于桥墩。

如图 B.3.3-2 所示,此后,开始进行标准节段(长度为 6.57m)的悬臂施工,通过有效利用折形钢腹板作为顶、底板混凝土浇筑以及挂篮的临时支撑,施工设备质量明显降低,施工效率显著提高。

以如图 B.3.3-3 所示 3 号节段为例,标准节段悬臂施工按以下步骤进行:

(1)对称安装 3 号节段的折形钢腹板,并设置 X 形横撑保证横向稳定性;

(2)施工模架由 2 号节段前移至 3 号节段,并在折形钢腹板上翼缘固定;

(3)利用折形钢腹板支撑模板,浇筑 2 号节段的顶板混凝土;

(4)待 2 号节段混凝土强度到达要求后,进行预应力张拉;

(5)在移动模架上浇筑 3 号节段的底板混凝土,待强度满足要求后进行预应力张拉,准备进入下一节段的施工。

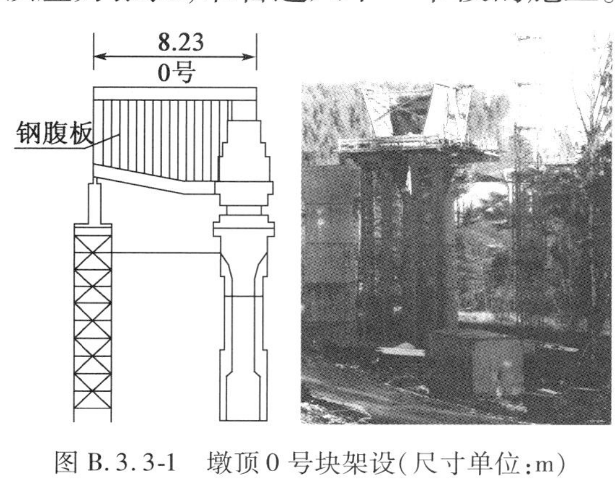

图 B.3.3-1　墩顶 0 号块架设(尺寸单位:m)

图 B.3.3-2　标准节段架设

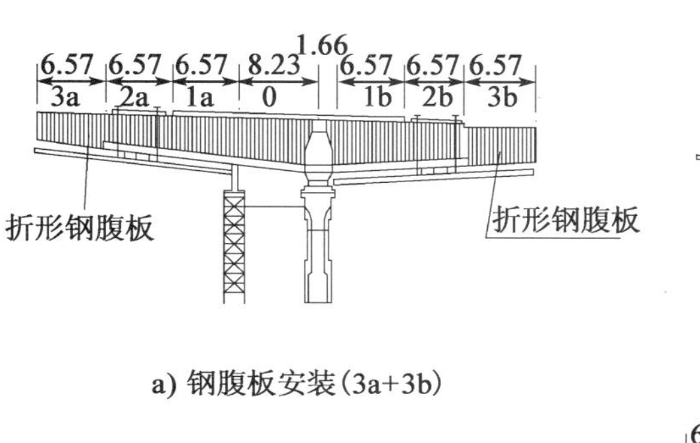

a) 钢腹板安装(3a+3b)

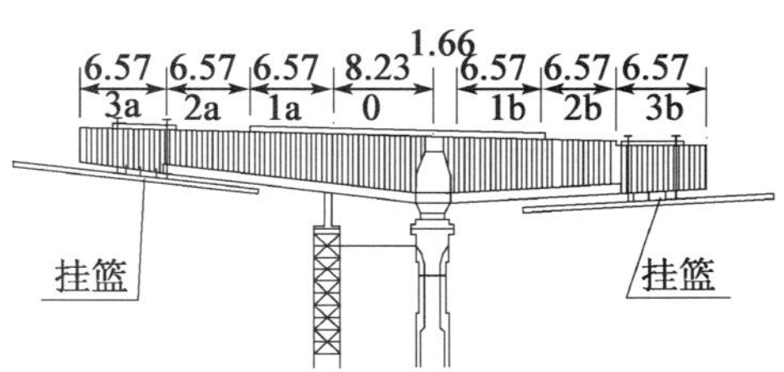

b) 挂篮(3a+3b)

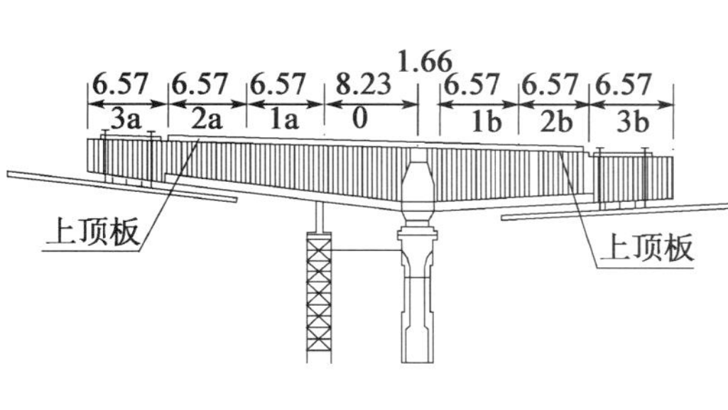

c) 顶板浇筑(2a+2b)

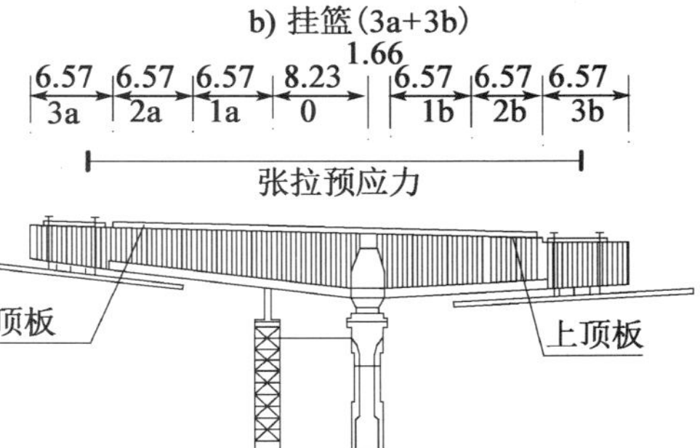

d) 顶板预应力张拉(2a+2b)

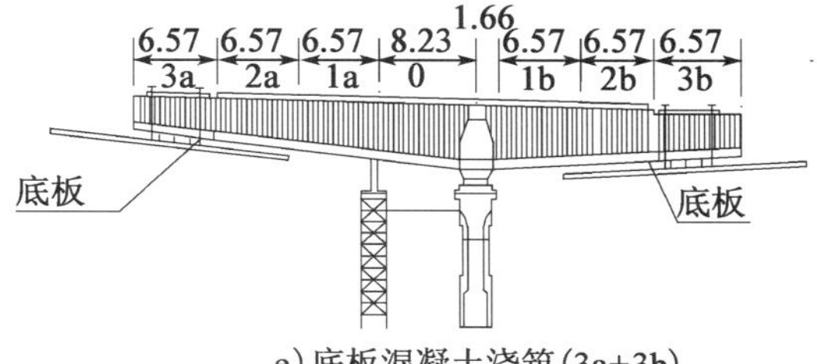

e) 底板混凝土浇筑(3a+3b)

图 B.3.3-3　标准节段施工过程(尺寸单位:m)

如图 B.3.3-4 所示,重复标准节段施工达到最大悬臂状态后,首先合龙主跨,然后在边跨搭设临时支撑,架设剩余节段,完成组合折腹桥梁的上部结构施工。

a)跨中合龙之前

b)跨中合龙

图 B.3.3-4　合龙施工

B.4　日本裹高尾桥

B.4.1　概要

图 B.4.1 为日本 2011 年建成的裹高尾桥立面布置及横截面[81]。该桥为大跨度变桥宽的连续刚构桥,主跨 155m。采用 4 跨预应力折形钢腹板组合箱梁与钢箱梁混合的连续刚构结构,桥梁全长上行线 405.5m(组合折腹梁 296.2m),下行线 438.0m(组合折腹梁 316.5m)。以下行线为例,其跨径布置为 67m + 155m + 144m + 68m。

采用悬臂施工方法,最大悬臂长度达 102m。

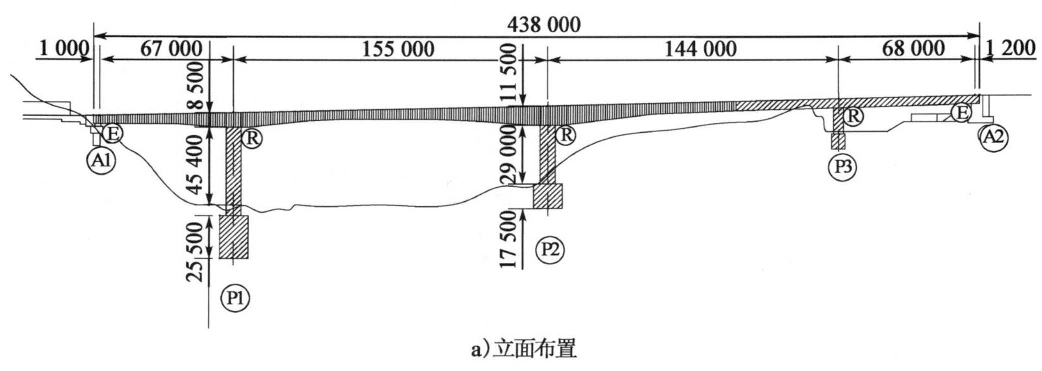

a)立面布置

图　B.4.1

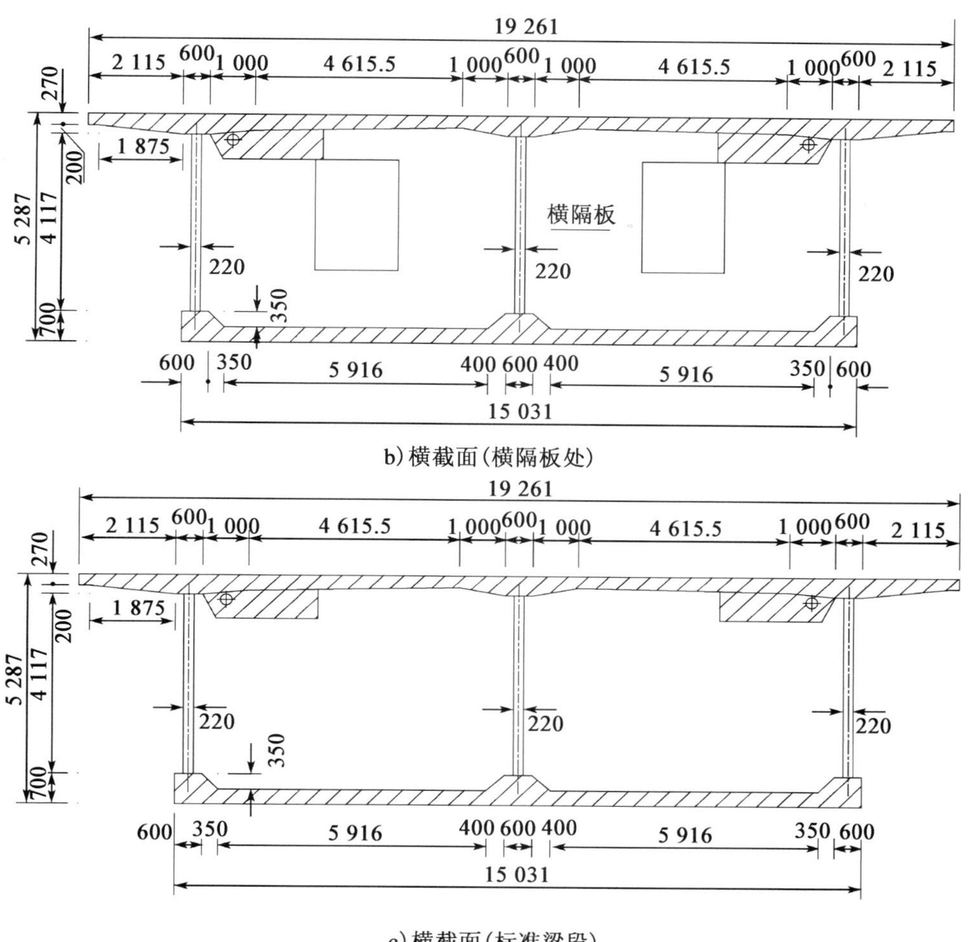

b)横截面(横隔板处)

c)横截面(标准梁段)

图 B.4.1　立面布置及横截面(尺寸单位:mm)

B.4.2　结构特点

如图 B.4.2 所示,该桥上部结构为组合折腹箱梁与钢箱梁的混合结构形式,具有以下构造和技术特点:

1　主梁变宽

主梁的宽度由标准宽度 9.75m 到最大宽度 20.64m 变化,其中桥墩 A1 ~ P2 间主梁采用单箱单室组合折腹梁,桥墩 P2 至混合梁结合面采用单箱双室组合折腹梁,从而适应桥面宽度的变化。

2　混合梁结构

主梁采用组合折腹梁与钢箱梁的混合梁结构。其中,67m 边跨与 155m 主跨采用单箱单室组合折腹梁,144m 次主跨部分主梁采用单箱双室组合折腹梁,部分采用双箱单室钢箱梁。组合折腹箱梁与钢箱梁连接的结合部采用前后承压板的连接构造。组合折腹梁为双室箱梁截面(含 3 道腹板),而钢梁为双箱单室截面(含 4 道腹板),结合部腹板数量不同,作用力的传递比较复杂。

3　折形钢腹板

折形钢腹板采用 1600 波型,波长 1 600mm,波高为 220mm,厚度依据不同位置发生变化,折形腹板间连接从经济性和施工性考虑采用高强螺栓连接。

4　高强预应力筋

采用 ϕ15.7mm 高强预应力筋,与以往 ϕ15.2mm 普通预应力筋相比,应力提高 20% 左右,且具有同等的拉伸率。

5　体外预应力锚固区

同一般混凝土箱梁构造不同,折形钢腹板不抵抗轴向力,轴力仅由混凝土顶、底板承担,顶、底板锚固区可能发生过大的局部应力。为此,锚固区域设置横向加劲,并依据计算结果设置 ϕ25@125mm 的补强钢筋。

图 B.4.2　裹高尾桥

B.4.3　施工特点

1　组合折腹梁段施工

组合折腹梁段采用悬臂施工方法,由 P2 桥墩向两侧悬臂浇筑梁段。由于主梁宽度发生变化,移动作业桁车具有横向移动的功能,同时桥面施工模板能够随宽度变化进行调节。

因为桥面宽度变化,腹板间距相应不同,架设中折形钢腹板连接的精度需要进行控制,通过钢丝绳、型钢对折形钢腹板进行固定与微调,保证连接精度。

P2 桥墩附近的悬臂施工节段由于箱梁宽度变化,将产生不平衡重量,因此,通过调整主梁的节段长度来减轻不平衡重量,并在该区域搭设临时支架,支架处各腹板位置设置支点,安装 4 ~5 台 2 000kN 的千斤顶进行高程调节。

2　混合梁结合段施工

组合折腹梁与钢箱梁的结合段施工时,钢箱梁组合桥面板混凝土尚未浇筑完成,日照影响引起温度变形。折形腹板组合梁同样受到温度的影响,两种主梁结合前现场实测出现 15mm 的位移差,采用移动作业车并设置千斤顶控制结合面位置的位移。

结合段格室通过填充混凝土改善力的传递效果,格室中填充混凝土的密实性检验比较困难,因此采用自密实混凝土,配合比如表 B.4.3 所示。采用泵车从侧面进行混凝土浇筑,并设置排气孔。

表 B.4.3　格室填充混凝土配合比

粗集料最大粒径(mm)	水灰比(%)	细集料率(%)	单位量(kg/m³)							
			水	石灰	S1(石灰)	S2(细砂)	S3(中砂)	粗集料	石粉	减水剂
20	41.0	44.8	170	415	274	137	274	851	200	8 303

B.5　日本桂岛高架桥

B.5.1　概要

图 B.5.1 所示为日本 2005 年建成的桂岛高架桥立面布置及横截面[82]。该桥为 4 跨,采用折形钢腹板的连续梁,跨径组合为 52.65m + 2 × 54.00m + 52.70m,全长 216m,桥宽 16.5m。主梁采用等截面带斜撑的大悬臂箱梁,梁高 3.9m。

上部结构架设采用顶推施工方法,全桥主要材料用量如表 B.5.1 所示。

表 B.5.1　材料用量

材料名称	单位	数量
混凝土现浇	m³	1 925.0
混凝土预制横、斜撑	m³	220.0
混凝土预制板	m³	176.0
钢筋	kg	659 000.0
纵桥向预应力筋	kg	64 231.0
横桥向预应力筋	kg	18 228.0
折形钢腹板	kg	190 000.0

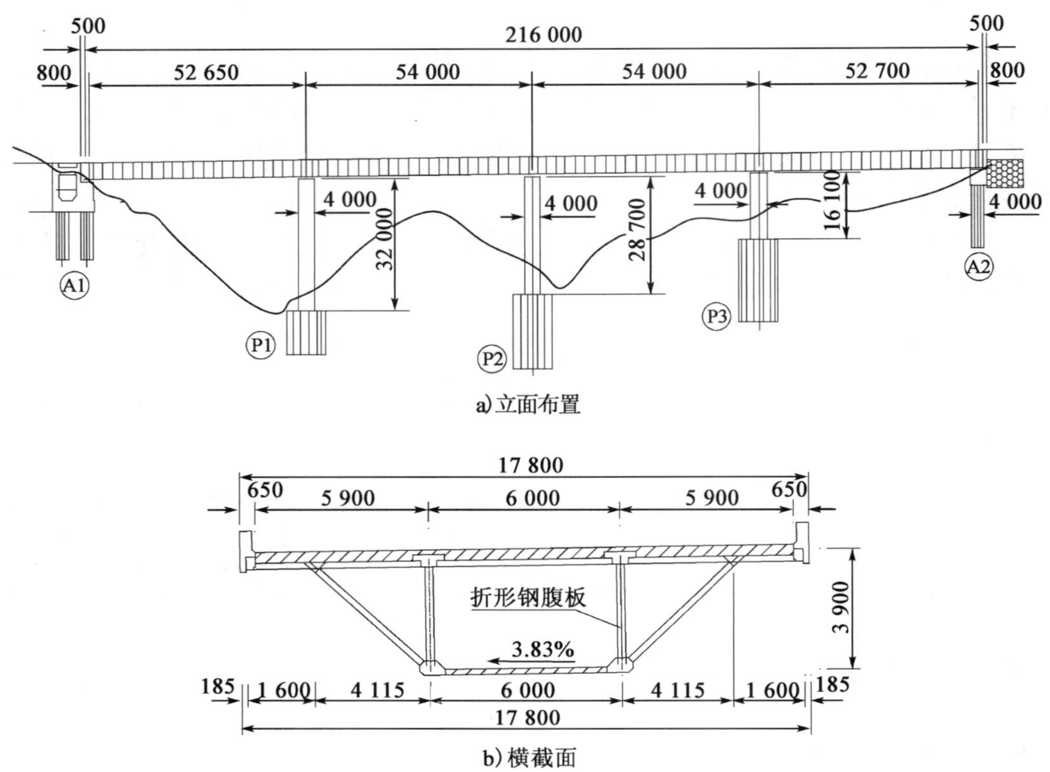

图 B.5.1　结构布置与横截面(尺寸单位:mm)

B.5.2　结构特点

第二东名高速路行车宽度要求 16.5m,一般采用宽室箱梁或者单箱多室箱梁截面。从经济性与施工性考虑,采用无中腹板的单室箱梁截面,但是需要间隔一定的距离设置横隔板(梁)或者斜向支撑,以满足桥面结构的受力性能。如图 B.5.2-1 所示,该桥采用大悬臂单室箱梁并设置横隔梁与斜向支撑

图 B.5.2-1　悬臂横、斜撑构造

(间距2.4m)的截面形式。一方面可以减轻主梁质量,另一方面箱梁顶板横向加劲有利于桥面板的受力和施工。

横、斜撑为工厂预制的混凝土构件,同钢构件相比质量增加,但造价节省。斜撑与上侧横撑结合,与下侧折形钢腹板、底板结合部连接。细部构造如图 B.5.2-2 和图 B.5.2-3 所示,上侧通过在横撑以及斜撑预留钢筋处现浇无收缩混凝土形成结合部,而下侧设置矩形凹槽,通过锚固型钢与钢筋混凝土底板连接。

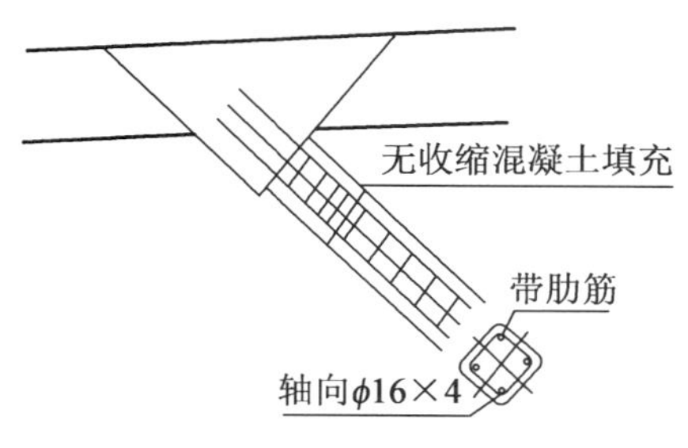

图 B.5.2-2　斜撑上侧连接构造

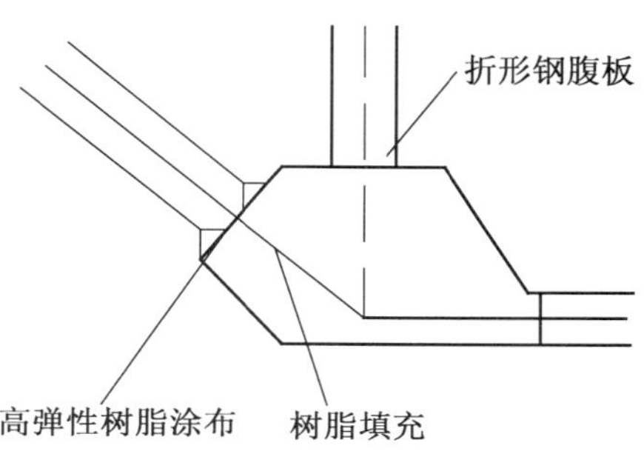

图 B.5.2-3　斜撑下侧连接构造

如图 B.5.2-4 所示,该桥采用横撑间铺设预制混凝土板,然后现场浇筑混凝土桥面形成桥面结构。利用预制混凝土板充当模板浇筑桥面混凝土,减少临时模板及其支撑,节省施工工期。

如图 B.5.2-5 所示现浇混凝土桥面布置横向预应力满足受力要求,横撑之间 2.4m 节段范围内,两腹板间的混凝土板设置横向预应力 3 束,腹板外悬臂桥面设置横向预应力 5 束。

图 B.5.2-4　双层桥面结构

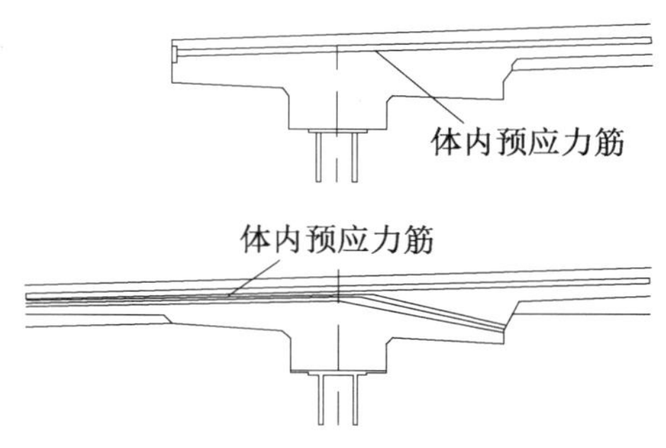

图 B.5.2-5　桥面横向预应力配置

该桥施工阶段与成桥状态均采用全体外预应力结构,施工用索在结构体系转换以后作为成桥阶段结构用索。以往顶推施工,施工索与结构索对称布置,顶推结束成桥后,施工索拆除。该桥在传统顶推施工用索配置的基础上进行改进,顶、底板直线配束,顶推结束以后,将施工索释放预应力,并在转向装置进行转向,完成向结构用索的转换。

体外索的布置如图 B.5.2-6 所示,图中 A 索为施工结束转化为结构用索,B 索为成桥结构索,C 索为施工结束撤去临时索,D 索为成桥阶段增加的结构索。

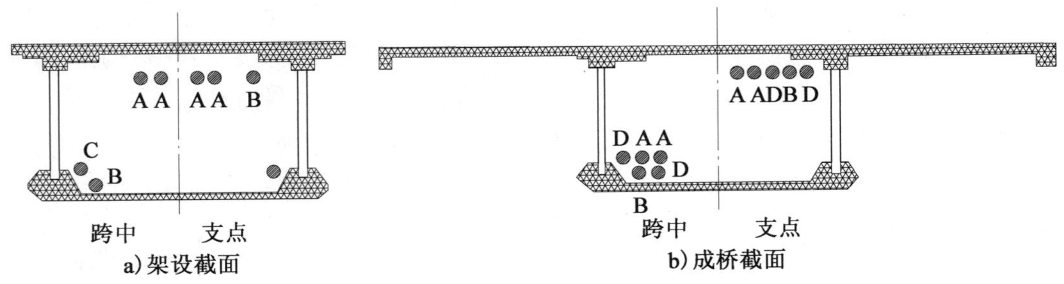

图 B.5.2-6　体外索的布置

B.5.3　施工特点

顶推施工方法无需搭设支架,主梁预制化施工,其质量、管理控制容易得到保证。但是,主梁顶推过程中,同一断面多次经过支点与跨中位置,相应地反复承受负弯矩、正弯矩,因此,施工过程需要上、下缘同时配置预应力索。目前施工索普遍采用体外索,施工结束后可以重复利用。

组合折腹梁桥同传统混凝土梁桥相比,在顶推施工方面有如下的技术特点。

1　主梁自重减轻

占主梁自重 10% ~30% 的混凝土腹板被折形钢腹板取代后,自重减轻,顶推设备(导梁、顶推装置)轻型化,架设时可以减少施工临时索用量。并且主梁高度增加时,腹板重量增加较小,因此可以适当增加梁高,满足顶推的要求。

2　折形钢腹板轴向刚度低

折形钢腹板几乎不承担轴力,预应力有效施加于混凝土顶、底板。施工与成桥状态,同混凝土梁桥相比,减少预应力用量。

3　折形钢腹板抗屈曲性能强

顶推施工过程中梁体截面通过支点位置将承受较大的剪力,折形钢腹板具有较强的抗屈曲能力,能够承担较大的剪力作用。

4　主梁局部顶推施工

本桥采用横撑及斜撑的折形钢腹板宽箱梁截面,由于大悬臂桥面占主梁重量约 35%,因此施工过程中,先顶推不包含悬臂桥面结构的箱形断面梁,可减轻自重、减少施工用索、降低顶推成本,但顶推后期悬臂桥面施工难度增加。为此采用横撑与斜撑同箱形断面梁一起顶推的工法(图 B.5.3-1),不仅可减轻顶推截面重量、减少施工索用量,同时使得顶推设备轻量化,而且悬臂端桥面顶推结束后可在横撑上施工。

图 B.5.3-1　顶推施工

该桥上部结构施工过程如图 B.5.3-2 所示。首先进行箱形截面梁架设，浇筑混凝土底板与安装折形钢腹板；然后安装横撑、斜撑；以横撑作为支架铺设顶部预制板；同时在腹板与预制板间现浇混凝土并张拉施工索；形成带横撑、斜撑的箱形截面进行顶推；顶推就位后进行折形钢腹板外侧悬臂板施工，同样先在斜撑间搭设预制板，后浇筑混凝土，形成悬臂板；最终将施工索转换为结构索且张拉到位。

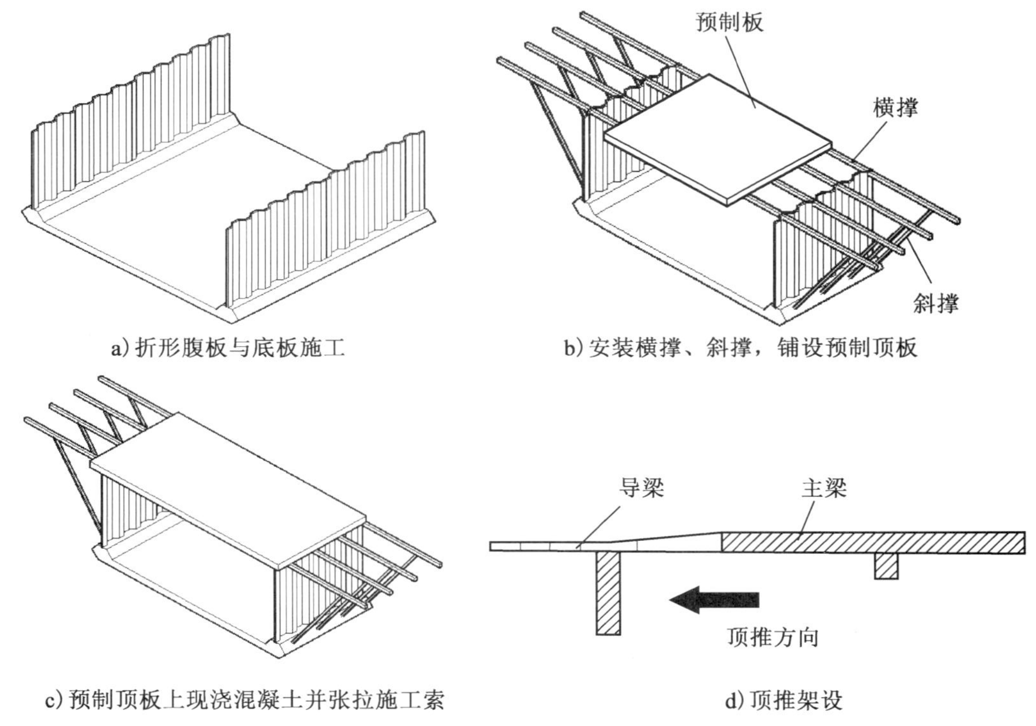

a) 折形腹板与底板施工

b) 安装横撑、斜撑，铺设预制顶板

c) 预制顶板上现浇混凝土并张拉施工索

d) 顶推架设

图　B.5.3-2

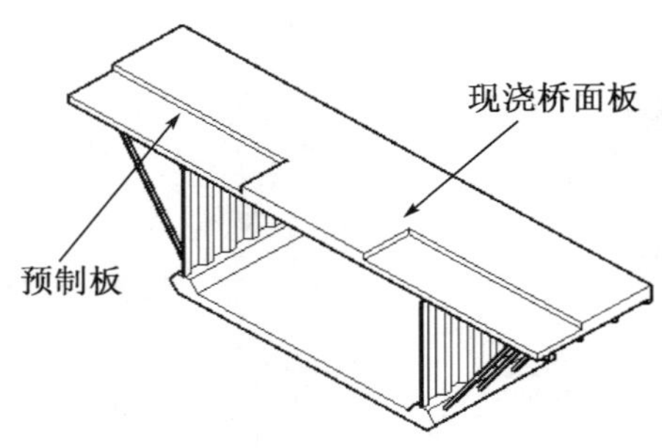

e)铺设悬臂预制板，现浇混凝土，施工索转换并张拉

图 B.5.3-2　主梁顶推施工过程

施工过程中有效利用折形钢腹板、横撑与斜撑，进行预制桥面板的架设，然后在预制桥面板浇筑混凝土顶板，施工简化、省力，并且缩短工期。该桥在设计过程中，对在相同设计条件下的四种顶推施工方案进行了比较，即：

方案 1：混凝土箱梁全截面顶推但施工索不进行转换；

方案 2：混凝土箱梁全截面顶推且施工索进行转换；

方案 3：组合折腹箱梁全截面顶推且施工索进行转换；

方案 4：组合折腹梁的箱形截面顶推且施工索进行转换。

以单跨 54m 的主梁为例，其自重比较结果如表 B.5.3 所示。顶推架设时，将折形钢腹板全截面与混凝土腹板全截面的箱梁顶推对比，主梁自重减轻约 28%；而采用不带悬臂板的折形钢腹板箱形截面，相比折形钢腹板全截面的顶推，主梁自重又降低约 20%。成桥阶段时，组合折腹箱梁截面与混凝土箱梁截面相比，自重可减轻约 25%。

表 B.5.3　主 梁 自 重 比 较

<table>
<tr><td rowspan="2">顶推方法</td><td rowspan="2">混凝土箱梁
全截面顶推施工</td><td colspan="2">折形钢腹板箱梁顶推施工</td></tr>
<tr><td>全截面顶推</td><td>箱形截面顶推</td></tr>
<tr><td rowspan="2">顶推阶段</td><td></td><td>折形钢腹板</td><td>折形钢腹板</td></tr>
<tr><td>19 600kN(2 000tf)</td><td>14 210kN(1 450tf)
(减轻自重 28%)</td><td>10 290kN(1 050tf)
(减轻自重 48%)</td></tr>
<tr><td rowspan="2">成桥阶段</td><td></td><td colspan="2">折形钢腹板</td></tr>
<tr><td>23 520kN(2 400tf)</td><td colspan="2">17 640kN(1 800tf)(减轻自重 25%)</td></tr>
</table>

如图 B.5.3-3 所示,对单跨 54m 主梁的预应力索用量进行比较。在顶推施工阶段,预应力索的用量与混凝土箱梁全截面顶推相比,组合折腹箱梁全截面顶推的预应力索可减少约 30%,而仅顶推箱型截面时的预应力索可再降低约 20%。

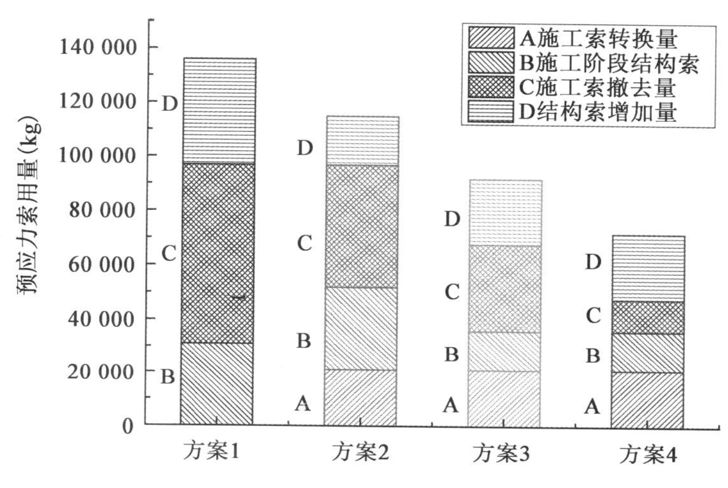

图 B.5.3-3　预应力索用量比较

关于预应力索使用总量,混凝土箱梁全截面顶推且施工索进行转换的方案 2,相比混凝土箱梁全截面顶推但施工索不进行转换的方案 1 可减少约 15%;组合折腹箱梁全截面顶推且施工索进行转换的方案 3,相比方案 2 可减少约 15%;组合折腹梁的箱形截面顶推且施工索进行转换的方案 4,相比方案 3 可减少约 15%。

由此可知,采用箱形截面梁顶推且施工索转化为结构索的组合折腹梁顶推施工方案,预应力索用量可降低约 50%,具有较好的经济性。

B.6　装配式组合折腹梁桥

B.6.1　概要

组合折腹梁桥能够合理地将钢、混凝土两种不同材料相互结合起来,极大地提高结构材料的使用效率,具有诸多的技术特点。但是折形钢腹板与混凝土顶底板异种材料的结合成为设计与施工的关键点,同时由于折形钢腹板纵向刚度低以及剪切变形大等特点,在折形钢腹板的制作、运输、架设、节段施工等过程中增加了难度。为此,联合邢台路桥建设总公司,探讨了采用耐候结构钢的装配式组合折腹梁桥。其目的在于综合组合结构桥梁的力学特点,突出体现该型桥梁在力学性能、制作施工、材料使用等方面的优势,开发适用于跨径15~40m的标准梁桥[83]。

如图B.6.1所示,该型桥梁由若干整体预制的箱形组合折腹梁通过横隔板横向装配而成。截面形式为箱形,从外形及尺寸上与装配式混凝土小箱梁类似,包括上、下翼板与腹板。其顶板采用组合桥面板,底板采用内填混凝土的钢套箱,腹板为折形钢腹板。主要构件包括组合桥面板、折形钢腹板、内填混凝土钢套箱、横隔板以及预应力筋等。

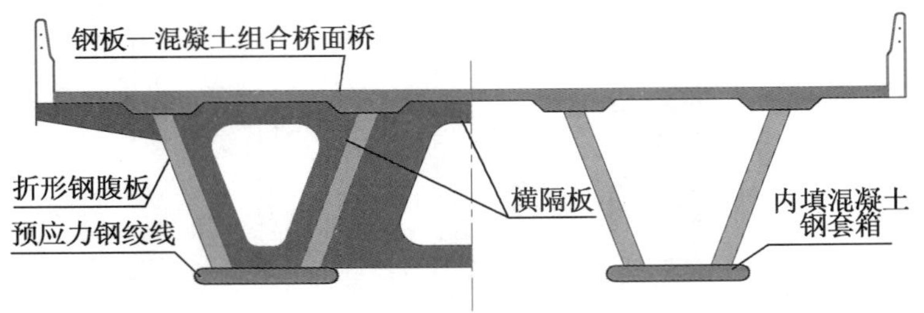

图B.6.1 装配式组合折腹梁桥构造示意

B.6.2 结构特点

1 结构设计

该型标准梁桥的纵向受力与预应力混凝土梁桥类似,梁高设计可参照装配式预应力混凝土箱梁桥。但由于折形钢腹板对抗弯刚度的贡献小,组合桥面板较常规钢筋混凝土桥面板稍薄,抗弯刚度有一定程度的降低,加之提高梁高,对恒载的影响程度较小,故对于梁高的选择一般可略高于混凝土箱梁桥。

以跨径30m组合折腹梁桥为实例,其立面与横截面布置如图B.6.2-1所示。梁高1.8m,桥宽7.4m,计算跨径为29.2m,横桥向由2个组合钢箱梁装配而成。折形钢腹板、底板、顶板及横隔板均采用板厚6mm的耐候钢板,钢材型号为Q355GNH。

如图B.6.2-2所示,折形钢腹板的折形长度为1 000mm,折形高度为160mm,折叠角度为45°。腹板竖向高度为1.55m,采用倾斜布置形式,倾斜角度为19°。图B.6.2-3为折形钢腹板形状。

如图B.6.2-4所示,组合桥面板主要承受结构纵桥向的压应力及车轮荷载,其板厚应在满足受力性能的基础上,通过考虑普通钢筋的布置与保护层厚度综合确定。钢板的形状可采用平钢板,钢板上焊接弯筋连接件与混凝土浇筑。可采用加腋的形式,在与折形钢腹板结合处焊接焊钉连接件,其余部位采用弯筋连接件。

如图B.6.2-5所示组合桥面板采用平钢板的形式,其上焊接弯筋连接件,浇筑厚度 10cm 的聚合物混凝土。并为加强钢板与混凝土之间的结合，在界面上涂抹环氧树脂，上面铺筑小碎石。混凝土中设置一层公称直径为 10mm 的钢筋网，以纵横向 10cm 的间距均匀布置。弯筋连接件的高度为 5cm，沿纵向每隔 0.5m 布置。

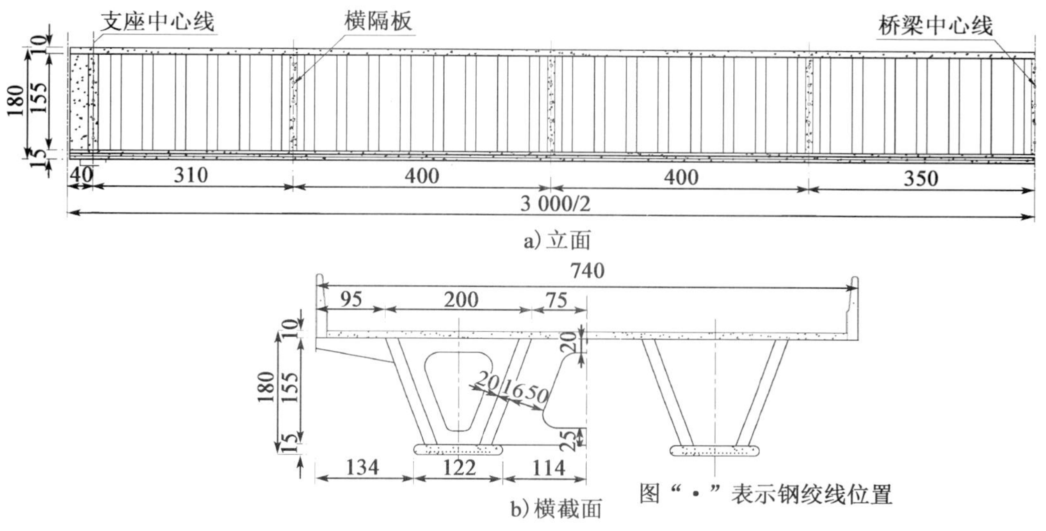

图 B.6.2-1　立面与横截面布置(尺寸单位:cm)

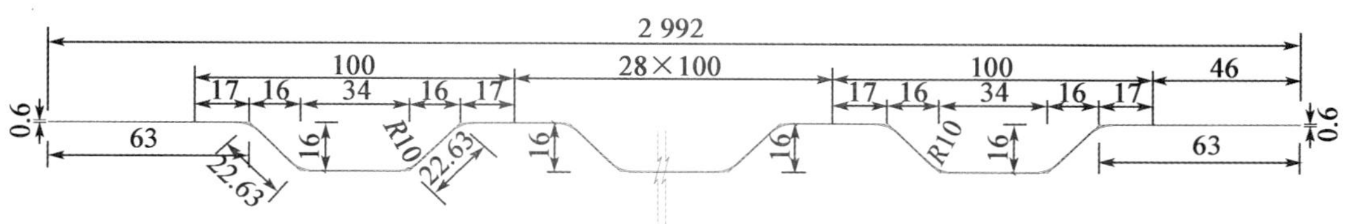

图 B.6.2-2　折形钢腹板尺寸(尺寸单位:cm)

图 B.6.2-3　折形钢腹板形状

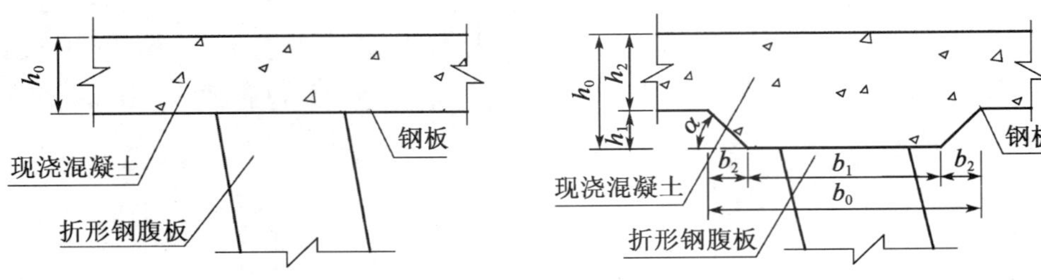

图 B.6.2-4　组合桥面板的构造

图 B.6.2-5　组合桥面板钢板表面

如图 B.6.2-6 所示，箱梁底板钢套箱为全封闭式结构，内设架立钢筋并填充混凝土，折形钢腹板与钢套箱的顶钢板焊接。钢套箱的宽度与高度应兼顾其内普通钢筋、预应力筋的布置及锚固，且能够保证其内填混凝土的密实性。

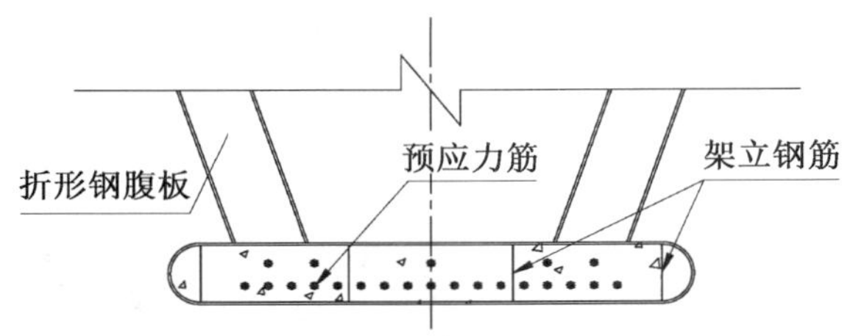

图 B.6.2-6　底板钢套箱

钢套箱构造如图 B.6.2-7 所示，钢套箱的高度为 0.15m、宽度为 1.22m，内有 4 片沿桥纵向通长的钢筋骨架。每片骨架由上钢筋、腹钢筋、下钢筋焊接而成，再与钢套箱的上钢板及下钢板进行焊接，最后在钢套箱内压浆填筑混凝土。骨架钢筋为直径 14mm 的带肋钢筋。

如图 B.6.2-8 所示，钢套箱内布置 22 根直径为 15.24mm 的预应力钢绞线，分上下两层，上面一层 5 根，下面一层 17 根，采用先张法施工。钢绞线的标准抗拉强度为 1 860MPa、控制张拉应力为 1 339MPa。

图 B.6.2-7　钢套箱及钢筋骨架

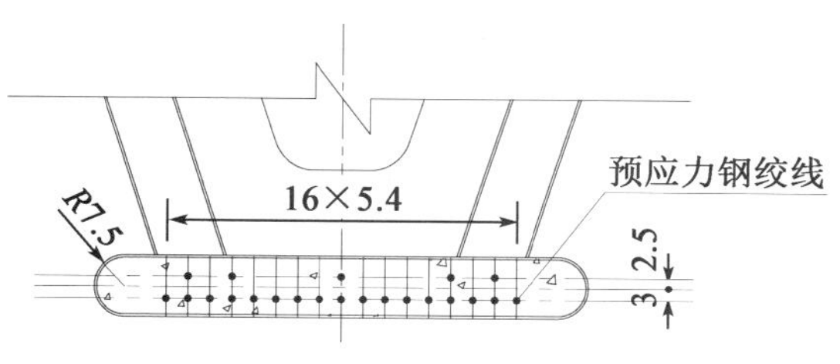

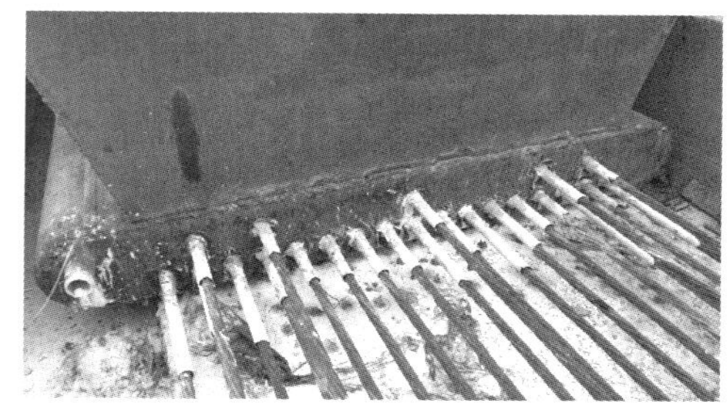

图 B.6.2-8　预应力筋布置(尺寸单位:cm)

图 B.6.2-9 和图 B.6.2-10 为箱梁内、外设置的横隔板。全跨共设 9 道横隔板,纵向间距为 3.1 ~4.0m。端横隔板的厚度为 16cm,中间横隔板的厚度为 12cm,构造形式为外部钢板、内填混凝土,采用焊钉连接件进行结合。

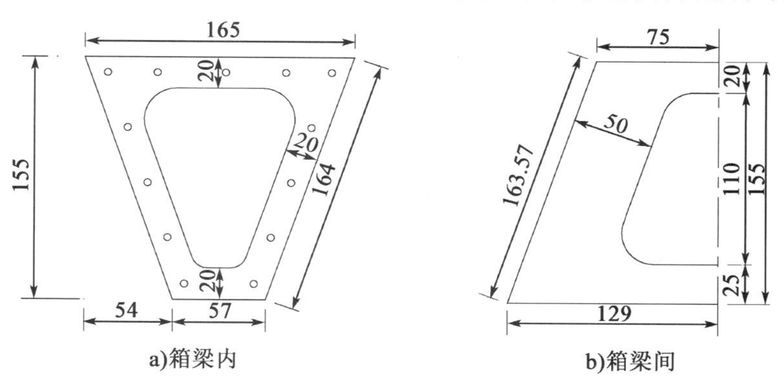

图 B.6.2-9　横隔板尺寸(尺寸单位:cm)

2　箱梁制作

图 B.6.2-11 为箱梁的制作流程。制造精度及焊接质量均符合现行的规范与技术规程。钢箱梁部分在工厂内制作,折形钢腹板采用液压机进行模压冷弯成型,钢套箱采用卷板机制作,其内焊接钢筋连接骨架。待各板件加工制作完成,将折形钢腹板、组合桥面板的钢板、钢套箱及内横隔钢板安放定位,焊接成整体钢箱梁。

图 B.6.2-10 横隔板构造

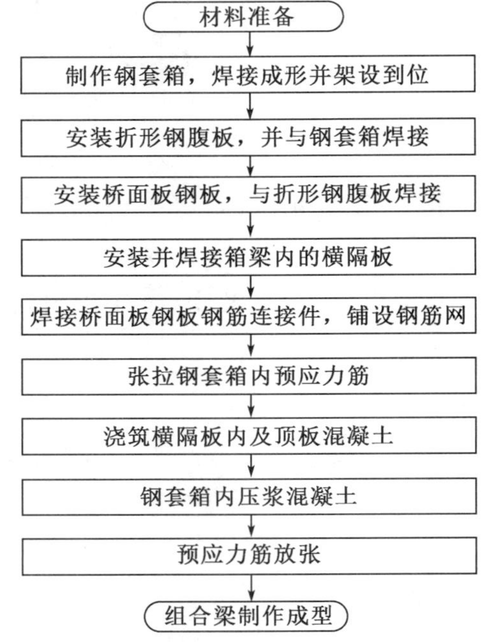

图 B.6.2-11 箱梁制作流程

钢箱梁部分组装后，钢套箱内张拉预应力钢绞线，在其内压浆填筑细集料混凝土，并同时浇筑内横隔板混凝土。待钢套箱内混凝土达到设计强度的 75% 时，将钢绞线的临时锚固放开，让预应力筋回缩，通过预应力钢绞线与混凝土间的黏结作用，传递给混凝土，再通过内设钢筋骨架，使整个钢套箱截面获得了预压应力。图 B.6.2-12 为制作完成的跨径 30m 的组合折腹梁。

图 B.6.2-12　跨径 30m 的组合折腹梁

3　箱梁装配

箱梁在工厂预制后运至桥位,并吊装安放定位,现场焊接箱梁间的钢顶板及外横隔钢板,图 B.6.2-13 为箱梁间的横隔板构造。

浇筑内、外横隔板混凝土及浇筑桥面板混凝土。待桥面板混凝土养护数日后,进行桥面铺装,并布置防撞栏杆、伸缩缝等桥梁附属设施。图 B.6.2-14 为跨径 30m 组合折腹梁桥的成桥照片。

图 B.6.2-13　箱梁间的横隔板构造

图 B.6.2-14　跨径 30m 组合折腹梁桥的成桥照片

B.6.3　模型试验

1　模型试验方案

制作跨径 30m 组合折腹梁足尺模型,采用钢条均匀堆载的形式进行承载性能试验,测试折形钢腹板、组合桥面板、钢套箱等在各级荷载作用下的结构变形及应变[84,85]。图 B.6.3-1 是足尺模型试验梁的现场布置,两端安放板式橡胶支座,处于简支状态。计算跨径 29.2m,梁高 1.8m,桥面板宽度 3.5m。为保证试验的安全进行,梁体两侧设置钢块支撑,支座附近浇筑限位混凝土块。

图 B.6.3-1 足尺模型承载试验现场布置

试验梁所用材料的材性如表 B.6.3-1 所示。其中混凝土进行立方体抗压强度及棱柱体弹性模量等的测试,耐候钢进行拉伸性能的测试。

表 B.6.3-1 试验梁的材料特性(MPa)

材　　料	立方体抗压强度	弹性模量	屈服强度	极限强度	抗拉强度标准值	张拉控制应力
桥面板混凝土	39.1	5.00×10^4	—	—	—	—
钢套箱混凝土	64.0	3.55×10^4	—	—	—	—
耐候钢	—	2.05×10^5	410	540	—	—
预应力钢绞线	—	1.95×10^5	—	—	1 860	1 339

图 B.6.3-2 为模型试验的加载布置。综合考虑试验效果、时间、费用等因素,试验梁放置在场地外,采用长方体钢条全桥均匀堆载的方式进行加载。加载用的长方体钢条截面尺寸为 15cm × 15cm × 930cm,每根荷载为 16.07kN(1.64tf),共准备约 7 350kN(750tf)。起重设备为两台吊机。为确保钢条荷载能均匀地施加在桥面板混凝土的顶面,其第一层均匀、密实的平铺高度约 8 ~ 10cm 的黄砂石。纵向分为 3 个堆载区域,区域纵向间设有 0.8m 的间隙,横向为桥面板中间区域的 2.5m。

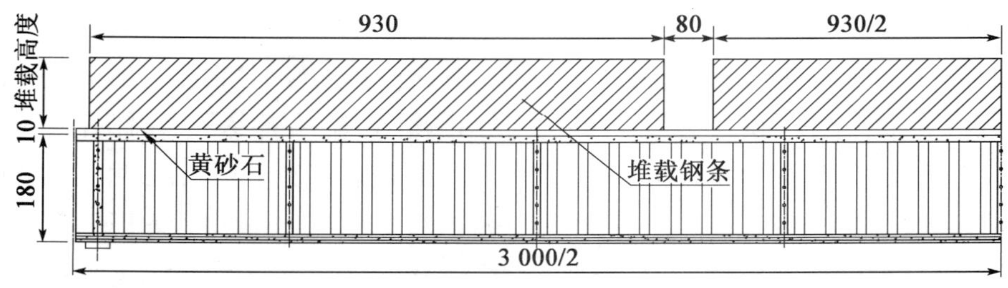

图 B.6.3-2 加载布置示意(尺寸单位:cm)

图 B.6.3-3 为试验现场加载照片。试验中对梁体关键部位如跨中位移、跨中钢套箱拉应变、跨中桥面板混凝土压应变、腹板剪应变以及滑移测点等进行现场监控，并与有限元计算结果比较，以确定加载的合理性。每一级加载完成后，钢条的摆放位置要遵循左右对称、两端对称，确保试验梁保持均布加载。

图 B.6.3-3　试验梁现场加载

测点截面主要分布在跨中、$L/4$、梁端支承处等，应变测点主要布置在组合桥面板混凝土顶面、折形钢腹板、钢套箱底面，位移测点主要布置在钢套箱底面。

应变测点共布置有 53 个，包括混凝土表面应变测点 24 个，上翼板及下套箱钢板应变测点 10 个，钢腹板上三向应变花测点 6 个，单向应变片 3 个。且在桥面板混凝土上布置温度补偿测点，桥面板的测点截面均设置高度约 5cm 的槽型钢保护应变片，避免加载过程中造成损坏。

图 B.6.3-4 为位移测点布置示意，共有 8 个位移测点截面 W1 ~ W8。在试验梁端部的桥面板上沿横向布置两个位移计，位移计的一端固定在桥面板的钢板上，另一端顶在混凝土的重心高度处，测量钢与混凝土间的相对滑移。

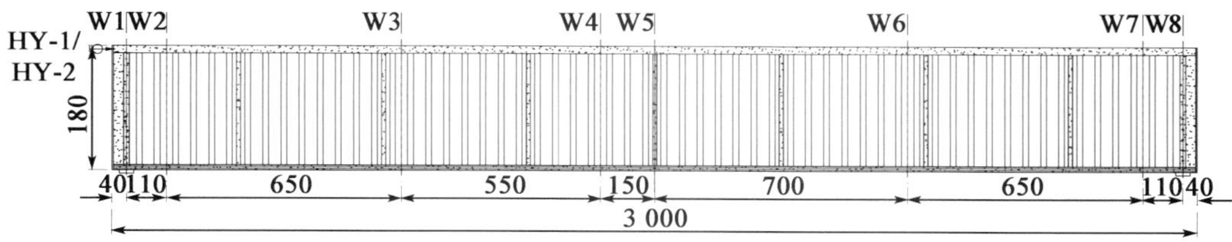

图 B.6.3-4　位移测点布置(尺寸单位:cm)

2　模型试验结果

1)荷载—位移曲线

通过对足尺试验梁的荷载、位移、变形状态以及各部分的应变等的测试，分析组合折腹梁的承载性能。试验梁跨中截面、$L/4$ 截面位置处的荷载—位移曲线如图 B.6.3-5 所示。

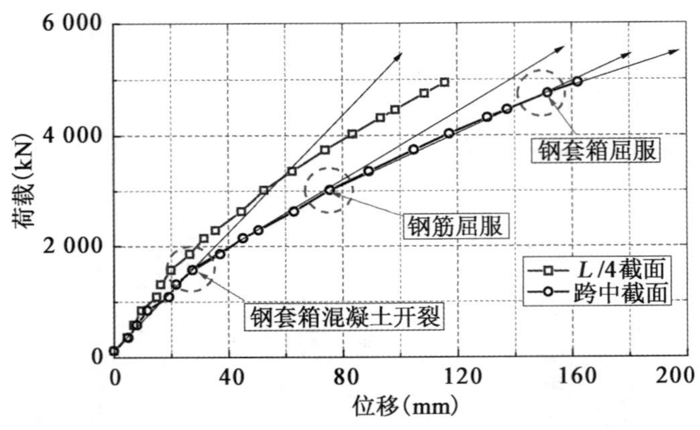

图 B.6.3-5 荷载—位移曲线

在试验前期荷载值较小时,位移随荷载线性增加,结构处于弹性阶段。荷载增加至 1 574kN 时,荷载—位移曲线出现了第一个拐点,斜率开始降低,此时跨中位移值为 27.4mm。主要原因是随着荷载值的增加,钢套箱内的混凝土开裂,刚度逐渐降低,其位移增长趋势加快。

当荷载增加至 3 020kN 时,荷载—位移曲线出现了第二个拐点,此时跨中位移值为 75.6mm。主要原因是钢套箱内混凝土开裂后,其内部钢筋应力逐渐增大,当达到钢筋的屈服强度后,斜率进一步降低。随着荷载的增加,钢套箱的钢板达到屈服强度,荷载—位移曲线呈现非线性特征,结构进入到塑性状态。

考虑到试验安全、时间的影响,最终的加载荷载为 4 949kN(505tf),此时跨中位移为 162.2mm,钢套箱底板接近于屈服状态,桥面板混凝土未出现压坏、预应力钢绞线未出现拉断等现象。由跨中钢套箱底部的应变结果可知,此时钢套箱底板已达到屈服强度,进入到屈服状态,变形增长较快。同时桥面板混凝土最大压应变为 977$\mu\varepsilon$,未出现损坏;折形钢腹板最大剪应变为 1 172$\mu\varepsilon$、剪应力为 83.2MPa,处于弹性状态。可判断此时钢套箱内的混凝土开裂,组合桥面板的钢板与混凝土间滑移值很小,可视为完全结合。

由荷载—位移曲线分析试验梁在加载至破坏时不同的受力状态,认为可分为 4 个阶段:

(1)弹性阶段:试验梁在加载开始到钢套箱内混凝土开裂的加载阶段表现为弹性,荷载与位移成线性关系。

(2)钢套箱内混凝土开裂至其套箱内钢筋屈服:钢套箱内部的混凝土开裂后,结构刚度发生明显的变化,斜率较第一阶段有所降低。此时,钢套箱内的钢筋应力逐渐增加,至钢筋达到屈服强度,荷载与位移近似呈线性关系。此阶段桥面板混凝土仍处于弹性受压阶段。

(3)钢套箱内钢筋屈服至钢套箱屈服:钢套箱应力逐渐增加,达到屈服强度,荷载与位移近似呈线性关系。

(4)钢套箱屈服至桥面板混凝土压碎:桥面板混凝土的应力逐渐增大至抗压强度时,桥面板混凝土压坏,至此试验梁发生破坏。

2)钢套箱应变特征

跨中截面钢套箱纵向应变随荷载变化曲线如图 B.6.3-6 所示。除去个别点的波动外,荷载应变曲线基本上为线性变化。且曲线在外荷载 1 574kN 附近存在一次较为明显的转折,这与由荷载—位移曲线得出钢套箱内混凝土开裂时的荷载值一致。跨中截面两个测点曲线的少许差异是由在堆载过程时一定程度的偏载所造成的。

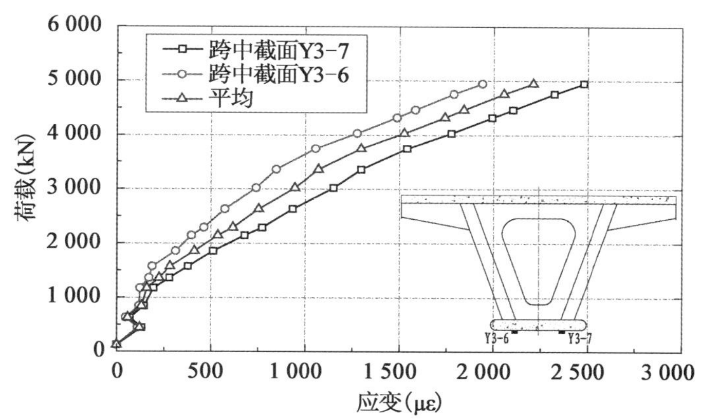

图 B.6.3-6　钢套箱荷载—纵向应变曲线

混凝土开裂前,钢套箱与其内填混凝土共同工作,结构处于弹性受力状态,抗弯刚度较大。开裂后,由混凝土提供的抗弯刚度消失,荷载应变曲线的斜率降低,钢套箱的应力增长趋势加快,但曲线近似为一条直线。至套箱混凝土内钢筋达到屈服应力后,曲线的斜率进一步降低,钢套箱应力增长趋势更快,但曲线仍近似保持为一条直线,直至钢板达到屈服强度。

3)桥面板应变特征

跨中截面桥面板混凝土荷载—纵向应变曲线如图 B.6.3-7 所示。由于现场试验环境的影响以及加载过程的偏差,数据的增长有些波动,但在加载前期,混凝土应变基本上随着荷载量呈线性变化。最大的应变值约为 977με,应力值约为 19.8MPa,混凝土进入到非线性状态。

跨中截面桥面板混凝土纵向应变沿板宽度方向分布如图 B.6.3-8 所示。在加载的初期,混凝土的纵向应变沿板宽度方向出现不均匀分布。在桥面板两侧的应变值最大,腹板对应处稍小,两块腹板的中间处最小。这是由于桥面板两侧焊接了钢侧板,对其产生了约束。随着外荷载增加,桥面板两侧的应变增长趋势变慢，当外荷载为 4 467kN 时，腹板对应处的应变值最大，桥面板两侧及腹板中间处的应变值稍小，整个截面的不均匀程度降低。

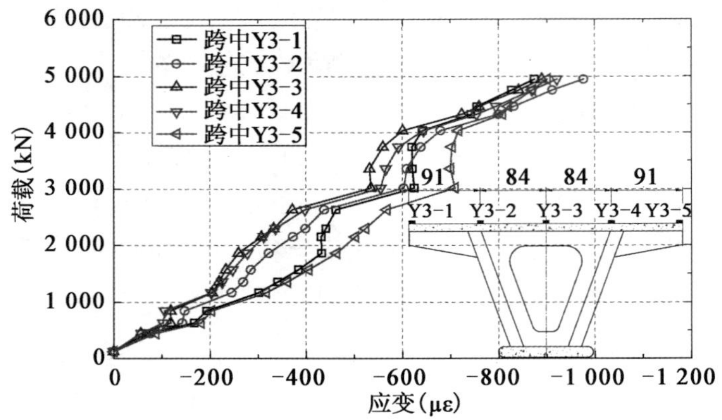

图 B.6.3-7 混凝土荷载—纵向应变曲线

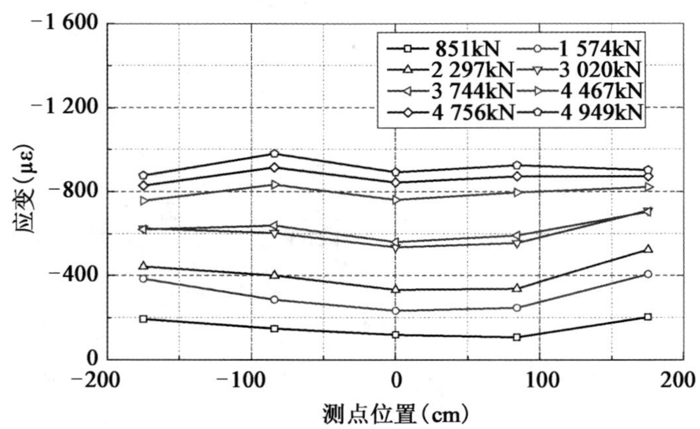

图 B.6.3-8 桥面板纵向应变横向分布

4）折形钢腹板剪应变特征

在梁端支承附近的折形钢腹板上沿高度方向布置应变花，测试钢腹板剪应变分布特征，其荷载—剪应变曲线如图 B.6.3-9 所示。钢腹板的剪应变与外荷载基本成线性关系，实测最大剪应变为 1 172με、即剪应力为 83.2MPa，在加载过程中一直处于弹性阶段。且腹板上部的剪应变稍大于腹板中部及下部，但从整体上来看，腹板的剪应变沿高度方向差值不大，接近为一条竖直线，可认为折形钢腹板上的剪应变沿梁高方向基本不变。

取钢腹板实测剪应力的平均值乘以折形钢腹板的面积，可得出其承担的剪力，与外荷载进行比较，得出钢腹板承担剪力的比例。表 B.6.3-2 为钢腹板承担剪力的比例，位于 71% ~82% 之间。

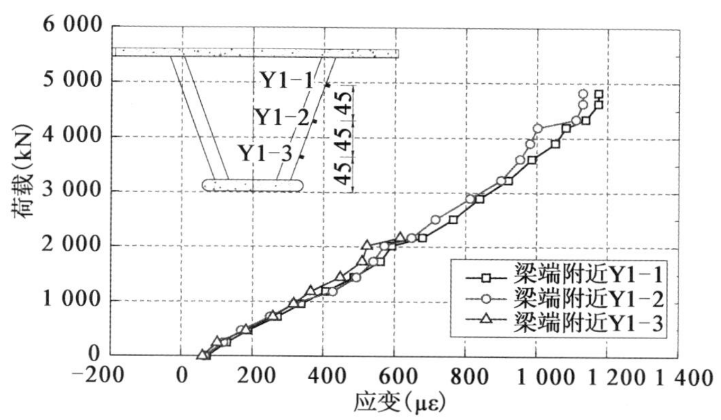

图 B.6.3-9　钢腹板荷载—剪应变曲线

表 B.6.3-2　实测折形钢腹板承担剪力比例

外荷载(kN)	位置 1 剪应变(με)	位置 2 剪应变(με)	位置 3 剪应变(με)	平均剪应变(με)	承担比例(%)
466	128	118	101	116	73.8
1 189	337	317	315	323	80.8
1 446	407	426	363	399	82.0
2 170	592	571	522	562	77.0
2 893	764	714	—	739	76.0
3 616	919	899	—	909	74.8
4 339	1 081	1 001	—	1 041	71.4
4 821	1 172	1 128	—	1 150	71.0

5)截面高度方向应变特征

跨中截面附近桥面板、折形钢腹板以及钢套箱的纵向应变沿截面高度的变化如图 B.6.3-10 所示。折形钢腹板上的纵向应变始终很小,即使加载至后期,桥面板混凝土进入到非线性、钢套箱开始屈服,其应变值仍几乎接近与零,因此可忽略其对箱梁抗弯刚度的贡献。

6)试验梁承载性能

跨中截面荷载—位移曲线如图 B.6.3-11 所示,最终外荷载值为 4 949kN(505tf),此时跨中位移为 162.2mm,钢套箱达到屈服强度 410MPa,折形钢腹板剪应力 73.9MPa,桥面板混凝土处于非线性受压阶段、其压应力为 19.8MPa。

表 B.6.3-3 为试验梁各受力状态下的外荷载、对应的位移及应力状态。设计荷载为《公路桥涵设计通用规范》(JTG D60—2004)中公路Ⅰ级。先求得跨中弯矩后，再反算出全桥均布荷载值，得到试验中受此均布外荷载时的跨中位移、混凝土压应力、钢套箱底板拉应力、支承处附近剪应力等。

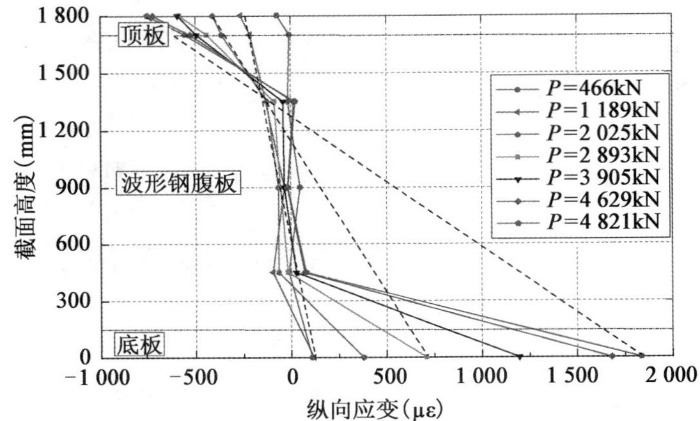

图 B.6.3-10　截面高度方向纵向应变分布

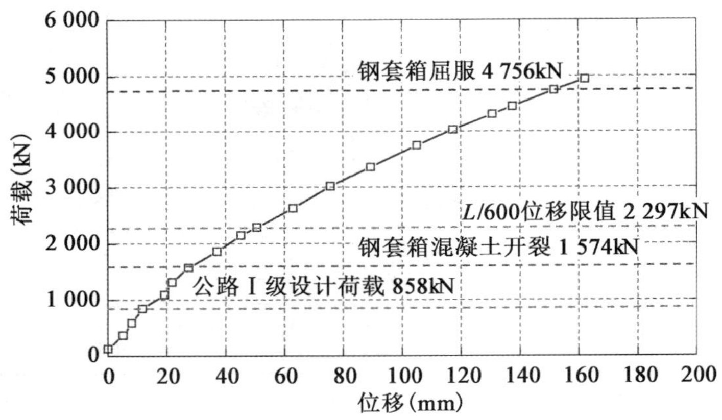

图 B.6.3-11　跨中荷载—位移曲线

表 B.6.3-3　模型试验梁承载性能

承载性能	荷载(kN)	跨中弯矩(kN·m)	跨中位移(mm)	跨中混凝土压应力(MPa)	跨中钢套箱拉应力(MPa)	支承处腹板剪应力(MPa)
公路Ⅰ级设计荷载	858.0	3 281.0	11.8	4.0	32.5	15.0
钢套箱混凝土开裂	1 574.0	5 880.0	27.4	7.6	77.9	25.4
跨中位移达 L/600	2 297.0	8 614.0	50.0	9.8	246.8	37.0
钢套箱底板屈服	4 756.0	17 834.0	151.7	18.2	410.0	71.0
最终加载荷载	4 949.0	18 559.0	162.2	19.8	410.0	73.9

为了分析试验梁达到正常使用极限状态时的荷载，根据试验结果分别采用以下两个准则判定结构达到正常使用极限状态：

准则一：根据跨中荷载—位移曲线的拐点判断，得到钢套箱内填混凝土开裂临界值；

准则二：根据跨中荷载—位移曲线，取跨中位移达到 $L/600$ 限值的外荷载值。

根据上述两个准则得到正常使用极限状态荷载分别为 1 574kN(160.6tf)、2 297kN(234.4tf)。其中跨中位移达到 $L/600$ 限值的荷载值大于钢套箱内混凝土开裂的荷载值，即当跨中位移达到计算跨径的 1/600 时，钢套箱内混凝土已经开裂，超过了正常使用极限状态。因此取钢套箱内混凝土开裂的 1 574kN 为正常使用极限状态对应的荷载值，取试验最终荷载 4 949kN 为承载能力极限状态对应的荷载值。

公路Ⅰ级设计荷载 858kN 小于钢套箱混凝土开裂荷载 1 574kN，表明跨径 30m 试验梁在设计荷载作用下结构处于弹性范围内。若定义结构的安全系数为极限状态荷载除以设计荷载，则正常使用极限状态对应的安全系数为 1.8，承载能力极限状态对应的安全系数达到 5.8。说明该型组合折腹梁具有较大的承载能力和较高的安全储备。

B.6.4　荷载试验

1　荷载试验工况

装配式组合折腹梁桥实际工作状态与使用性能需通过荷载试验得以验证。为此，建造跨径 30m 简支梁桥，并进行静、动载试验，检验桥梁在试验荷载作用下实际受力特性是否满足设计及规范要求，并通过现场加载以及对试验测试数据、试验现象的综合分析，对结构性能做出总体评价。

图 B.6.4-1 为静、动载试验梁桥。静载试验主要测试控制截面的应变、位移，判定结构的强度和刚度等力学性能。动载试验测试桥梁结构的动力特性，即自振频率、模态、阻尼等结构模态参数。同时通过跑车、制动、跳车等动力响应试验，测定桥梁结构在动荷载作用下的强迫振动响应，即动位移、动应变、冲击系数等。

1）静载试验

试验梁桥的荷载等级为公路Ⅰ级。根据交通运输部《公路桥梁技术状况评定标准》(JTG/T H21—2011)与《公路桥梁承载能力检测评定规程》(JTG/T J21—2011)的规定，静载试验荷载的效率系数应满足 $0.95 \leqslant \eta_q \leqslant 1.05$，其中：

$$\eta_q = \frac{S_s}{S'(1+\mu)}$$

式中：S_s——试验荷载作用下检测部位变形或应力的计算值；

S'——设计标准荷载作用下检测部位变形或应力的计算值；

μ——设计取用的冲击系数。

图 B.6.4-2 为静载试验汽车示意，表 B.6.4-1 为静载试验汽车的技术指标。根据静载试验效率系数及主梁控制截面的设计弯矩值，再考虑加载车辆的来源以及加载时间等因素，跨径 30m 试验梁桥采用 2 辆四轴汽车加载，每车重约 470.4kN（48tf）。主要荷载工况的静载效率系数在 0.97 ~ 1.04 之间，满足《公路桥梁承载能力检测评定规程》（JTG/T J21—2011）0.95 ~ 1.05 之间要求。

图 B.6.4-1　荷载试验桥

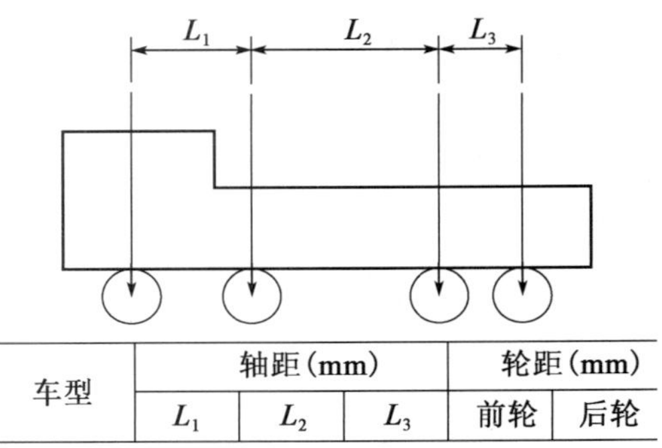

图 B.6.4-2　静载试验汽车示意

表 B.6.4-1　静载试验汽车的技术指标

序号	汽车编号	总重（×9.8kN）	前轴重（×9.8kN）	中后轴重（×9.8kN）	前轴距 L_1（cm）	中轴距 L_2（cm）	后轴距 L_3（cm）
1	48T-1	48.96	12	36.96	186	366	130
2	48T-2	48.04	12	36.04	186	366	130

静载试验主要选择跨中截面、L/4 截面以及支承附近截面，测试组合桥面板的应变、折形钢腹板的剪应变、钢套箱底部的纵向应变以及结构的位移等。在距跨中 1.75m 的截面增设桥面板局部静载试验，测试其局部位移。

表 B.6.4-2 为静载试验加载工况。车辆纵向加载位置根据各测试截面的内力影响线而确定，车辆的重轴分别作用于相应测试截面的最不利加载位置，横向布置分为中载与偏载两种情况。荷载工况包括预加载、梁端支承最大剪力、跨中最大正弯矩、L/4 正弯矩以及桥面板的局部加载。除去桥面板局部加载工况采用 1 级加载，其余工况均采用 2 级加载。图 B.6.4-3 为静载试验工况的车辆布置。

表 B.6.4-2　静载试验加载工况

试验内容	工况编号	试验内容	车辆数
静载试验	1	预加载	1
	2	梁端最大剪力/中载	1+1
	3	跨中最大正弯矩/中载	1+1
	4	L/4 最大正弯矩/中载	1+1
	5	梁端最大剪力/偏载	1+1
	6	跨中最大正弯矩/偏载	1+1
	7	L/4 最大正弯矩布/偏载	1+1
局部静载试验	8	桥面板局部加载	1

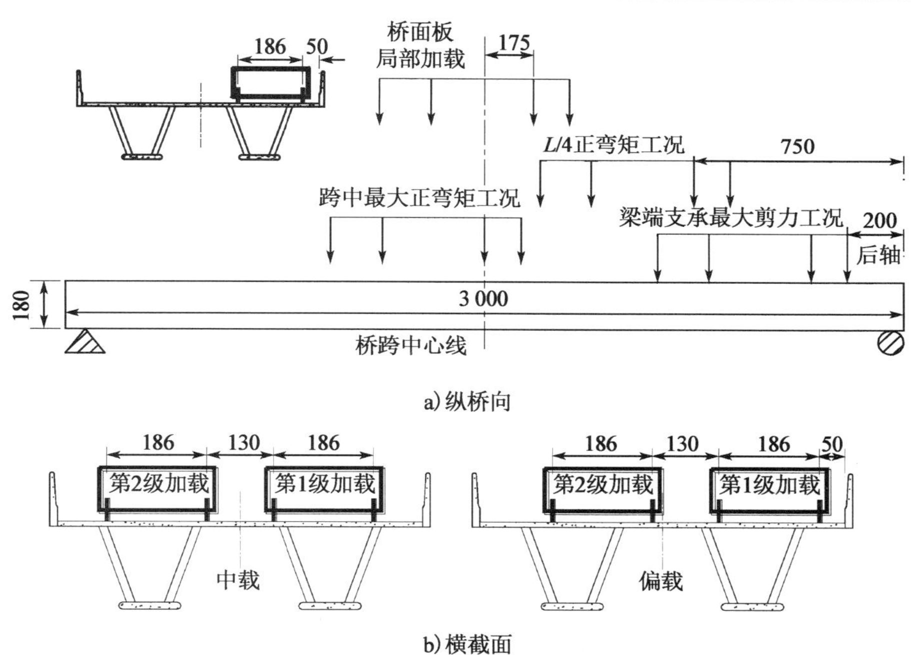

图 B.6.4-3　静载试验工况车辆布置(尺寸单位:cm)

2)动载试验

动载试验主要包括两项内容,即桥梁自振特性测试及动力响应测试。用于桥梁自振特性测试方法有很多,如突加荷载法、强迫振动法、脉动法等。本次测试采用脉动法,无需笨重的外加激励设备,只需使用高灵敏度的传感器、放大器、信号采集设备和相应的谱分析软件,就可测得结构自振特性。

动力荷载作用于结构上,可用测试仪器采集动位移或动应变,得到活载冲击系数。由于位移(应变)反映桥梁在荷载作用下的受力情况,是衡量结构性能的主要依据,因此活载冲击系数综合地反映了动力荷载对桥梁结构的动力作用。

跳车试验是在桥面无任何障碍物的情况下，用1辆试验车行驶至楔形块上，然后落下并立即停车，通过高灵敏度的拾振器和放大器测量结构在激励下的振动响应。楔形块的高度为10cm。

如图B.6.4-4所示，动载试验选用一辆总重约294kN(30tf)的三轴车，表B.6.4-3为动载试验车的技术参数。

表B.6.4-4为动载试验工况，图B.6.4-5为动载试验现场。测试控制截面测点的动应变(动位移)时程曲线，且每种工况下均保持相同车速，试验3次。

表B.6.4-3 动载试验汽车技术指标

汽车编号	总重 (kN,括号内单位为tf)	前轴重 (kN,括号内单位为tf)	中后轴重 (kN,括号内单位为tf)	前轴距 (cm)	后轴距 (cm)
30T-1	294(29.92)	58(5.90)	236(24.02)	290	130

表B.6.4-4 动载试验工况

测试项目	序号	测试内容说明	车速
跑车	1	结构振动响应、动应变、动位移、动态增量	20km/h
	2	结构振动响应、动应变、动位移、动态增量	30km/h
	3	结构振动响应、动应变、动位移、动态增量	40km/h
	4	结构振动响应、动应变、动位移、动态增量	47km/h
跳车	5	结构振动响应、动应变、动位移、动态增量	10km/h
紧急制动	6	结构振动响应、动应变、动位移、动态增量	20km/h

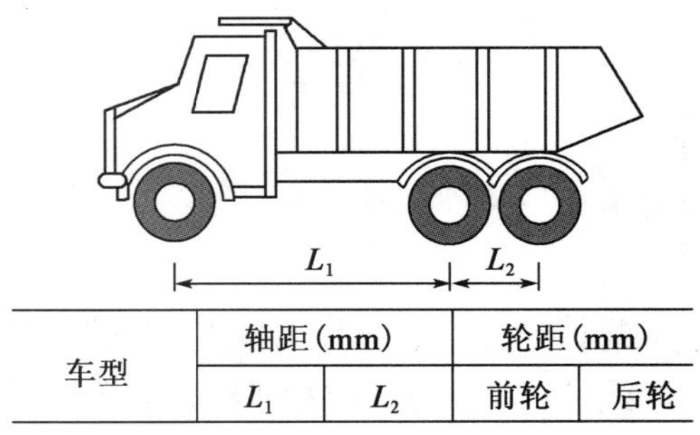

车型	轴距(mm)		轮距(mm)	
	L_1	L_2	前轮	后轮

图B.6.4-4 动载试验汽车示意

图B.6.4-5 动载试验现场

2 荷载试验测点布置

1)静载试验测点

图B.6.4-6为桥面板混凝土中应变测点布置。组合桥面板内混凝土的静应变采用 JMZX-215AT 振弦式应变仪测试，选择了跨中、跨中附近、距跨中 1.75m 处 C1 ~ C3 共 3 个截面。其钢弦计绑扎在钢筋网上，其中心位置距桥面板顶面的高度约 5cm。钢与混凝土间的相对滑移，采用 JMZX-212AT 振弦式应变仪测试，截面 C4 位于距梁端 1.0m 处。

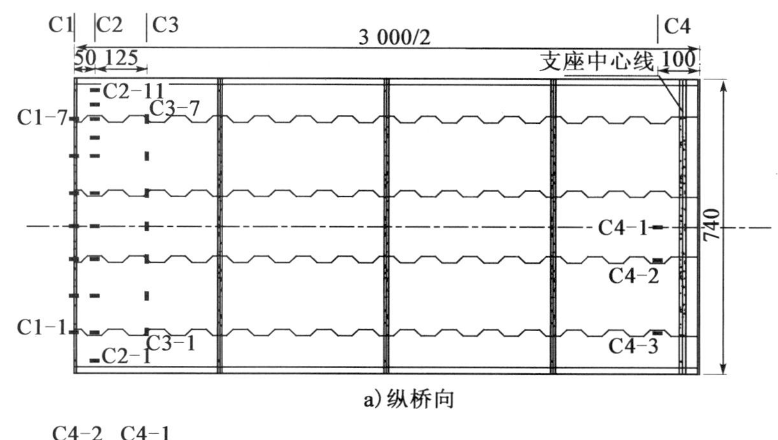

a）纵桥向

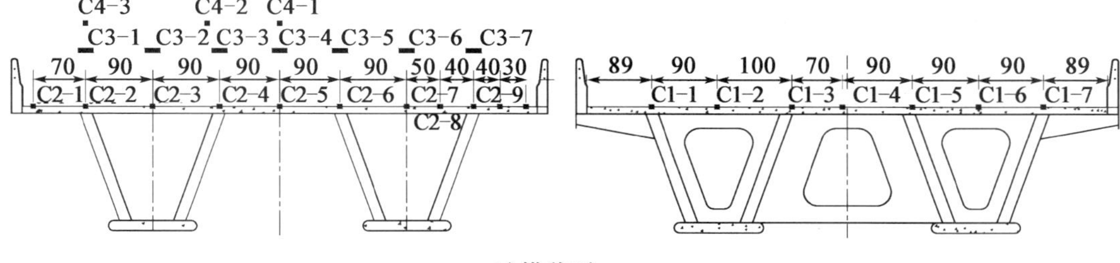

b）横截面

图 B.6.4-6　桥面板混凝土应变测点布置（尺寸单位：cm）

图 B.6.4-7 为钢板上应变测点布置。在纵桥向跨中附近 G1 截面的钢套箱底板及组合桥面板下面布设纵向应变片。在距跨中 1.75m 处的 G2 截面组合桥面板的下面布设横向应变片，在 $L/4$ 的 G3 截面的钢套箱底板布设纵向应变片。在支承附近 G4 截面的折形钢腹板上布设三向应变花，其中 C、D 腹板上沿高度方向布置 3 个应变花，测得腹板的剪应力分布。在 G4 截面组合桥面板的面布设 3 个钢弦计，与混凝土中 C4-1 ~ C4-3 测点位置对应，共同测试得到组合桥面板中钢板与混凝土间的相对滑移。

位移测点布置如图 B.6.4-8 所示。考虑到结构的对称性，在跨中截面、跨中附近截面及 $L/4$ 截面布设位移测点，采用电子位移计测试其在车辆荷载作用下挠度。并且在梁两端布设沉降测点，消除不均匀沉降产生的影响。对于桥面板的局部加载工况，则在距跨中 1.75m 的截面布设桥面板的位移测点。

2）动载试验测点

在试验梁桥跨径的 $L/8$、$2L/8$、$3L/8$、$4L/8$、$5L/8$、$6L/8$、$7L/8$ 处桥面板上沿

横向各布置2个测点，每个测点包含2个方向（横桥向+竖桥向）的加速度传感器，共计7×2=14个加速度传感器。动应变测点如图B.6.4-9所示，位于跨中组合桥面板钢板的下表面及钢套箱的底面。

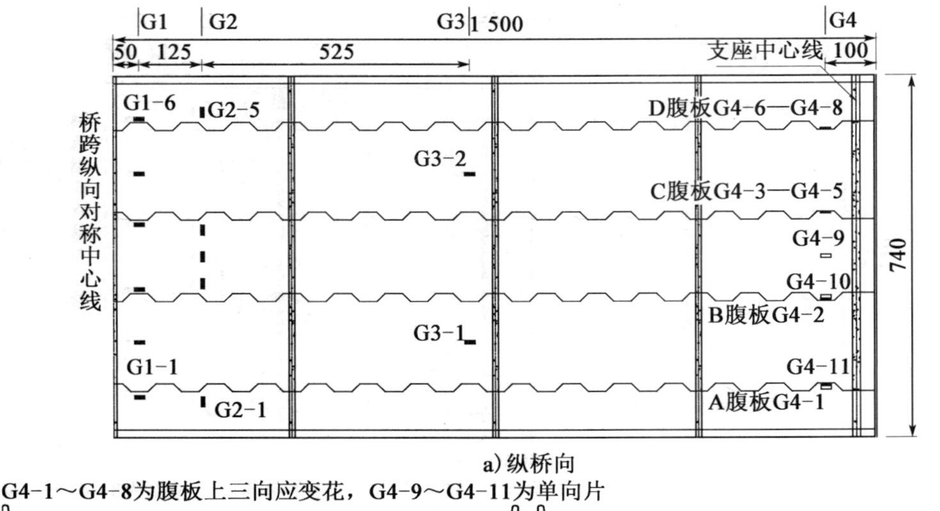

a）纵桥向

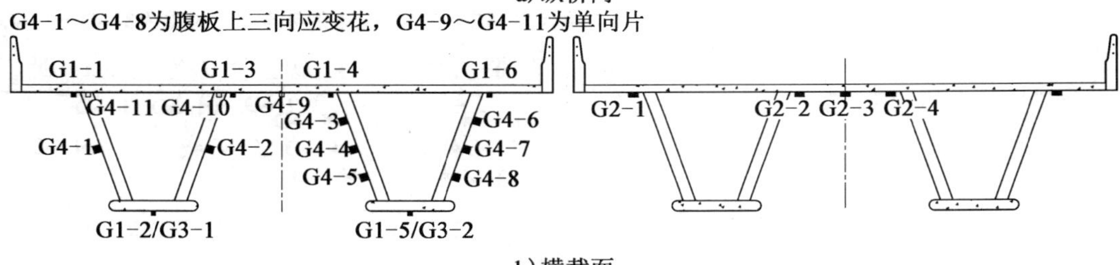

b）横截面

图B.6.4-7　钢板上应变测点布置（尺寸单位：cm）

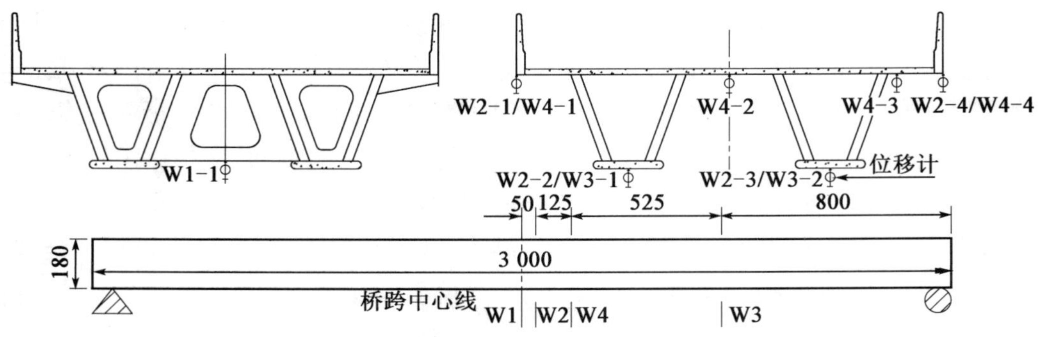

图B.6.4-8　位移测点布置（尺寸单位：cm）

动位移测点布置如图B.6.4-10所示，测点位于试验梁桥跨中、$L/4$、支点处钢套箱底部的中心。在跨中横隔板沿纵向和距跨中1.75m处折形钢腹板沿横向垂直于腹板设置动位移测点，以此考察钢腹板及横隔板在汽车荷载作用下的振动响应。

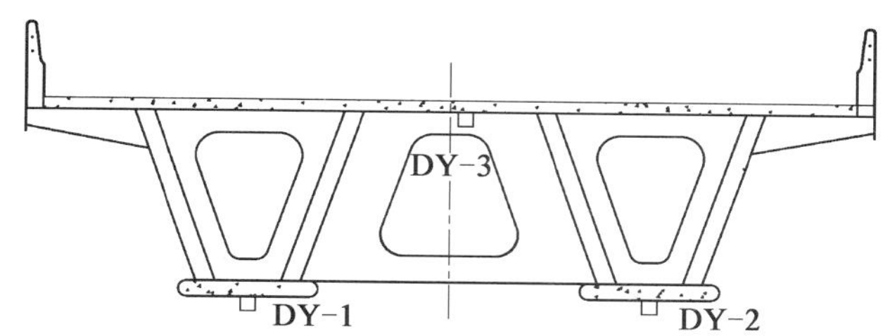

图 B.6.4-9 动应变测点布置

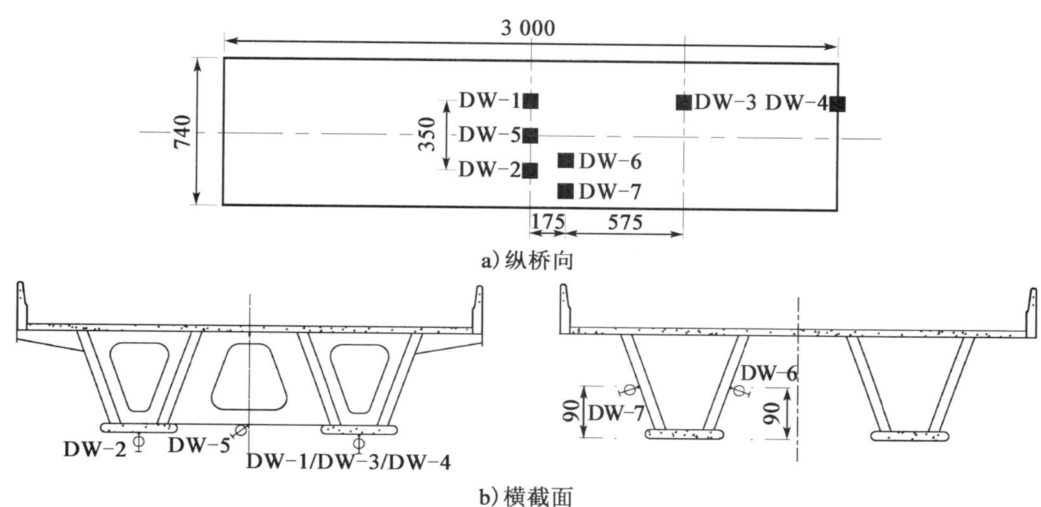

图 B.6.4-10 动位移测点布置(尺寸单位:cm)

3 荷载试验有限元模拟

建立全桥空间板壳实体有限元计算模型,对荷载试验进行有限元仿真计算分析。钢板和混凝土分别采用弹性壳单元、实体单元模拟,钢与混凝土间采用共节点的方式认为其完全组合,不考虑相对滑移。预应力筋采用杆单元模拟,设置初应变模拟预应力的作用。

用约束条件来模拟支座,约束节点的位置及范围与实际一致,约束一端节点的纵向及竖向平动自由度,约束另一端节点的竖向平动自由度。各工况下的计算荷载按实际车辆的轴距及轴重来施加,单元的材性指标按实际材性试验取值。

对于静载试验,提取各荷载工况下测点位置对应节点的应变及位移的计算结果,并与试验值进行对比,以确定试验梁桥的受力状态。对于动载试验中的自振特性,通过有限元计算出前几阶的固有频率、模态等动力参数,并与试验结果进行比较分析。

4　静载测试结果

1)位移测试结果

为了检验试验荷载作用下主要测点的实测值与相应的计算值的差异,一般采用主要测点的结构校验系数 ξ 进行检验。校验系数是评定结构工作状况,确定桥梁承载能力的一个重要指标,其计算式为:

$$\xi = \frac{S_e}{S_s}$$

式中:S_e——试验荷载作用下实测的弹性变形(或应变)值;

S_s——试验荷载作用下的计算变形(或应变)值。

同时,引入检验结构弹性回复能力的一个重要指标,相对残余变形(应变)S'_p,其表达式为:

$$S'_p = \frac{S_p}{S_e} \times 100\%$$

式中:S_p——试验荷载卸载后产生的残余变形(应变)。

表 B.6.4-5 列出跨中正弯矩、L/4 正弯矩的中载及偏载工况下位移实测值及对应的有限元计算值,并给出卸载后的残余变形。其测点主要位于跨中 W1 截面、跨中附近 W2 截面、L/4 的 W3 截面。

表 B.6.4-5　位移实测值与计算值比较

工　况	测　点	实测值 S_e(mm)	计算值 S_s(mm)	校检系数 ξ	残余变形 S_p(mm)	相对残余变形 S'_p
跨中正弯矩中载	W1-1	13.1	14.3	0.92	0.8	6.1
	W2-3	14.4	14.4	1.00	0.4	2.8
	W2-4	14.7	14.6	1.01	0.4	2.7
跨中正弯矩偏载	W1-1	13.0	14.3	0.91	0.7	5.4
	W2-3	15.6	15.1	1.03	0.1	0.6
	W2-4	17.2	16.7	1.03	0.0	0.0
L/4 正弯矩中载	W3-2	8.9	8.8	1.01	0.2	2.2
L/4 正弯矩偏载	W3-2	9.5	9.4	1.01	0.1	1.1

位移测点的检校系数位于 0.92 ~1.03 之间,实测值与计算值的吻合度较高。相对残余变形较小,位于 0.0% ~6.1% 之间,符合不大于相对残余变形容许值 20% 的要求。测试结果表明,在试验荷载作用下试验梁基本处于弹性范围内,恢复性能良好,具有足够的安全储备。

跨中截面 W1-1 测点的最大位移为 13.1mm,出现在跨中正弯矩中载工况，挠跨比远小于 $L/600$ 规范限值，表明跨径 30m 的试验梁桥的刚度满足规范规定的正常使用极限状态要求。

图 B.6.4-11 为截面 W2 的位移实测值与计算值比较。截面 W2 在最大正弯矩及 $L/4$ 正弯矩中载工况下的位移实测值与计算值吻合度较高，基本接近相同。在偏载工况下，实测值与理论值的吻合度也较高，且位移沿桥宽方向连成的折线均近似为直线，说明两个小箱梁共同受力，箱梁间的横向联系布置有效，整体性能较好。

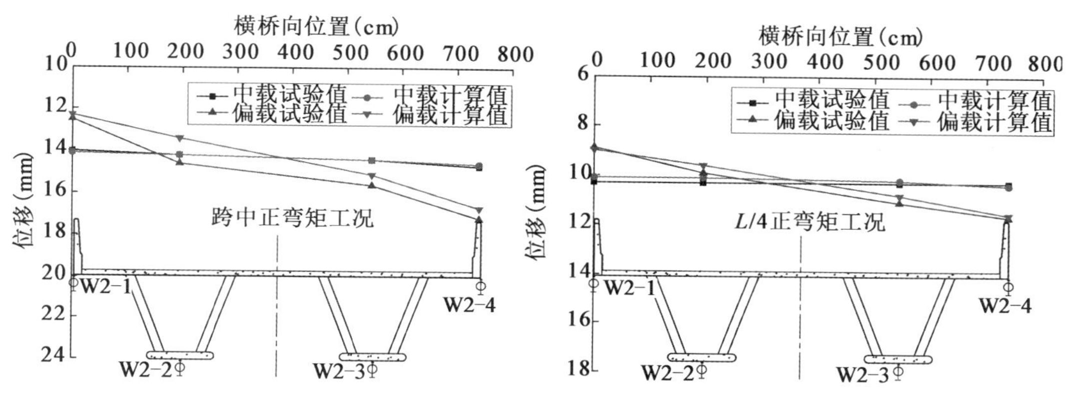

图 B.6.4-11　截面 W2 的位移实测值与计算值比较

2）桥面板混凝土应变结果

表 B.6.4-6 列出跨中正弯矩中载及偏载工况下，混凝土实测应变实测值及对应的有限元计算值，并给出卸载后的残余应变。其测点主要位于跨中 C1 截面、跨中附近 C2 截面。

表 B.6.4-6　混凝土应变实测值与计算值比较

工　况	测　点	实测值 S_e (με)	计算值 S_s (με)	检校系数 ξ	残余应变 S_p (με)	相对残余应变 S'_p
跨中正弯矩中载	C2-7	-100.9	-95.0	1.06	4.0	4.0
	C1-6	-90.0	-94.0	0.96	3.0	3.3
	C1-7	-103.2	-99.0	1.04	5.0	4.8
跨中正弯矩偏载	C2-10	-99.8	-99.0	1.01	7.0	7.0
	C1-6	-97.3	-100.0	0.97	7.0	7.2
	C1-7	-121.5	-120.0	1.01	6.0	4.9

注：表中的应变符号以“-”为压应变。

从表 B.6.4-6 中可知，实测混凝土最大压应变为 121.5με，出现在偏载工况下跨中截面的 C1-7 测点，乘以混凝土的弹性模量可得应力增量，为 3.9MPa。通过有限元分析可知，自重时跨中桥面板的压应力约 2.80MPa，故其在车辆荷载作用下最大压应力为6.7MPa,混凝土处于弹性受力状态。

主要应变测点的的检校系数位于0.96～1.06之间,试验值与计算值的吻合度较高。相对残余应变较小,位于3.3%～7.2%之间,符合不大于相对残余应变容许值20%的要求。

图B.6.4-12是跨中正弯矩中载及偏载工况下,截面C2应变实测值与计算值的对比。实测值与计算值大小较为接近,变化趋势大致相同。从第1级与第2级加载来看,其应变值的变化处于较好的弹性范围内。横截面上的应变分布不均匀,有剪力滞后现象,在腹板对应处的应变值比腹板与腹板中间处稍大,且偏载的剪力滞效应要比中载明显。

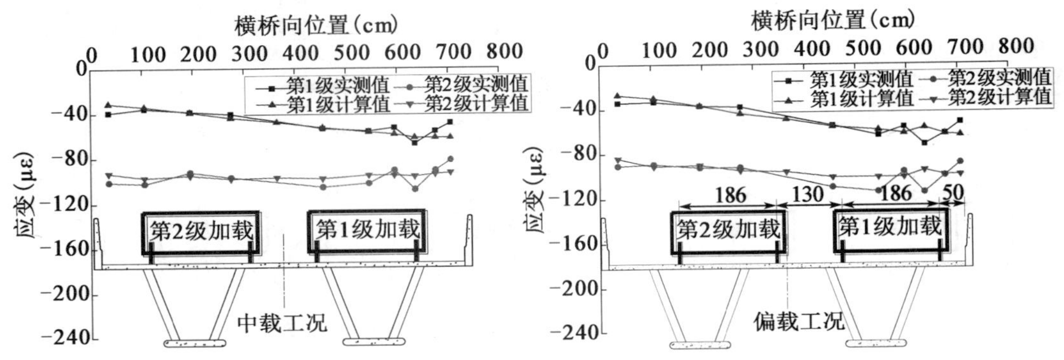

图B.6.4-12　截面C2应变实测值与计算值比较

图B.6.4-13是跨中正弯矩中载及偏载工况下,跨中截面C1应变实测值与计算值的比较。实测值与理论值数值大致相同,变化趋势相近。与截面C2相比,由于跨中截面C1有中横隔板的影响,其应变值整体略小。

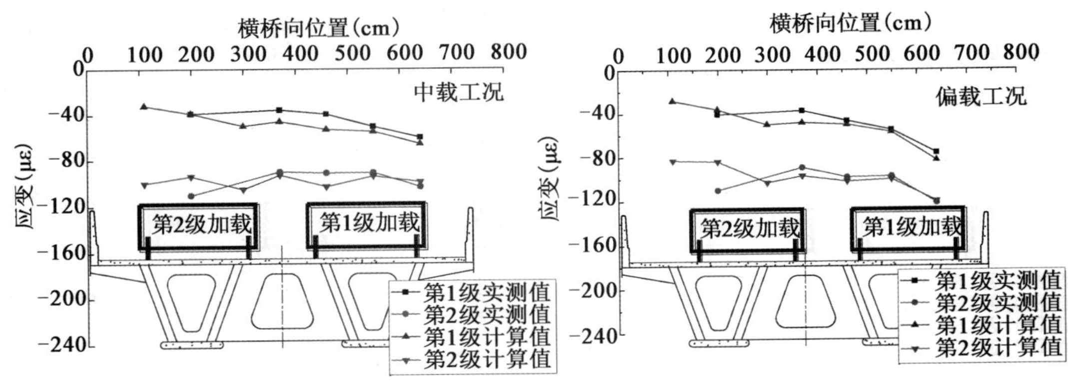

图B.6.4-13　截面C1应变实测值与计算值比较

3)钢腹板剪应变结果

表B.6.4-7列出梁端支承中载及偏载工况下,折形钢腹板剪应变实测值及对应的有限元计算值,并给出卸载后的残余应变。其测点主要位于靠近梁端的 G4 截面。

表 B.6.4-7　钢腹板剪应变实测值与计算值比较

工　况	测　点	实测值 S_e（με）	计算值 S_s（με）	检校系数 ξ	残余应变 S_p（με）	相对残余应变 S'_p
梁端支承中载	G4-4	242.0	251.0	0.96	3.0	1.2
	G4-6	213.0	248.0	0.86	37.0	17.4
	G4-7	262.0	250.0	1.05	6.0	2.3
	G4-8	222.0	252.0	0.88	56.0	25.2
梁端支承偏载	G4-4	260.0	270.0	0.96	3.0	1.2
	G4-6	296.0	305.0	0.97	5.0	1.7
	G4-7	313.0	302.0	1.04	6.0	1.9
	G4-8	289.0	302.0	0.96	46.0	15.9

由表可知，实测钢腹板最大剪应变为 313με，乘以折形钢腹板的等效剪切模量，则最大剪应力为 23.2MPa，腹板处于弹性受力状态。在中载工况下，各腹板沿高度方向上剪应变数值大致相同，中间的值稍大，上部及下部的值稍小，实测值与计算值吻合度较好。可基本认为折形钢腹板上的剪应力沿截面高度均匀分布。在偏载工况下，不同腹板间的剪应变出现较明显的不同，与对称加载相对，靠近车辆荷载这一侧的钢腹板承担的剪力增加，远离的一侧剪应力减小。

4）钢套箱应变结果

表 B.6.4-8 列出跨中正弯矩及 $L/4$ 正弯矩的中载、偏载工况下，钢套箱拉应变实测值及对应的有限元计算值，并给出卸载后的残余应变。其测点主要位于靠近跨中的 G1 断面与靠近 $L/4$ 的 G3 断面。

表 B.6.4-8　钢套箱拉应变实测值与计算值对比

工　况	测　点	实测值 S_e（με）	计算值 S_s（με）	检校系数 ξ	残余应变 S_p（με）	相对残余应变 S'_p
跨中正弯矩中载	G1-2	156.0	197.0	0.79	8.0	5.1
	G1-5	216.0	197.0	1.10	15.0	6.9
跨中正弯矩偏载	G1-2	167.0	184.0	0.91	8.0	4.8
	G1-5	262.0	210.0	1.25	7.0	2.7
$L/4$ 正弯矩中载	G3-1	94.0	141.0	0.67	5.0	5.3
	G3-2	179.0	141.0	1.27	20.0	11.2
$L/4$ 正弯矩偏载	G3-1	90.0	131.0	0.69	26.0	28.9
	G3-2	201.0	151.0	1.33	24.0	11.9

由表可知,实测最大的拉应变增量为 262με,乘以钢结构的弹性模量,则钢套箱上的最大拉应力增量为 53.7MPa,钢套箱处于弹性受力状态。以 G1-5 测点为例,偏载时实测翘曲正应力为中载弯曲正应力的 21.3%,考虑自重后,翘曲正应力所占的比重会有一定程度的降低。

5)桥面板局部加载结果

表 B.6.4-9 列出桥面板局部加载工况下断面 W4 位移实测值及对应的计算值,并给出卸载后的残余变形。

表 B.6.4-9 局部加载位移实测值与计算值比较

工 况	测 点	实测值 S_e(mm)	计算值 S_s(mm)	校检系数 ξ	残余变形 S_p(mm)	相对残余变形 S'_p
桥面板局部加载	W4-1	3.4	3.8	0.89	0.0	0.0
	W4-2	7.0	6.9	1.01	0.1	1.4
	W4-3	10.3	10.0	1.03	0.1	1.0
	W4-4	11.5	11.0	1.05	0.1	0.9

由表可知,桥面板位移测点的检校系数在 0.89 ~ 1.05 之间,相对残余变形在 0.0% ~ 1.4% 之间。图 B.6.4-14 为桥面板局部位移实测值与计算值的对比,可以看出,实测值与计算值的吻合度很高。实测值沿桥宽方向的连接线近似为一条直线,说明横隔板与箱梁间有效连接,起到荷载横向分配的效果,两个箱梁共同受力,整体性能良好。

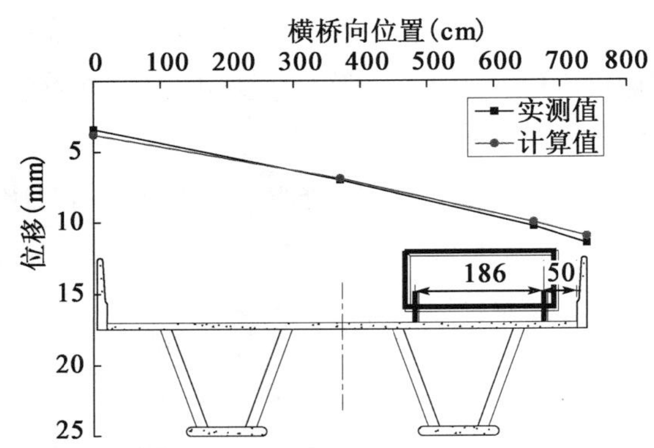

图 B.6.4-14 桥面板局部位移实测值与计算值比较

5 动载测试结果

1)自振特性测试结果

结构的自振特性是本身所固有的重要力学性能。是衡量一个结构质量和刚度是否匹配,刚度是否合理的重要指标。该型组合折腹梁桥结构自重较轻,混凝土所占比重比常见的组合折腹箱梁桥要低,为此,通过试验与理论计算相结合的方式对其自振特性进行分析。

表 B.6.4-10 列出跨径 30m 试验梁桥的实测纵横向自振频率、模态、阻尼结果,各阶模态结果如图 B.6.4-15 所示。

表 B.6.4-10 自振特性测试结果

方向	阶数	模态	频率(Hz)	阻尼比(%)
竖向	1	对称竖弯	5.18	1.28
	2	对称扭转	8.84	3.78
	3	反对称竖弯	16.41	7.42
	4	反对称扭转	19.10	1.47

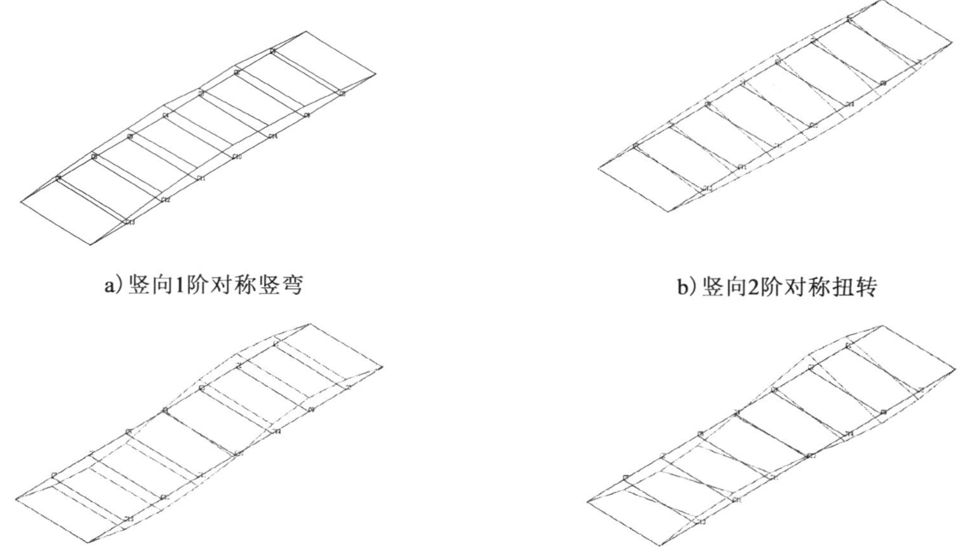

a)竖向1阶对称竖弯　b)竖向2阶对称扭转

c)竖向3阶反对称竖弯　d)竖向4阶反对称扭转

图 B.6.4-15 实测桥梁各阶模态

从表 B.6.4-10 中可看出,结构竖向第一阶模态为对称竖弯,自振频率 5.18Hz。符合相关要求,说明试验梁桥的竖向刚度较大。实测竖向前四阶模态的阻尼比较低,在 1.28% ~7.42% 之间。

由于较薄的折形钢腹板取代混凝土腹板,加之组合桥面板及钢套箱较传统的组合折腹梁桥混凝土顶底板的厚度有所降低,通过实测结果可知,相比于混凝土梁桥,该试验桥在第二阶就出现扭转模态,因此需采取措施提高组合折腹梁桥的抗扭性能。

2)跑车试验测试结果

桥梁动力响应测试通常包括跑车试验、跳车试验、制动试验等,利用动荷载来让桥梁产生激励,测试结构的动位移、动应变、振动加速度等。将测得的指定截面上的动应变、动位移峰值与相同静荷载作用下的最大静力响应值相比,可以求出车辆振动引起的动态增量。其中位移动态增量即为桥梁冲击系数,是一个与结构自振特性、桥面平整度、车速等诸多因素相关的综合指标。应变动态增量即应变增大系数,是结构局部指标。

冲击系数是考虑行驶汽车对桥梁冲击效应的主要参数,它是衡量桥梁动力性能的一项整体指标,可利用位移时程曲线得到,计算示意如图 B.6.4-16 所示。

$$1+\mu=\frac{y_{max}}{y_{mean}}$$

式中:y_{max}——动载作用下该测点最大位移值;

y_{mean}——相应静载作用下该测点位移值。

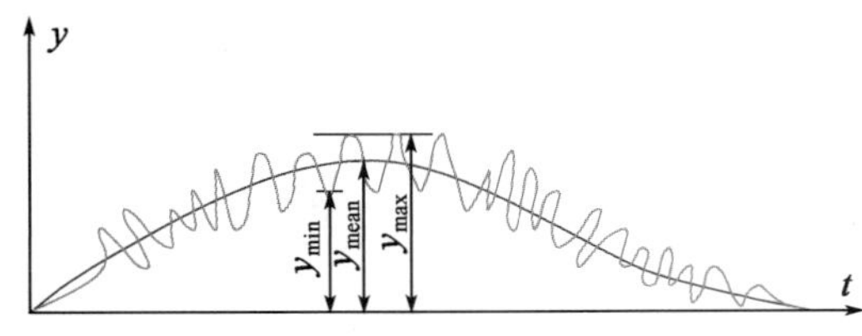

图 B.6.4-16　动态增量时程曲线示意

y_{mean}可由动位移时程曲线求得,即:

$$y_{mean}=\frac{1}{2}(y_{max}+y_{min})$$

式中:y_{min}——动位移时程曲线中在 y_{max}旁第一个波谷对应的位移值。

表 B.6.4-11 为跑车试验中不同车速下位移及应变动态增量。由动位移测得的冲击系数位于 0.12 ~ 0.22 之间,动应变测得的跨中应变增大系数位于 0.15 ~ 0.21 之间,小于按实测桥梁基频计算出的冲击系数 0.275。在 47km/h 车速下,跨中动位移的响应值最大,达到5.92mm。实测折形钢腹板的横向动位移最大响应值为 1.76mm,横隔板的纵向动位移最大响应值为 0.2mm,数值均较小,其在车辆荷载下发生有限振动。

表 B.6.4-11　跑车试验动态增量

车　速(km/h)	测点位置	响应最大值 y_{max}	响应最小值 y_{min}	$\mu=\frac{y_{max}}{y_{mean}}-1$
20	跨中底板位移	5.38mm	3.69mm	0.19
	L/4 底板位移	3.82mm	2.47mm	0.22
	跨中底板应变	98.0με	64.2με	0.21

续上表

车　速 (km/h)	测 点 位 置	响应最大值 y_{max}	响应最小值 y_{min}	$\mu=\frac{y_{max}}{y_{mean}}-1$
30	跨中底板位移	5.74mm	4.17mm	0.16
	$L/4$ 底板位移	3.88mm	2.88mm	0.15
	跨中底板应变	114.6με	78με	0.19
40	跨中底板位移	5.19mm	3.81mm	0.15
	$L/4$ 底板位移	3.76mm	2.56mm	0.19
	跨中底板应变	102.0με	71.5με	0.18
47	跨中底板位移	5.92mm	4.61mm	0.12
	$L/4$ 底板位移	4.01mm	3.18mm	0.12
	跨中底板应变	121.7με	90.0με	0.15

图 B.6.4-17 给出跑车试验中的最大响应，即 47km/h 车速下的动应变、动位移时程曲线及其峰值。可以看出，时程曲线较为光滑，抖动幅度不严重，没有发现振幅急剧增长的情况，表明试验梁桥在行车荷载作用下动力性能较好。

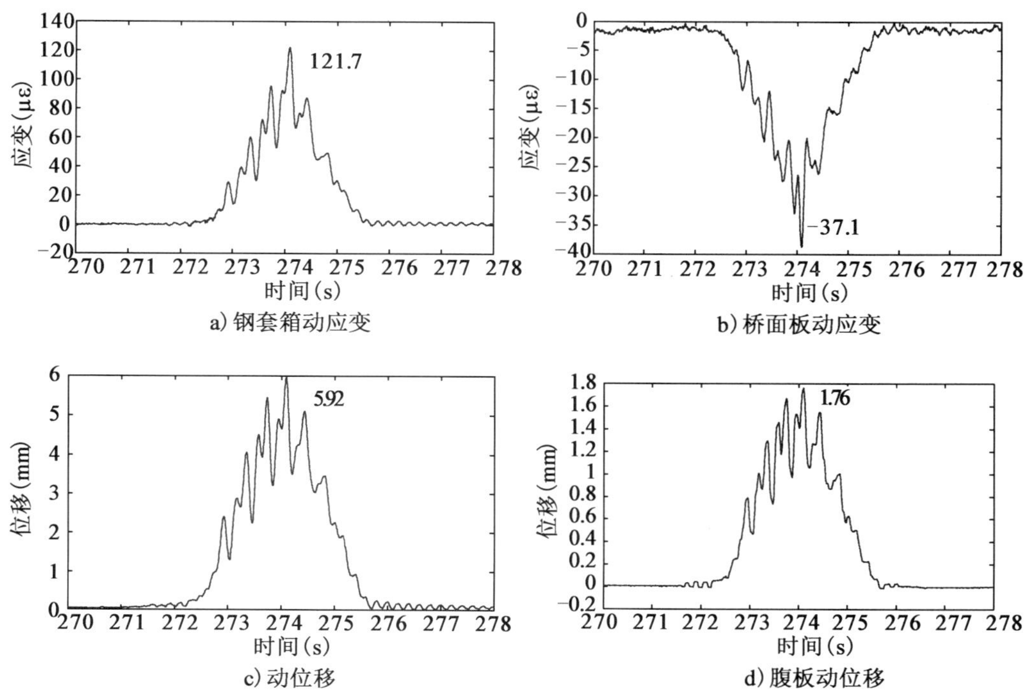

图 B.6.4-17　跑车 47km/h 试验跨中时程曲线

3）跳车试验测试结果

表 B.6.4-12 为在桥面设置障碍，跳车试验下位移及应变动态增量。由动位移测得的冲击系数位于 0.28～0.29 之间，动应变测得的跨中应变增大系数为 0.34，稍大于按实测桥梁基频计算出的冲击系数 0.275。实测折形钢腹板的横向动位移最大响应值为 2.26mm，横隔板的纵向动位移最大响应值为 0.23mm，数值均较小，其在车辆荷载下发生有限振动。

表 B.6.4-12　跳车试验动态增量

车　　速	测 点 位 置	响应最大值 y_{max}	响应最小值 y_{min}	$\mu=\frac{y_{max}}{y_{mean}}-1$
10km/h 跳车	跨中底板位移	7.67mm	4.25mm	0.29
	L/4 底板位移	5.10mm	2.85mm	0.28
	跨中底板应变	154.2με	76.8με	0.34

图 B.6.4-18 给出跳车试验中跨中动应变、动位移时程曲线及其峰值。可以看出，跳车试验产生的时程曲线变化幅度比跑车明显，且最大响应值要大于跑车。

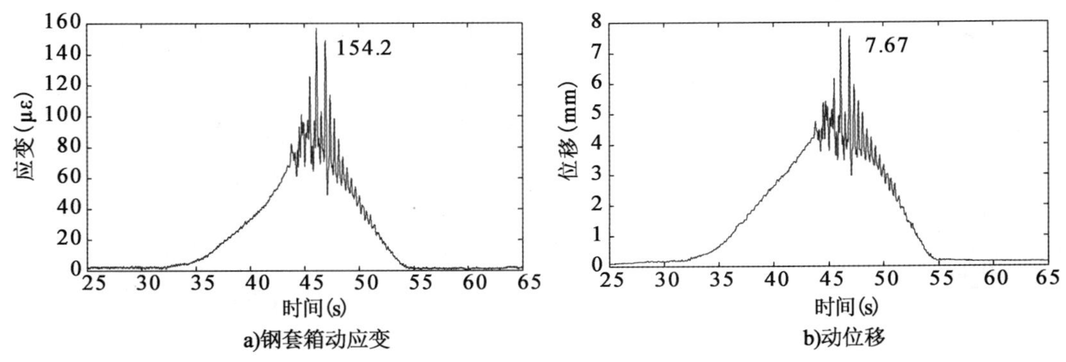

图 B.6.4-18　跳车试验跨中时程曲线

4）制动试验测试结果

表 B.6.4-13 为行车速度 20km/h 时紧急制动试验下位移及应变动态增量。由动位移测得的冲击系数位于 0.14～0.19 之间，动应变测得的跨中应变增大系数为 0.23，小于按实测桥梁基频计算出的冲击系数 0.275。实测折形钢腹板的横向动位移最大响应值为 1.67mm，横隔板的纵向动位移最大响应值为 0.29mm，数值均较小，其在车辆荷载下发生有限振动。

图 B.6.4-19 给出制动试验中跨中动应变、动位移时程曲线及其峰值。从时程曲线可知，车辆经历上桥制动到停止的过程，整个过程持续约 20s 即趋于稳定，时程曲线在制动前后有一个明显台阶，为车辆制动后停在桥梁上产生的静力效应。

表 B.6.4-13　制动试验动态增量

车　　速	测点位置	响应最大值 y_{max}	响应最小值 y_{min}	$\mu=\frac{y_{max}}{y_{mean}}-1$
20km/h 制动	跨中底板位移	5.64mm	3.84mm	0.19
	$L/4$ 底板位移	3.84mm	2.91mm	0.14
	跨中底板应变	104.7με	65.1με	0.23

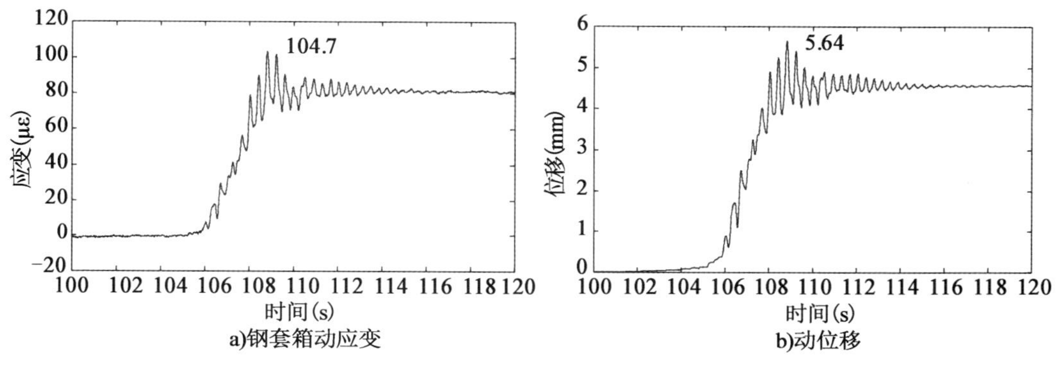

a)钢套箱动应变　b)动位移

图 B.6.4-19　制动试验跨中时程曲线

B.6.5　应用前景

组合结构桥梁能够充分发挥钢与混凝土材料的特性，不仅施工简便、工期短、自重低，而且造价相对偏低，综合效益显著，在中小跨径桥梁中值得进一步推广应用。同时桥梁采用预制装配式的施工方法，能够缩短工期、确保构件质量、减少现场施工成本以及对环境交通的影响。钢板的耐久性是桥梁必须考虑的问题，若钢板全部采用耐候结构钢，可在一定程度内节省桥梁的后期养护运营成本，降低桥梁全寿命周期内费用。

该型装配式组合折腹梁桥采用组合桥面板、折形钢腹板、内填混凝土钢套箱等新型构造，结构形式新颖，具有承载能力高、材料利用率高、施工周期短且方便快捷、经济性能优等特点，可实现标准化、预制化、装配化的大规模生产，可适用于高速公路、一级公路的新改扩建桥梁、城市立交桥、高架桥、应急抢险桥梁等。图 B.6.5-1 和图 B.6.5-2 为邢台路桥建设总公司提供的该型标准组合梁的安装及成桥照片。

通过对该型采用折形钢腹板的装配式组合梁桥的研究和应用状况分析，可概括以下几点技术特色。

图 B.6.5-1　标准组合梁架设

图 B.6.5-2　标准组合梁桥

1　材料复合化

该型标准梁桥采用钢箱与钢箱上下叠合、钢板与钢绞线组合、钢板与聚合物混凝土复合、高分子界面黏结剂和钢筋连接件相结合，通过这些叠合、组合、复合、结合，充分发挥了各种材料的特有性能，具备了高强度和高刚度的特性，满足公路一级桥梁荷载标准的要求。

2　耐候钢实用化

在公路桥上采用不需要涂装的耐候钢板，可大幅度减少寿命期间的造价。钢材锈蚀是阻碍钢结构桥梁广泛使用的重要因素之一，虽然人们曾在涂装的耐久性方面进行了大量探索，并使得涂装的使用期限得到延长，但再次涂装依旧无法避免，寿命期间的涂装维护费用仍较可观。

耐候钢在使用的初期阶段与普通钢一样生锈，只是两者在其后的锈蚀速度不同。其机理表现为在使用 1 年以内的初期阶段，两者的铁素体上都生成以 FeOOH 为主要成分的薄锈层。普通钢随着锈蚀的进展，锈层膨胀变厚，Fe_3O_4 形成并开始产生裂缝，随后锈层发生剥离，从而进一步加剧锈蚀向内部进展。

而耐候钢在干燥与潮湿的环境交替变化中，钢材表面上形成由 Cu、Cr、P 等元素浓缩后的致密且连续的非晶质安定锈层，能够极大地减少水与氧气的透过，起到减缓锈蚀向内部进展的作用。在较好的使用环境下，耐候钢的表面上一般可以观察到粉粒状的铁锈，且表面坚固。

3　标准梁轻型化

该型标准组合梁桥通过钢与混凝土间的组合，大幅度降低了桥梁的自重，比传统的采用折形钢腹板的组合梁桥自重减小约 25%，不超过现有混凝土标准梁桥自重的约 50%，自重减轻效果更加显著，进一步可减小下部结构的工程量及规模，能够大幅度降低工程造价。

4　组合梁装配化

在工厂内集中管理进行工业化预制生产，可充分采用先进的半自动或自动化的流水线作业，以节省劳动力和降低劳动强度，提高工程质量和劳动生产率。该型标准组合梁的制作不受季节性影响，上、下部结构可同时施工，而且减少大量模板、支架等临时构件的使用，避免许多现场的工作流程，节约现场施工费用，极大加快桥梁的建设速度。可以说施工周期的缩短，所间接产生的经济及社会效益比较显著。

该型标准组合梁的方便、快捷施工，对于极短时间内的桥梁通行需求非常有效，有利于改善施工过程中城市及道路的交通拥堵状况。

5　钢腹板折形化

用弯折成型的钢腹板代替混凝土腹板，可极大地减轻结构自重，减少下部结构的工程量及规模。利用折形钢腹板承担截面的剪力，能解决以往混凝土梁桥腹板易开裂的问题，较之平钢腹板剪切屈曲强度较高，无需设置加劲肋，极大地减少了焊接量。折形钢腹板的纵向刚度较低，对上、下翼板的约束作用小，可提高预应力施加效率。

折形钢腹板应用到混凝土箱梁桥中，可完全解决腹板易开裂、可改善整体下扰的技术难题。

6　顶底板组合化

组合桥面板是由钢板和混凝土通过连接件结合而成的新型桥面板形式，其具有较大的抗弯刚度和承载能力，与钢筋混凝土桥面板相比，板厚会有一定的降低，可减轻桥梁的自重。同时钢板在桥面板施工中可以起到模板作用，免除模板拆卸和支撑架设工作，简化现场施工流程与工作量，而且组合桥面板可以实现部分预制，施工质量能得到更好保证。

该型标准梁桥的下翼缘底板是由钢套箱与内填混凝土通过连接件结合而成的组合构件。从而适合工厂内预制、先张预应力、无需模板，可省去现场浇筑下翼缘底板的搭设支架，简化现场施工并且节省工期。其内部设置的钢筋骨架既可保证钢与混凝土间的连接，也可作为普通受力筋参与受力。

7　结合焊接化

传统的组合折腹梁桥的钢腹板与混凝土顶、底板的结合部，是设计和施工的关键部位，质量好坏直接影响桥梁的耐久性。该型组合折腹梁桥用内填混凝土的钢套箱作为底板，设有钢底板的组合桥面板作为顶板，从而折形钢腹板与箱梁顶、底板的结合为钢板间的焊接。

总之，该型装配式组合折腹梁桥适用范围较广，在高速公路、一级公路的新改扩建桥梁、城市立交桥、高架桥、应急桥等均可采用。具有受力性能好、材料利用率高、施工周期短、环境污染较小、经济效益明显等优势。其推广应用可使中小跨度桥梁上部结构朝轻型化方向发展，缩短施工建设周期、降低工程造价，并可提升桥梁建设的社会效益，实现桥梁建设的节能、降耗和可持续发展。

参考文献

[1] 中华人民共和国行业标准. JTG D62—2004 公路钢筋混凝土及预应力混凝土桥涵设计规范[S]. 北京:人民交通出版社,2004.

[2] 中华人民共和国行业标准. JTG D60—2004 公路桥涵设计通用规范[S]. 北京:人民交通出版社,2004.

[3] 中华人民共和国行业标准. JTG F80/1—2004 公路工程质量检验评定标准[S]. 北京:人民交通出版社,2004.

[4] 中华人民共和国行业标准. JTG/T F50—2011 公路桥涵施工技术规范[S]. 北京:人民交通出版社,2011.

[5] 中华人民共和国国家标准. GB/T 50132—2014 工程结构设计通用符号标准[S]. 北京:中国建筑工业出版社,2014.

[6] 中华人民共和国国家标准. GBJ 124—88 道路工程术语标准[S]. 北京:人民交通出版社,1988.

[7] 中华人民共和国国家标准. GB 1499.1—2008 钢筋混凝土用钢 第1部分:热轧光圆钢筋[S]. 北京:中国标准出版社,2008.

[8] 中华人民共和国国家标准. GB 1499.2—2007 钢筋混凝土用钢 第2部分:热轧带肋钢筋[S]. 北京:中国标准出版社,2007.

[9] 中华人民共和国国家标准. GB 50010—2010 混凝土结构设计规范[S]. 北京:中国建筑工业出版社,2010.

[10] 中华人民共和国国家标准. GB/T 5223—2014 预应力混凝土用钢丝[S]. 北京:中国标准出版社,2014.

[11] 中华人民共和国国家标准. GB/T 5224—2014 预应力混凝土用钢绞线[S]. 北京:中国标准出版社,2014.

[12] 中华人民共和国国家标准. GB/T 20065—2006 预应力混凝土螺纹钢筋[S]. 北京:中国标准出版社,2006.

[13] 中华人民共和国国家标准. GB/T 700—2006 碳素结构钢[S]. 北京:中国标准出版社,2006.

[14] 中华人民共和国国家标准. GB/T 1591—2008 低合金高强度结构钢[S]. 北京:中国标准出版社,2008.

[15] 刘玉擎,陈艾荣. 耐候钢桥的发展及其设计要点[J]. 桥梁建设,2003,5:39-41.

[16] 贺君,刘玉擎,陈艾荣,依田照彦. 耐候性钢桥评估管理系统研究[J]. 桥

梁建设,2009,(5):32-35,67.

[17] 中华人民共和国国家标准. GB/T 4171—2008 耐候结构钢[S]. 北京:中国标准出版社,2008.

[18] 中华人民共和国行业标准. JGJ 81—2002 建筑钢结构焊接技术规程[S]. 北京:中国建筑工业出版社,2002.

[19] 中华人民共和国国家标准. GB/T 1228—2006 钢结构用高强度大六角头螺栓[S]. 北京:中国建筑工业出版社,2006.

[20] 中华人民共和国国家标准. GB/T 1229—2006 钢结构用高强度大六角螺母[S]. 北京:中国标准出版社,2006.

[21] 中华人民共和国国家标准. GB/T 1230—2006 钢结构用高强度垫圈[S]. 北京:中国标准出版社,2006.

[22] 中华人民共和国国家标准. GB/T 1231—2006 钢结构用高强度大六角头螺栓、大六角螺母、垫圈技术条件[S]. 北京:中国标准出版社,2006.

[23] 中华人民共和国国家标准. GB/T 10433—2002 电弧螺柱焊用圆柱头焊钉[S]. 北京:中国标准出版社,2002.

[24] 刘玉擎. 组合结构桥梁[M]. 北京:人民交通出版社,2005.

[25] 刘玉擎. 波折腹板组合箱梁桥结构体系分析[J]. 桥梁建设,2005,01:1-4.

[26] 贺君. 波折钢腹板组合桥梁力学性能与设计方法研究[D]. 上海:同济大学博士学位论文,2011.

[27] He J, Liu Y, Chen A, Yoda T. Mechanical Behavior and Analysis of Composite Bridges with Corrugated Steel Webs: State-of-the-Art[J]. International Journal of Steel Structures,2012, 12(3):321-338.

[28] He J, Liu Y, Chen A, Yoda T. Shear behavior of partially encased composite I-girder with corrugated steel web: Experimental study[J]. Journal of Constructional Steel Research, 2012 (77): 193-209.

[29] He J, Liu Y, Lin Z, Chen A, Yoda T. Shear behavior of partially encased composite I-girder with corrugated steel web: Numerical study[J]. Journal of Constructional Steel Research, 2012(79):166-182.

[30] He J, Liu Y, Chen A, Wang D, Yoda T. Bending behavior of partially encased composite I-girder with corrugated steel web[J]. Thin-walled Structures, 2014 (74): 70-84.

[31] 贺君,刘玉擎,陈艾荣. 折腹式组合箱梁桥设计要点及结构分析[J]. 桥梁建设,2008,(2):52-55.

[32] 贺君,刘玉擎,陈艾荣. 波折钢腹板组合箱梁预应力体系研究[J]. 公路交

通科技,2008,25(6):65-70.

[33] 韩斌,刘玉擎,叶爱君,等.折腹式组合箱梁曲线桥合理横隔间距研究[J].哈尔滨工业大学学报,2011,43(增刊2):138-141.

[34] 刘玉擎,吕展,蔺钊飞,郑双杰.波折钢腹板组合梁桥研究与实践[C]//波形钢腹板预应力组合箱梁桥设计、制造与安装论坛论文集.郑州:2014:35-44.

[35] 波形鋼板ウエブ合成構造研究会.波形鋼板ウエブPC 橋計画マニュアル(案).1998.12.

[36] 波形鋼板ウエブ合成構造研究会.波形鋼板ウエブ橋に関するQ&A.2002.6.

[37] プレストレストコンクリート技術協会.複合橋設計施工基準[M].東京:技報堂出版株式会社,2005.

[38] 上平謙二,立神久雄,本田秀行,園田恵一郎.波形鋼板を有するPC 箱桁橋のせん断およびねじり特性に関する研究[J].プレストレストコンクリート,1998,40(3):16-25.

[39] 日本道路協会.道路橋示方書・同解説[M].東京:丸善出版株式会社,2012.

[40] EUROCODE-4. EN 1994 Design of composite steel and concrete structures, Part 1-1: general rules and rules for buildings. Brussels: CEN-European Committee for Standardisation, 2004.

[41] AASHTO. AASHTO LRFD Bridge Design Specifications, SI Units, Third Edition. American Association of State Highway and Transportation Officials: Washington USA, 2004.

[42] 徐岳, 朱万勇, 杨岳.波形钢腹板PC组合箱梁桥抗弯承载力计算[J].长安大学学报(自然科学版).2005, 25(2): 60-64.

[43] He J, Liu Y, Chen A. Elastic bending theory of composite bridge with corrugated steel web considering shear deformation[J]. Key Engineering Materials, Vols. 400-402, 2009: 575-580.

[44] 贺君, 刘玉擎, 陈艾荣, 王倩.折腹式组合梁桥考虑剪切变形的挠度计算[J].同济大学学报(自然科学版), 2009, 37(4): 440-444.

[45] 刘玉擎,周伟翔,蒋劲松.开孔板连接件抗剪性能试验研究[J].桥梁建设, 2006(6): 1-4.

[46] Yoda T, Tada M, Nakajima Y, Ohuchi K. Experimental study on mechanical behavior of composite girders with corrugated steel webs[J]. Steel Construction Engineering, JSSC, 1994, 1(2): 57-66.

[47] 刘玉擎，武建敏，蒋劲松. 使用状态对焊钉连接件抗剪性能影响的试验研究[J]. 桥梁建设，2007(6)：23-25.

[48] Lin Z, Liu Y, He J. Behavior of stud connectors under combined shear and tension loads[J]. Engineering Structures, 2014, 81: 362-376.

[49] Helmut Roesler, Gundolf Denzer. The Prestressed Concrete Bridge Altwipfergrund with Corrugated Steel Webs[C]//Proceedings of the 1st fib Congress, 2002.

[50] 王倩，刘玉擎，贺君，章世祥. 折腹式组合箱梁桥连接件受力分析[J]. 哈尔滨工业大学学报，2010,42(增刊)：83-87.

[51] Zheng S, Liu Y, He J. Prestress Effect of Composite Girder Bridge with Corrugated Steel Webs[C]//18th Congress of IABSE. Seoul, 2012.

[52] 蔺钊飞，刘玉擎，贺君. 焊钉连接件抗剪刚度计算方法研究[J]. 工程力学，2014，31(7)：85-90.

[53] Oehlers D J, Coughlan C G. The shear stiffness of stud shear connections in composite beams[J]. Journal of Constructional Steel Research, 1986, 6(4): 273-284.

[54] 郑双杰,刘玉擎. 开孔板连接件初期抗剪刚度试验[J]. 中国公路学报，2014,27(11):1-7.

[55] 王倩,刘玉擎. 焊钉连接件抗剪承载力试验研究[J]. 同济大学学报，2013,41(5):659-663.

[56] 赵晨,刘玉擎. 开孔板连接件抗剪承载力试验研究[J]. 工程力学,2012,29(12):349-353.

[57] 中华人民共和国国家标准. GB 50017—2003 钢结构设计规范[S]. 北京:中国建筑工业出版社,2003.

[58] 刘玉擎,刘荣. 折腹式组合箱梁桥钢腹板设计方法研究[J]. 现代交通技术,2006(6):27-29.

[59] 郑双杰,刘玉擎. 槽口型开孔板连接件抗剪及抗拉拔性能[J]. 中国公路学报,2013,26(4):119-123.

[60] 郑双杰,刘玉擎,赵晨. 长孔型开孔板连接件抗剪性能试验研究[J]. 土木工程学报,2014,47(5):95-101.

[61] 柳扬清,刘玉擎,郑双杰. 肋板间距对开孔板连接件抗剪刚度影响分析[J]. 工程力学,2015.

[62] 中华人民共和国行业标准. JGJ 92—2004 无粘结预应力混凝土结构技术规程[S]. 北京:中国建筑工业出版社,2004.

[63] 中华人民共和国国家标准. GB 50205—2001 钢结构工程施工质量验收

规范[S]. 北京:中国建筑工业出版社,2001.
[64] 中华人民共和国行业标准. JT/T 722—2008 公路桥梁钢结构防腐涂装技术条件[S]. 北京:人民交通出版社,2008.
[65] 中华人民共和国行业标准. JT/T 784—2010 组合结构桥梁用波形钢腹板[S]. 北京:人民交通出版社,2010.
[66] 陈艾荣. 公路桥梁混凝土结构耐久性设计指南[M]. 北京:人民交通出版社,2012.
[67] 中华人民共和国行业标准. JTG B01—2014 公路工程技术标准[S]. 北京:人民交通出版社,2014.
[68] 中华人民共和国行业标准. JTG/T B02-01—2008 公路桥梁抗震设计细则[S]. 北京:人民交通出版社,2008.
[69] 中华人民共和国国家标准. GB/T 714—2008 桥梁用结构钢[S]. 北京:中国标准出版社,2008.
[70] 中华人民共和国国家标准. GB/T 14370—2007 预应力筋用锚具、夹具和连接器[S]. 北京:中国标准出版社,2007.
[71] 中华人民共和国行业标准. JT/T 329—2010 公路桥梁预应力钢绞线用锚具、夹具和连接器[S]. 北京:人民交通出版社,2010.
[72] Nomura K, et al. Hybrid Structure for Bridges[M]. Gihodo Shuppan,1994.
[73] Combault J. The Maupre Viaduct Near Charolles, France. Proceedings, AISC Engineering Conference, 1988: 12.1-12.22.
[74] http://structurae.net/structures/cognac-bridge.
[75] 佐川信之,岡澤祐三,白武繁行,益子博志. 波形鋼板ウエブエクストラドーズド橋の施工と振動実験[J]. プレストレストコンクリート, 2004, 46(5): 23-31.
[76] Helmut Roesler, Gundolf Denzer. The Prestressed Concrete Bridge Altwipfergrund with Corrugated Steel Webs[C]//Proceedings of the 1st fib Congress, 2002.
[77] Jung K, Kim K, Sim C, Kim J. Verification of incremental launching construction safety for the Ilsun bridge: The world's longest and widest prestressed concrete box girder with corrugated steel web section[J]. Journal of Bridge Engineering. ASCE, 2011, (16): 453-60.
[78] 贺君,刘玉擎,陈艾荣,武建敏. 利用折形钢腹板先行架设组合箱梁桥施工过程分析[C]//十八届全国桥梁学术会议论文集. 北京:人民交通出版社,2008:974-979.
[79] http://structurae.net/structures/maupre-bridge.

[80] http://structurae.net/structures/altwipfergrund-viaduct.

[81] 牟田広繁,松本卓士,渡辺義光.首都圏中央連絡自動車道裏高尾橋の施工[J].橋梁と基礎,2012,46(2):5-11.

[82] 青木圭一,松本和也,和田宣史.桂島高架橋の設計と施工[J].橋梁と基礎,2005,39(1):13-20.

[83] 刘玉擎,徐骁青,李来宾,马朝波.新型装配式组合钢箱梁桥[J].桥梁,2012,(6):62-64.

[84] 陈洪伟.新型组合钢箱梁桥承载试验与计算方法研究[D].上海:同济大学硕士学位论文,2013.

[85] He Jun, Liu Yuqing, Xu Xiaoqing, Li Laibin. Loading capacity evaluation of composite box girder with corrugated webs and steel tube slab[J]. Structural Engineering and Mechanics, 2014, 50(4): 501-524.